누구나 읽고 쓰며, 즐기는
명시단평

이 졸저를 이 땅의 무수한 풀꽃대중들에게 바칩니다.

머리말

전자문화의 도래와 대중평자들의 등장

우리는 지금 전례 없는 문화의 풍요를 누리고 있습니다. 이 문화적 풍요를 가능케 하는 21세기 마술 램프는 바로 전자미디어입니다. TV를 비롯 라디오, 영화, 인터넷과 스마트폰의 전세계적 확산은 지배적이던 문자문화의 습관을 획기적으로 바꾸어 놓고 있습니다.

그동안 문자문화의 주인공은 근대 지식인이자 천재인 작가였습니다. 구술문화의 주인공인 영웅이 아닙니다. 영웅이 부족의 운명을 대표한다면, 그리하여 고대의 영웅서사시가 부족의 삶과 운명을 기록한 백과사전이라면, 작가가 쓴 시민서사시는 근대 부르주아의 백과사전이었습니다. 즉 작가는 부르주아 개인주의의 우상으로서 자신의 자서전의 주인공이었습니다.

그러나 전자문화가 이 모든 것을 대체하고 있습니다. "전자미디어는 모든 인간이 참여하는 상호 관련의 전체적인 장소를 즉시, 그리고 항시 만들어 낸다."([미디어의 이해])는 맥루한의 말대로 다시 말해, 근대의 개인주의 사회가 '나는~' 하고 [로빈슨 크루소]가 시작하는 것처럼, '일방성'을 그 특징으로 하는 사회였다면, 모든 사람이 참여하는 전자미디어 사회는 '상호성'을 그 모델로 하는 사회입니다.

전자문화는 곧 댓글문화다

이런 상호성을 가치로 하는 전자문화 사회를 잘 보여주는 게 바로 댓글입니다. 전자문화는 곧 댓글문화입니다. 이 댓글문화가 대중비평으로서 비평문화의 꽃을 피우고 있습니다. 이런 댓글문화, 비평문화를 주도하고 있는 이들이 바로 천재적인 작가가 아니라 풀꽃과도 같은 대중들입니다.

이런 관점에서 볼 때, 지금은 대중평자들의 시대입니다. 일찍이 근대철학의 전복자 니체는 서구 이성철학의 비조 소크라테스주의의 종말을 선언하고, '어디에나 중심은 있다'며 근대의 인간중심적 문명의 쇠우리를 망치로 내려쳤습니다. 이후, 그의 에피고네들-푸코, 바르트, 라캉, 들뢰즈, 데리다-이 인간의 죽음을 예고하고, 작가의 죽음을 선언하고, 욕망은 곧 타자이며, 리좀은 다양체이고, 텍스트 외에는 아무것도 없다며 니체를 다양하게 변주하며 그 차이와 반복을 거듭하였습니다. 그러는 동안 서서히 근대의 그 오만한 주체문화, 부르주아적 개인주의 신화는 드디어 황혼을 맞이하고 있습니다.

이 우상의 황혼의 숲에서, 그러나 "어둠이 깔려야 비로소 미네르바의 부엉이는 비상을 시작한다"는 헤겔의 말처럼, 개인주의 신화가 막을 내리는 황혼에 '대중'이라는 새로운 미네르바가 두 눈을 크게 뜨고 목하 격변하고 있는 이 사회 현실을 직시하고 있습니다. 중요한 것은 과연 대중들입니다. 그러나 이들은 이제 줏대없이 이리 몰리고 저리 몰려다니던 그 옛날의 어중이떠중이가 아닙니다.

바람보다 늦게 누워도

바람보다 먼저 일어나고

바람보다 늦게 울어도

바람보다 먼저 웃는다

- 김수영, '풀' 중에서

영웅도 아니고 천재도 아닌, 이 풀꽃과도 같은 대중들이 자신의 운명의 주인공이자 역사의 신부라는 자각을 지니고 스스로 자신의 작품을 쓰고 있다는 거, 바로 여기에서 우리는 대중평자들이 새로운 역사의 주체로 등장하고 있음을 봅니다. 다시 말해 루카치 식으로 말해서, 지금은 영웅이 문제인 시대도 개인이 문제인 시대도 아닌, 대중이 문제가 되고 있는 대중서사시대입니다.

현 단계는 대중이 역사의 주인공인 시대다

가령, 광화문 촛불대중의 등장과 권력, 이런 대중적 헤게모니를 가능케 하는 대중들의 목소리a voice가, 이제 정치적으로 의식화된 이들이 스스로 형성해 나가는 새로운 인류사의 주인공이 되었음을 확인하면서, 왜 시도 아니고 소설도 아닌 에세이가, 즉 긴급한 이슈에 대해 비교하고, 분석하고, 평가하는 일련의 비평적 활동이 일상화될 수 있는지 확인합니다. 그리하여 여기 제라르 쥬네트의 말대로, "조립자가 도구들을 조립하여 조립품을 만들듯이, 비평가 또한 다른 사람들의 작품으로 의미를 만들고, 그 의미를 가지고 자기 작품을 만드는 사람"임을 확인합니다.

대중이 역사의 주체로 등장한 시대,

맹목적으로 상대의 노래를 따라 부르던 재현의, 모방의 시대는 지나갔습니다. 일방적으로 주장만 하던 폭력의 시대 또한 지나갔습니다. 이제 다자간의 합의와 설득에 의해, 상호 공감이라는 정서적 교감에 의해 새로운 역사가 만들어 지고 있습니다. 그리하여 여기, 모두가 애널리스트이고, 모든 이가 평자인 시대, 바야흐로 대중평자大衆評者의 시대가 눈앞에 와 있습니다.

저는 그렇게 봅니다……

이 책을 만드는데 직, 간접으로 도움을 주신 모든 분들께 감사드립니다. 고교시절 당시 나의 최초의 여신이자 문학을 알게 했던 김영숙 국어선생님, 잊을 수 없는 뮤즈 K, 그리고 천학비재한 늘샘에게 문예비평의 길을 열어주신 조재훈 교수님께 특별히 감사말씀 전합니다. 또한 첫 책을 내느라 수고하신 이남원 실장님과 장 대리님에게 깊은 감사를 올립니다. 그리고 이 책을 내는데 재정적으로 큰 도움을 주신 유덕선 시인에게 심심한 사의를 표합니다. 무엇보다 몇 년 동안 이 책을 내느라 건달처럼 뭉개고 있는데도 묵묵히 가정을 지켜주신 사랑하는 아내에게 참을 수 없는 애정을 바칩니다. 모다들 행운의 여신이 함께 하기를 빕니다.

2018년 1월에
서울 목동 우거에서

차례

머리말   4
일러두기   15
서문 _ 글쓰기 생산의 기호 인식론적 기초   229

\ 제1부 \

기형도의 '엄마 걱정'   \ 18
윤희상의 '소를 웃긴 꽃'   \ 22
신경림의 '가난한 사랑노래'   \ 25
김종길의 '바다로 간 나비'   \ 28
이백의 '장진주'   \ 32
유덕선의 '모과나무 아래에서'   \ 36
류근의 '반가사유'   \ 39
김영호의 '누이가 오래된 집으로 걸어온다'   \ 43
김은령의 '침향'   \ 47
정몽주의 '봄비'   \ 50
함민복의 '공터의 마음'   \ 54
헤시오도스의 '신통기'   \ 57

\ 제2부 \

보들레르의 '우울' \ 62

백석의 '정문촌' \ 66

이성복의 '그날' \ 69

하재일의 '와송' \ 73

황동규의 '기항지1' \ 76

이백의 '자야오가' \ 79

안도현의 '북항' \ 82

임성용의 '우크라이나에서 온 여자' \ 88

백석의 '남신의주 유동 박시봉 방' \ 93

심재언의 '월광곡' \ 99

고은의 '순간의 꽃' \ 103

백석의 '팔원-서행시초3' \ 106

차례

\ 제3부 \

황동규의 '조그만 사랑노래'	\ 110
네루다의 '한 여자의 육체'	\ 114
김수영의 '어느 날 고궁을 나오면서'	\ 117
강기원의 '죽'	\ 122
문혜진의 '홍어'	\ 126
김남주의 '이 가을에 나는'	\ 130
문인수의 '장미란과 무쇠 씨'	\ 135
최영미의 '서른, 잔치는 끝났다'	\ 138
정진규의 '사물들의 큰 언니'	\ 143
조조의 '단가행'	\ 146
셸리의 '서풍의 노래'	\ 162
기형도의 '바람의 집-겨울판화1'	\ 171

\ 제4부 \

브레히트의 '칠장이 히틀러의 노래'　　　　　　　　　　\ 176
김영한의 '시'　　　　　　　　　　　　　　　　　　　\ 180
김수영의 '공자의 생활난'　　　　　　　　　　　　　　\ 185
한용운의 '님의 침묵'　　　　　　　　　　　　　　　　\ 189
문태준의 '가재미'　　　　　　　　　　　　　　　　　\ 194
최재목의 '늪'　　　　　　　　　　　　　　　　　　　\ 199
조식의 '천왕봉'　　　　　　　　　　　　　　　　　　\ 202
하명희의 '거미의 상징'　　　　　　　　　　　　　　　\ 206
최정례의 '빵집이 다섯 개 있는 동네'　　　　　　　　　\ 210
호메로스의 '일리아스'　　　　　　　　　　　　　　　\ 216
김광규의 '나'　　　　　　　　　　　　　　　　　　　\ 219
송찬호의 '칸나'　　　　　　　　　　　　　　　　　　\ 226

부록 : 임화, 그는 조선학을 일군 발군의 문화인이었다　　297
해설 : 조재훈　　　　　　　　　　　　　　　　　　　319

일러두기

이 책은 기본적으로 한글 맞춤법 규정을 준수합니다.

다만, 감상의 효과를 내기 위해, 또 예술적 케미를 극대화시키기 위해 더러 어법의 파괴를 감행했음을 알립니다.

사실, 근대표준어법은 획일적이라는 한계를 지니고 있습니다. 일종의 폭력입니다. 나에게는 나의 색깔에 어울리는 나만의 어법이 필요합니다. 그 누구도 마찬가집니다. 기본적으로 스타일의 문제이기 때문입니다. 근대언어는 이상음이라는 한계도 지니고 있습니다. 다시 말해 나의 언어관이 나의 '**목소리**'와 '**현실음**'에 기초한 것임을 참고했으면 좋겠습니다.

또한 나는 시적 감상과 미적 사유를 동반한 이 책을 쓰면서 여백이 필요함을 느꼈습니다. 이에 단락을 중심으로 띄어쓰기를 하게 되었고, 그러다보니 자연 '들여쓰기'가 필요치 않았음을 볼 수 있습니다.

그리고 감상을 주목적으로 하였기에 글쓰기 이해의 길잡이 역할을 하는 '서문'은 뒤로 편집하였습니다.

아울러, 이 졸저를 아름답게 수놓은 화보는 전혀 홍주洪州의 화백이신 '**전만성**' 형의 협찬임을 알립니다.

제1부

기형도의 '엄마 걱정'

윤희상의 '소를 웃긴 꽃'

신경림의 '가난한 사랑노래'

김종길의 '바다로 간 나비'

이백의 '장진주'

유덕선의 '모과나무 아래에서'

류근의 '반가사유'

김영호의 '누이가 오래된 집으로 걸어온다'

김은령의 '침향'

정몽주의 '봄비'

함민복의 '공터의 마음'

헤시오도스의 '신통기'

엄마 걱정

시는 무엇보다 형상으로 빚어 낸 '생생한' 현실 공간이다.

>열무 삼십 단을 이고
>
>시장에 간 우리 엄마
>
>안 오시네, 해는 시든 지 오래
>
>나는 찬밥처럼 방에 담겨
>
>아무리 천천히 숙제를 해도
>
>엄마 안 오시네, 배추잎 같은 발소리 타박타박
>
>안 들리네, 어둡고 무서워
>
>금 간 창 틈으로 고요히 빗소리
>
>빈방에 혼자 엎드려 훌쩍거리던
>
>아주 먼 옛날
>
>지금도 내 눈시울을 뜨겁게 하는
>
>그 시절, 내 유년의 윗목
>
>― 기형도, '엄마 걱정'

기형도의 시는 한 편의 겨울 판화다. 판화 속을 거니는 음영의, 그림자의 세계다. 음영처럼 드리운 판화 속에 지금 시적 화자, 유년 시절의 내가 훌쩍거리고 있다. 빈방에 홀로 남겨져 있기 때문이다.

"해는 시들어 날이 어둡고 빗소리까지 고요한데, 방이 비어 있다…"

이건 거의 완벽한 '시적 공간'이다. 시가 하는 일은 공간의 창조이다. 공간, 그것은 '어떠하다'의 세계이고, '형용사'의, '묘사'의 세계, 그러나 그것은 사방이 꽉 막힌 절망의 공간이다. 객체로서의 공간이 주체인 나를 압도하는 '거대한' 사물의, '괴기적grotesque' 세계이다. 이렇게 괴기적인 - 그로테스크는 원래 '무덤'을 가리키는 그로타grotta에서 연유한 말이다 - 빈방이라는 막막한 사물공간이 나를 압도하는 순간, 인간이 경험하는 것은 '불안'과 '공포'다. 과연 불안과 공포라는 정서는

"…안 오시네, …엄마 안 오시네, …안 들리네…"

라는 단절적 주조음의 반복적 색조를 띠고 이 시 특유의 괴기적이면서 고립적 분위기를 형성하고 있다.

이러한 고립된 정서의 밑바닥에 '시장에 간 우리 엄마'가 있다. 따라서 엄마는 그 시절, 그의 유년기를 객화시킨 현재 시점에서도 화자에게 '눈시울을 뜨겁게' 하고 있다.

'엄마'로 상징되는 유년의 세계, 이것이 바로 기형도 시의 태반matrix

이다. 시인에게 그 세계는 원초적인 공포의, 두려움의 세계였다. 그러나 이 두려움이, '바람'으로 상징되는 거대한 세계가 그를 만들었다. 그를 만든 것은 8할이 바람이다. 더 큰 소리로 울었기 때문일까. 그렇다면 울음도 힘이 되는 것인가. 시장에 돈을 벌러 간 엄마를 늦은 밤까지 기다리며 '찬밥처럼 방에 담겨', '빈 방에 혼자 엎드려 훌쩍거리던' 외로운 유년기가 이 시를 낳았다.

외롭고 쓸쓸하고 가난하던 그 때,

그 막막하던 시절을 어찌 잊는단 말인가. 그리하여 여기 '윗목'은 불망의 상형문자다. 어찌 잊는단 말인가. 낡은 흑백가족사진과도 같이 우리의 표정이 아직도 거기 '냉골'처럼 차갑게 머물고 있기 때문이다.

소를 웃긴 꽃

과학자에게 실상은 실측의 대상에 불과하지만, 시인에게 실상은 그대로가 진상이다.

> 나주 들판에서
>
> 정말 소가 웃더라니까
>
> 꽃이 소를 웃긴 것이지
>
> 풀을 뜯는
>
> 소의 발 밑에서
>
> 마침 꽃이 핀 거야
>
> 소는 간지러웠던 것이지
>
> 그것만이 아니라,
>
> 피는 꽃이 소를 살짝 들어 올린 거야
>
> 그래서, 소가 꽃 위에 잠깐 뜬 셈이지
>
> 하마터면,
>
> 소가 중심을 잃고
>
> 쓰러질 뻔한 것이지.
>
> — 윤희상, '소를 웃긴 꽃'

화자는 강변한다. '정말' 소가 웃더라고. 왜 웃느냐고. 꽃이 소를 웃겼다고. 아니, 꽃이 소를 간질였다고. 게다가 피는 꽃이 소를 살짝 들어 올리기까지…

이건 완전히 중력의 법칙을 비웃고 있지를 않나. 그러니 이렇게 잠깐 뜬 상태가 되지 않았냐고. 중심을 잃고 쓰러질 뻔한 것이 아니냐고…

이 시는 보기 좋게 이성의 세계를 조롱하고 비웃는다.

이성의 세계는 한 치의 오차도 없이 중력의 법칙에 의해 완벽하게 그 중심을 유지하고 있다. 그것은 현실의 세계, 측량사의 세계다. 모든 것은 완벽한 개념, 숫자로 등기된다.

그러나 일상에서 빗겨나간 그 곳, 나주 들판에서 일상은 바람 빠진 풍선처럼 날아간다. 대신 새로운 마법의 순간 같은 비일상의, 비현실의 진실이 우리를 마주한다.

바로 그곳에서,

소가 웃고 있다. 허구인가 실재인가. '아니 이놈이' 날 놀리나. 날 보고 비웃다니. 그게 아니다. 자세히 내려다보니 꽃이 한 송이 말갛게 피어 있지 않나. 그러니,

"피는 꽃이 소를 살짝 들어 올린 거야
그래서,

소가 꽃 위에 잠깐 뜬 셈이지"

그렇다면 이놈이... 글쎄, 꽃보고 살짝 돌았나. 그렇구나. 아무래도 이 놈이 미친 게 틀림없구나. 실성하지 않고서야 허 참, 소가 꽃을 보고 웃다니... 그러고 보니, 웃긴 세상 아닌가. 소가 웃을 노릇이 어디 이것 뿐인가. 갑자기 개그 같은 세상사에 헛웃음을 친다.

가난한 사랑노래

진실은 불편하다. 때로 아프다. 그러나 이 불편하고 아픈 진실 덕에 새로운 현실에 눈을 뜬다.

가난하다고 해서 외로움을 모르겠는가
너와 헤어져 돌아오는
눈 쌓인 골목길에 새파랗게 달빛이 쏟아지는데.
가난하다고 해서 두려움이 없겠는가
두 점을 치는 소리
방범대원의 호각소리 메밀묵 사려 소리에
눈을 뜨면 멀리 육중한 기계 굴러가는 소리.
가난하다고 해서 그리움을 버렸겠는가
어머님 보고 싶소 수없이 뇌어보지만
집 뒤 감나무에 까치밥으로 하나 남았을
새빨간 감 바람소리도 그려보지만.
가난하다고 해서 사랑을 모르겠는가
내 볼에 와 닿던 네 입술의 뜨거움
사랑한다고 사랑한다고 속삭이던 네 숨결
돌아서는 내 등 뒤에 터지던 네 울음.
가난하다고 해서 왜 모르겠는가
가난하기 때문에 이것들을
이 모든 것들을 버려야 한다는 것을

— 신경림, '가난한 사랑 노래'

나는 가난을 겪고 살아가는 젊은 화자다.

비록 재산이나 수입이 적어 생활하기에 어렵고 딱한 상태에 놓여 있지만 자신에게도 외로움, 두려움, 그리움, 사랑이 불씨처럼 살아 있음을 안다. 이는 곧 가난하게 살다보면 감정이 메마르거나 마음에 여유가 없을 것 같지만 누구보다도 풍부한 감정을 느끼며 살아가고 있음을 암시하고 있다. 오히려 가난하기 때문에 더욱 외로움과 두려움, 그리움과 사랑 같은 삶의 양식들이 더 절실하게 필요해진 것인지도 모른다.

그러나,

화자인 나는 지금 사랑하는 여자와 헤어진 후 겨울 눈 쌓인 골목길을 걸으며 외로움을 느끼고, 새벽 2시, 잠 못 든 깊은 밤에 여러 소리를 들으며 현실에 대한 두려움을 확인한다. 또한 멀리 고향에 계신 어머니를 수없이 뇌어 보기도 한다...그리고 무엇보다 이제 과거사가 되어버린 사랑하는 여인과 입맞춤하던, 그 뜨겁던 진실의 순간을 몇 번이고 되뇌고 있다.

그러나 이 모든 것이 가난하기 때문에, 가난은 모든 것을 버려야 한다는 얼음보다 차가운 냉혹한 현실법칙 때문에, 이 모든 것들을, 인간을 인간이게 하는 외로움과 두려움, 그리움과 사랑이라는 이 고귀한 감정마저도 포기해야 하는 잔인함 때문에... 점점 오르크가 되고...괴물이 되고...유령이 되어...아무리 '노오력' 해도 빈민굴에서 죽어가야 하는 저 수많은 모차르트가 되어 살아갈 수밖에 없음을 안다.

그 놈의 가난 때문에...

그러나, 이 시는 이렇게 불편한 현실을 건드리기만 한 게 아니라는데 미덕이 있다. 즉 이 시의 미덕은 여기, 이 가난이라는 '마적' 현실을 넘어 거기, 이 가난이라는 '마적' 현실을 압도하는 지배적 형식, '~겠는가'라는 반어적 어기를 담은 어조의 반복을 통해 현실의 지배법칙 너머 또 다른 하위 욕망이 꿈틀대고 있음을, 아니 그 어떤 현실법칙으로도 지배될 수 없는 서발턴subaltern*들의 내면적 목소리를 시적 아이러니 형식으로 참으로 진실하게 대변하고 있다는데 그 의미가 있다.

나는 그렇게 본다.

*서발턴 : 하위주체, 곧 이 시대의 기층민들을 말한다.

바다로 간 나비

상상의 힘은 크다. 어디 그런가 보자.

나비 한 마리가 바다로 갔습니다

달도 푸르고 바다도 푸른 밤에

어린 나비는 돛배가 되었어요

흰 돛을 달고 돛배가 되었어요

— 김종길, '바다로 간 나비'

인생을 흔히 항해에 비유하곤 합니다.

산다는 건 거친 바다와 싸워나가는 것과 다를 바 없으니 그렇겠지요.

그러나 인간은 주어진 조건을 변화시켜 '자기 자신을 끊임없이 갱신해 나가는remaking of ourselves' 존재입니다.

자기 자신을 다른 것, 즉 타자로 만들 줄 아는 것, 이것은 인간이 가진 상상력의 힘입니다.

자! 여기, 나비 한 마리가 있습니다.

그것도 아주 연약한 어린 나비입니다.

이 시가 동시이니까 어린 화자로 보아도 되겠지요.

이 어린 아이가 학교를 가다가 봅니다.

- 매연을 풍기고 쌩쌩거리며 달리는 분주한 거리의 자동차들을 볼 테고, 이른 아침부터 피켓을 들고 무어라 외치는 한 무리의 사람들도 보았을 테고, 무장한 사람들이 떼를 지어 이리저리 몰려다니는 무서운 광경도 보았을 것입니다.

그렇습니다. 세상의 바다에는 상어떼, 악어떼만 있는 게 아니겠지요. 바다는 과연 무서웠습니다.

수심이 깊고 넓은데다가 가다 지쳐 밤이 되자 달도 푸르고 바다도 푸르니 더욱 무서웠습니다.

아무래도 세상은 저 넓고 푸른, 검은 바다처럼 무서운 것으로 가득 차 있는 것처럼 보였습니다.

그러나,

어린 나비, 소년에게는 날개를 펼치면 돛배가 될 수 있는 하얀 꿈이 접혀 있었습니다. 이것을 펼치면 바다는 물론이고 우주도 내 집처럼 날아다닐 수 있을 것입니다. 바로 흰 돛이죠.

마법의 양탄자 같은 이 흰 돛이라면 험한 파도와 맞서 싸우며 저 세이렌의 유혹을 이겨냈던 지혜로운 자 오디세우스Odysseus처럼, 나도 이 거친 바다를 건너 반드시 나의 고향 이타카Ithaca로 돌아갈 수 있을 것입니다.

여기, 흰 돛은 바다를 건너려는, 아니 이 바다와 싸워 기어코 '그 하얀 꿈'을 이루어 내고 말겠다는 나비의 '순수의지'를 상징하고 있으니까요.

ㅎㅎㅎ

장진주將進酒

서양에 시성 호메로스가 있다면, 동양에는 시선 이백이 있다.

그대 보지 못하였는가

황하의 물이 하늘로부터 내려와

바다로 치달아 다시 돌아오지 않는 것을?

그대 보지 못하였는가

고대광실 밝은 거울을 비추며 백발을 슬퍼하는데

아침녘 검은 머리 해저물녘 눈빛처럼 희어진 것을?

사람 일생 좋을 때에 맘껏 즐길 일이니

금술통 헛되이 달빛 아래 버려 두지 말 일.

하늘이 나를 태어나게 하심에 쓸모가 있었음이려니

돈이사 흩어지면 다시 돌아오기도 하는 것.

염소 삶고 소를 잡아 즐겨나 보세

마시기로 하면 3백 잔은 마셔 댈 일.

잠부자야 단구생아

술잔 권하노니 멈추지를 말게나.

노래 한 곡 부를 것이니

귀 기울여 들어 주시게.

고상한 음악 맛있는 음식 귀할 것도 없으니

그저 이대로 길이 취하여 깨어나지나 말았으면.

예부터의 성현들 지금은 다 사라져 없고

술 잘 마시던 사람만 그 이름 남았다네.

진사왕은 그 옛날 평락관에서 잔치 벌일 때

한 말에 만냥 술로 맘껏 즐겼더라네.

여보시게 주인님 어찌 돈이 모자라다 하시는가

어서 술 사 오시게나 함께 한 잔 하세.

오화마, 천금구 따위

아이 시켜 들고 가서 술과 바꿔 오게

우리 함께 만고에 쌓인 시름 잊어나 보세.

— 이백, '장진주'

자, 이 술 한 잔 받으시오!

술 자리는 자못 호쾌해야 하느니...'장진주'의 어조는 참으로 호쾌하고 장쾌하다 아니 할 수 없다.

"그대 보지 못하였는가"

시작부터 강한 환기력을 뿜어낸다. 대체 뭘 보지 못하였단 말인가. 거듭해서 시인이 환기시키려고 하는 것은 바로 인생은 무상하다는 것이다. 등짝으로 한대 두들겨 맞은 것처럼, 우리는 이백의 격렬한 기백에 정신이 번쩍 들면서 마음의 기갈을 느끼게 되는 것이다.

그러니 어떤가. 사람 일생 좋을 때에 맘껏 즐길 일이라는 것이다. 금술통 헛되이 달빛 아래 버려두지 말아야 된다는 것이다.

그는 이렇게 단 몇 구절로 좌중을 휘어잡고 취흥을 돋우고 있는 것이니, 과연 시선이 아니라면 그 무엇이란 말인가. 달도 그냥 달이 아니요 달빛이요, 술도 그냥 술이 아니요 미주이니...그의 미적 재주에 누군들 기꺼이 미끄러지지 않고 배기겠는가.

어디 이것뿐인가.

"하늘이 나를 태어나게 하심에 쓸모가 있었음이려니"

돈이사 흩어지면 다시 돌아오기도 하는 것이려니... 좁직하니 호도 속

같은 삶을 살아가는 인생들에게 여기, 이백의 언어는 참으로 단단한 호도 껍질을 깰만 한 금칼에 견줄만 하지 않은가. 저 진인 중의 진인이었던 장자의 호방한 배짱도 이에 미치지 못할 바이고, 저 건달 중의 건달이었던 유방의 거칠 것 없던 호기라도 이에 당할 바 이겠는가...지대물박이라더니, 과연 땅 넓고 물 많이 나는 고장의 배짱과 호기인가. 한 말에 만 냥 술로 맘껏 즐겼더라니...

그러면서 우리를 천둥같이 메아리치는 감동의 물결에 젖어들게 하는 데에도 그는 타고난 재주를 보여주고 있다. 이렇게 호탕하게 먹어 제끼고 노는 대호주가의 저 깊은 성정에도 어쩔 수 없는 인간의 운명의 빛깔이 수를 놓고 있다는 것, 그것이 또한 우리 모두의 공동운명이라는데 이 시의 진정한 고전다운 보편적 품격이 있는 것 아니겠는가. 그리하여 우리는 여기,

"우리 함께 만고에 쌓인 시름 잊어나 보세."

라는 천금 같은 금편 앞에서 그만 '아, 씨파! 과연 이백이구나!' 하고 나의 자존감도 고개를 숙이게 되는 것이다. 예부터 시문에 능한 이를 '사백詞伯'이라 했으니, 이백이야말로 사백 중의 사백 아니겠는가! 일러 전하는 말에 이르기를...

사자가 한번 울부짖으니 여우의 골이 찢어지도다 할!

모과나무 아래에서

너와 나 사이, 그 경계에 우리가 사느니...

가을과 겨울 사이

오늘과 내일 사이

우두커니 바라보다

잎 진 나무에 드러난 못난 얼굴

떨어진 잎과 함께 훌쩍 떠났으면

그 몰골 모르고 지났을 텐데

계절에 진한 미련

그리움만 파고들다

순간 다가온 겨울의 아침

위태롭게 매달린 모과야

너는 까치밥으로 남아있는 그리움의 홍시가 아니래두

울 엄니 장독대에 수북이 쌓인 감잎에 묻힌 빈 항아리래두

- 유덕선, '모과나무 아래에서'

못생겨서 더 애틋한 걸까... '모과나무 아래에서'는 묘한 이끌림이 있는 작품이다.

가을도 아니고 겨울도 아닌, 오늘도 아니고 내일도 아닌 세계, 거기는 경계의, 머뭇거림이 지나가는 자리, 즉 온전하게 제 모습을 갖추지 못한 물상이 머무는 자리, 바로 거기에 우두커니처럼 아니, 바보처럼 모과는 못난 얼굴을 하고 무슨 미련을 지닌 넋처럼 제 몰골을 드러내고 있다.

그 모습을 보자니 자칫 위태롭다는 생각이 든다. 그리움도 아니고 빈 항아리처럼 무언가 부족한 듯 서 있는 너를 보고 있자니 나 또한 떨쳐 내지 못한 못난이가 된다.

그런 어느 순간일 것이다.

오호라, 그래! 과일전 망신은 네가 시킨다더니 나는 갑자기 맘이 심란해지면서 이상한 위로를 받는다. 너로 하여 드디어 물상이 물상이 되는 것을... 너로 하여 비로소 이름이 그 이름을 되찾는 것을 느낀다.

바보 같고 빈 항아리 같은 너를 보고...

아흐, 나는 비로소 미련을 털고 겨울바람을 맞을 채비를 하고, 저 깊은 경계 너머로 다시 들어갈 수 있는 것이니...

반가사유

시꽃은 그 여자처럼 일상이 되어 피어 있다.

다시 연애하게 되면 그땐

술집 여자하고나 눈 맞아야지

함석 간판 아래 쪼그려 앉아

빗물로 동그라미 그리는 여자와

어디로도 함부로 팔려가지 않는 여자와

애인 생겨도 전화번호 바꾸지 않는 여자와

나이롱 커튼 같은 헝겊으로 원피스 차려입은 여자와

현실도 미래도 종말도 아무런 희망 아닌 여자와

외항선 타고 밀항한 남자 따위 기다리지 않는 여자와

가끔은 목욕 바구니 들고 조조영화 보러 가는 여자와

비 오는 날 가면 문 닫아 걸고

밤새 말없이 술 마셔주는 여자와

유행가라곤 심수봉밖에 모르는 여자와

취해도 울지 않는 여자와

왜냐고 묻지 않는 여자와

아,

다시 연애하게 되면 그땐

저문 술집 여자하고나 눈 맞아야지

사랑 같은 거 믿지 않는 여자와

그러나 꽃이 피면 꽃 피었다고

낮술 마시는 여자와

독하게 눈 맞아서

저물도록 몸 버려야지

돌아오지 말아야지

– 류근, '반가사유'

여기, 류근의 시 '반가사유'에서, 일상에서 피어나는 시꽃을 바라보는, 화자의 진실한 독백을 마주 대하는 기쁨은 크다.

그것은 우선 '다시'라는 반복의 기표로 환기되고 있는 타자화 된 나의 자화상이다. 대부분이 그렇듯이 연애는 미끄러지게 마련이고 당근 미련이 남는다. 항차 완벽한 연애가 어디 있단 말인가. 연애는 마치 쓰다 만 편지처럼 안녕! 하고 끝맺지 모하는 제 운명을 지니고 있다. 연애는 차이와 반복이다. 리좀rhizome이고, 그리고...그러니 '다시' 다.

'다시'를 통해 또한 우리는 연애에 실패한 미숙한 시인의 초상을 본다. 연애에 관한 한 시인은 숙맥이다. 그러니 시인은 떠도는 바람의 친구다. 모든 연애가 그렇듯이 모든 여자는 시집이고 백치이고... 아름다운 허상의 가능성, 그러니 연애는 영원한 헛발질이다.

다시, 연애는 일탈의, 비일상의 모노레일을 타고 떠나는 회상의, 아련한 시공간이다. 회상이라니, 이 몽상으로서의 연애가 아름다운 것은 그것이 과연 현실이 아닌 그곳, 아 씨파! 일탈의, 비일상으로서의 환상적 실재이기 때문이다.

여기, 차이와 반복을 통해 끝없는 영원회귀의 니체적 수레바퀴를 돌고 도는, 그래서 끝없이 미끄러지면서도 기어코 도달하려는 그의 길은 '독하게'로, '저물도록 몸 버려', '돌아오지 말'겠다는 오달진 각오로 귀일되고 있다.

ㅋ, 이쯤 되면 연애도 철학이다. 죽음과 닮아 있다. 연애를 통해서도

우리는 이렇게 사유의 처녀지에 도달할 수 있다는 깨달음, 시는 일상의 화두가 되고, 그러니 화두는 더 이상 뜰 앞의 잣나무가 아니다. 시인만도 모한 까까머리 돌중들아, 너희는 별 수 있느냐.

시인 류근,

그는 조근조근 읊조린다. 그리하여 화두가, 간화선이, 내 영혼의 눈이 머문 자리가 저 사유의 말뚝처럼 나를 떠나게 하지 모하는 저문 술집, 바로 저 시집 같고 백치 같은, 저 음부 같이 나를 좋아해 줄 것만 같은 눈 먼 계집이라는 걸 그는 독하게 시선詩禪하고 있다.

누이가 오래 된 집으로 건너온다

누구나 다 아는 것처럼, 시는 '형상'의 세계이지 '개념'의 세계가 아니다.

> 누이가 오래된 집으로 걸어온다
>
> 1
>
> 귀가를 서두르는 사람들의 발걸음 소리가 장맛비 소리에 들리지 않는다 거리는 세족식처럼 씻긴다 가로등 불빛이 울음을 그친 눈빛 같다 실직한지 오래인 아버지의 한숨이 우중충한 젖은 벽지에 부딪쳐 쓰러진다 책가방이 흠뻑 젖어있다
>
> 2
>
> 몇 시간째 흰 눈이 내리자 꿈의 세계로 달려 나간 밤은 방향을 잃고 말았다 그림자도 없는 일산화탄소가 장판 아래 어두운 구들 틈새 사이를 비집고 방안으로 들어왔다 창백한 꿈속에서 지친 듯 윗목에 고꾸라지는 동생들과 누이의 모습이 한 장씩 늦은 책장을 넘기던 내 눈에 꽂힌다 내 속에서 북 소리가 불안하게 울렸다 하늘에 오르지 못한 채 굴뚝에 걸린 하얀 눈의 찢어진 날개가 굴뚝에 걸려 있었다
>
> 3
>
> 꺼지지 않는 연탄불은
> 어머니의 뜨거운 사랑이다
>
> 소리 없이 시작되는 영화의 첫 장면처럼

새벽을 연 어머니

부엌에서 하얀 밥 냄새가 안개의 발원지처럼 피어난다

끼니마다 상에 오르는 콩나물 냄새가

문틈 사이를 지나 동 트기 전 어두운 새벽을 깨운다

연탄불에 엉덩이를 댄 세숫대야엔

언제나 조용히 물이 끓고

그 물을 아끼며 식구들이 차례로 잠을 털어냈다

이른 아침에 창호지에 그 찬란한 빛깔을 드리우면

오늘의 기대감이 외출할 시간이다

4

살 없는 거뭇한 할머니의 손과 탁한 눈이 바늘귀에 실을 꿰듯 고등학교를 졸업한 누이는 우유회사 꿈 많은 스무 살 신입사원이 되었다 적은 월급은 대나무처럼 가늘게 쪼개졌지만 누이의 얼굴은 늘 갓 따온 채소처럼 파랬다 서른을 넘겨 만난 서글서글한 그 사내를 따라 미국으로 간 누이의 목소리는 일요일이면 어머니의 안부를 살피기 위하여 안방에 나타났다 바람난 그 사내가 언젠가 집을 나갔다는 말이 송곳 같았다. 뜨거운 연탄불 같은 사랑으로 아들을 키우는 누이의 한쪽 턱이 해쓱한 하현달처럼 차츰 기울어갔다.

누이가 오래 된 집으로 걸어온다 선인장 화분에서 백년에 한 번 피는 보랏빛 꽃이 봉긋 솟아 오른다

― 김영호, '누이가 오래된 집으로 걸어온다'

시는 다락방의 언어다. 청동의 꿈과 좌절, 원시적 서사와 빙하적 추억이 깃든 번데기집이다. 해송의 시, '누이가 오래된 집으로 걸어온다'에서 다락방은, 다시 말해 추억이 회집된 곳은 '오래된 집'이다. 이 오래된 집에 어느 날 비가 내리고, 눈이 풀리고, 오랜 누이가 와서 드디어 다락방의 꿈이, 청동의 서사가 다시 부풀어 오른다.

여기서 '누이'는 하나의 기표이자 기의, 하나의 열쇠기호로서 한 가족의, 아니, 나의 꿈이자 욕망의 투과 대상이다. 또한 '누이'는 접혀진 꿈이자 날아간 나방, 연탄불처럼 뜨거운 사랑의 이미지인 어머니와 동의어다.

그래서 그런가. 실직한 아버지의 분위기로 가득한 집도, 회색빛 베이직 톤을 기본으로 한 짙은 어둠도 눈처럼 가볍고 따뜻하다. 그래서 그랬던가. '하얀 밥 냄새가 안개의 발원지처럼 피어나는' 이 오래된 집은 이상하게도 창호지에 비친 '찬란한 빛깔'처럼 슬픈 아름다움을 드러낸다.

이 슬픈 아름다움의 중심에 미국으로 간 누이의 좌절된 꿈이 있다. 우윳빛처럼 새하얀 누이의 꿈은 대나무처럼 쪼개지고 말았지만 그 누이가, 연탄불처럼 뜨거운 사랑이 다시 걸어오는 오래된 집은 백년에 한 번 피는 보랏빛 부푼 꿈에 젖는다.

"누이가 오래 된 집으로 걸어온다 선인장 화분에서 백년에 한 번 피는 보랏빛 꽃이 봉긋 솟아 오른다"

누이의 회귀는 화자를 기억에서 불러내고 회상에 뛰놀게 한다. 이렇게 번데기처럼 기억의 회로칩을 칭칭 감아올리는 회상이란 무엇인가... 회상은 기억의 모노레일을 타고 떠난 흑백의 기차여행 아닌가. 바로 그곳에 오늘 같은 비가 내리고, 눈이 풀리는 날이면 전설 같은 누이가 다시 살아 돌아오는 것이다. 그리하여 과거와 현재가 만나고, 너와 내가, 연탄불 같은 뜨거운 사랑과 사랑이 다시 마주하는 순간, 기억은, 보랏빛 꽃 같은 의미는 전면적 진실이라는 생생한 얼굴을 내밀게 되는 것이다.

시는 사회과학이 아니다.

시는 개괄과 통계의 뼈대와 추상이 전하지 못하는 몸통의 진실과 디테일한 세목을 제시한다. 과연 시에는 사회관계의 매개와 고리를 외화시킨 기호 대신 당대적 삶의 개인사가 낡은 흑백영화의 한 장면처럼 생생하게 형상화 돼 있다. 이런 시는 때로 삶의 전면적 진실을 드러내기도 한다. 김영호의 시는 6, 70년도 개발시대, 성장의 그늘과 종속의 허구(바람난 사내)가 어떠했는지를 진실하게 재현시키는데 성공하고 있다.

침향

끝도 없는 존재의 심연은 어디까지인가. 아니, 사랑은…

그것은

구천까지 가 닿았으나 내침당한 생목숨이

다시,

사랑 같은 지독한 문양을 새긴 죄로

천길 땅속에 매장당한 나였던 것

한 천 년

내가 나를 버리다가

항아의 물길이 열릴 때

수월관음 발아래 엎디어 젖은 몸 사루는 것

뼛속까지 태워 흔적 없어지면

비로소

화엄에 침투할 수 있는 것

— 김은령, '침향'

"사람들은 대개 존재에 대한 물음은 불필요하다고 선언하고 나아가 이 물음을 소홀히 해도 좋다고 시인하는 경향이 있다. 그들에 따르면 존재는 가장 보편적인 동시에 가장 공허한 개념이라는 것이다."

– 하이데거, [존재와 시간], 동서문화사

존재가 공허하다고 느끼게 되는 것은 존재가 현실을 떠난 곳에 있다는 믿음 때문이다. 그러나 우리는 항상 현실 너머에 산다. 현실 너머, 그곳은 어디인가. 중요한 것은 끝없이 유예되는 '그것it'이다. 그것만이 가치로 빛나는 의미 있는 '실재물'이기 때문이다. 따라서 그것은 잊을래야 잊을 수 없는 마음의 본향이다.

마음의 본향,

그것은 무엇인가. 시인에 따르면, 그것은 지독한 문양의 형태로 아로새겨진 사랑이라는 아름다운 죄다. 그러나 그 사랑의 죄는 아담 이래, 원초적이어서 숙명적이다. 한번 (인연의 끈이)닿으면 버릴 수 없는, 그리하여 나를 천 길 땅속에 매장당해야 하는 천형 속에 나를 버려야만 하는 것, 그러다가 운이 닿아 '항아의 물길이 열릴 때/수월 관음 발아래 엎디어 젖은 몸 사루는 것',

그러나 그 젖은 몸조차 오래 타 뼛속까지 태워 그 흔적조차 없어질 때까지 타다가...

아! 젖은 것은 오래 탄다니...오래 향기를 뿌린다니...

"뼛속까지 태워 흔적 없어지면
비로소
화엄에 침투할 수 있는 것"

그리하여 우주에 침투하여 비로소 장엄한 꽃이 되고 아름다운 향기가 되어, 내 콧속을 파고들고 끊임없이 내 얼굴을 부벼대는 너...

오, 너는 내가 섬기는 하나의 종교!

여기, '침향'은 비록 무화된 사랑이지만 결코 없어지지 않는 존재의 곳집을 일컫는 '영원'의 코노테이션이다.

봄비

시의 꽃은 연약하나 그 향은 강고하다.

봄비 보슬보슬 듣더니

밤새 토닥토닥 빗소리

눈 녹아 시냇물 넘실거리고

새 싹도 꽤나 돋아나겠지

– 정몽주, '봄비'

포은 정몽주,

그는 고려인이다. 고려 말 이조 초, 충역이 갈리는 정치 현실에서 그는 역신이 되었다. 그럼에도 그는 조선시대 문묘에 배향이 되고 조선 성리학의 비조로 추존되었다. 이른바 지배담론의 종조로, 그는 낡은 기호를 상징한다.

그러나 그건 성급한 결론일지도 모른다. 가령, 프랑스의 일급 철학자 들뢰즈의 말을 참고해 보자.

"다행히 우리에게는 사르트르가 있었다. 후텁지근한 좁은 방에 갇혀 있던 우리에게 그는 신선한 공기였으며, 시원한 뒷마당의 상큼한 바람이었다."

이런 그조차 낡은 기호가 되어버렸다. 그러나 막상 그의 지성을 잠시 들여다보면 나의 무지와 편견을 보게 된다. 비단 사르트르Sartre 뿐인가.

여기, 정몽주 또한 마찬가지다.

역신으로 평가절하된 그, 그럼에도 불구하고 그는 왜 조선 성리학의 비조로, 지배담론의 상징이 되었는가. 요즘말로 인문적 소양의 힘이 크게 작용했을 것이라 짐작할 수 있다. 하여 우리는 여기, '봄비'에서 신선한 공기를 체험하고, 상큼한 봄바람을 맞는다. 섹시한 시적 감수성이란 이런 것을 두고 하는 말일 것이다.

아, 그 누가 있어 이렇게 몇 마디 시어로 봄비 내리는 정경情景를 생동하게 표현할 수 있단 말인가. 그는 그 특유의 섬세한 시적 감수성으로 여성적인 정감과 남성적인 기개를 동시에 포개놓으면서 계곡물이 창창하게 흘러넘치리라는 웅혼한 시혼을 불어넣고 있다. 그리하여 결국 생명의 약동을 예견하는 대목에서, 정치적 시사를 엿보게 하는 녹록치 않은 그의 시적 수완에 우리 모두는 경탄의 눈으로 그를 대하지 않을 수 없는 자신을 본다. 진정한 조복이란 이런 것이다.

아흐, 다롱디리!

경중정의 맛이라니~그 누가 있어 무심한 봄비에 이렇게 많은 뜻을 쟁일 수 있단 말인가. 시의 꽃은 이렇게 시간으로도, 아니 그 어떤 이데올로기의 칼로도 버힐 수 없다니, 문향의 강고함이란 바로 이런 것이지 않은가.

공터의 마음

시는 묘사다. 개념 이전의, 공간의 세계다. 그러나, 그 묘사적 공간은 현실의 영토가 아니라는데 그 고유의 시다운 맛이 있다.

> 내 살고 있는 곳에 공터가 있어
>
> 비가 오고, 토마토가 왔다가고
>
> 서리가 오고, 고등어가 왔다가고
>
> 눈이 오고, 번개탄이 왔다가고
>
> 꽃소식이 오고, 물미역이 왔다가고
>
> 당신이 살고 있는 내 마음에도 공터가 있어
>
> 당신 눈동자가 되어 바라보던
>
> 서해바다가 출렁이고
>
> 당신에게 이름 일러주던 명아주,
>
> 개여귀, 가막사리, 들풀이 푸르고
>
> 수목원, 도봉산이 간간이 마음에 단풍들어
>
> 아직은 만선된 당신 그리움에
>
> 그래도 살만하니
>
> 세월아 지금 이 공터의 마음 헐지 말아다오.
>
> — 함민복, '공터의 마음'

빈 자리...

공터에는 사시사철 사물들이 깃들어 살다 간다. 내 마음에도 그리움이라는 공터가 있어 거기 사랑이 깃들어 산다.

중요한 것은 '도'다. 시는 가치를 확인하는 안정된 영혼의 형식을 담고 있다. 소설이 시간을 반추하면서 고독을 되씹는 근대 부르주아지의 형이상학이라면, 시는 이렇게 정신의 영토를 확인하는 고중세 귀족의 형이상학인 것이다. 소설이 재구의 '은'이라면, 시는 재현의 코스프레, '도'다.

중요한 것은 이런 영혼의 시적 영토가 결코 싸워서 얻을 수 있는 게 아니라는 데에 이 시가 주는 특별한 의미가 있다. 영혼의, 특히 사랑의 영토는 오히려 공터처럼 비워내야만 거기,

"비가 오고, 토마토가 왔다가고/서리가 오고, 고등어가 왔다가고 눈이 오고, 번개탄이 왔다가고/꽃소식이 오고, 물미역이 왔다가고"

한다는 것이다.

사랑도 마찬가지다. 나와 너는 그리움이라는 공터로 남아 있어야만 비로소, 거기 바다가 출렁이고, 들풀이 보이고, 단풍이 물드는 것이다. 만해가 그랬던가. 사랑은 이별로써 완성되는 것이라고. 추억처럼 사랑도 멀리 있어야 아름답다는 것은 거짓말이 아니다.
아, 그러니 제발 덤비지 말자.

사랑은 덤비는 게 아니다. 내 사랑 리자와 찾아갔던 을왕리 해수욕장, 그곳 바다물결은 지금도 내 마음의 공터에 출렁이고 있거니, 사랑은 이토록 아름답게 푸르고 저토록 시리게 붉기도 한 것이니...

그런 사랑도 실은 여기, 마당 한 모퉁이에 한 송이 꽃으로 나에게 미소 짓고 있는 것이니...

신통기

대중서사시대, '거인'은 이미 사라졌다. 그런데 왜 다시 거인인가.

......

무사이 여신들은 나에게 영생불멸하는

성스러운 신의 자손들을 찬양하라고

그러나 처음과 마지막에는 항상

자신들만을 찬양하라고 명령하였다

그런데 참나무와 바위투성이뿐인 이곳에서

어리석은 목동인 내가 어찌 그럴 수 있으랴

그렇지만 자, 한번 해 보자!

노래로 올림푸스 산 위에 계신 자신들의 아버지

제우스의 높은 뜻을 기리며,

지금 현재의 일과 미래의 일 그리고 과거의 일을

오묘한 노래로 알려주는 무사이 여신들과 함께

우리 한번 시작해 보자!

무사이 여신들의 입술에서는 전혀 힘들이지 않고도

달콤한 노래가 술술 흘러나온다.

그러면 큰 소리로 천둥을 치는 아버지 제우스의 궁전은

맑게 들려오는 여신들의 노랫소리에 미소를 보낸다.

그리고 하얀 눈이 덮인 올림푸스 산의 봉우리들과

신들의 처소들도 이에 화답한다.

이 무사이 여신들은 불멸의 선율로 노래를 부르며

우선 신들의 고귀한 자손들,

즉 가이아와 광활한 하늘이 낳은 신들을 찬양하며,

그런 다음 신들의 자손인 선을 베푸는 자들을 찬양한다.

그리고 계속하여 이 무사이 여신들은 노래의 시작과 끝에

신들과 인간들의 아버지인 제우스가 모든 신들 중에서

얼마나 위대하고, 얼마나 힘이 엄청난지 찬양한다.

……

— 헤시오도스, '신통기'

니체는 말했다. 신은 죽었다고...

그러나 그는 '힘에의 의지'를, 초인超人을 불러들였다. 왜 그는 초인이 되고자 했을까. 바로 여기서 우리는 니체를 넘어 진정한 거인에 대한 예찬을 마주한다. 그리하여 여기, [신통기]를 보자. 저 신이 놀기 좋았던 참나무와 바위투성이뿐인 벌판에서 그들이 신을 찬양했던 이유는 무엇인가. 그것은 무엇보다 그들은 힘이 센 자들이었기 때문이다. 또한 선을 베푸는 자들이었기 때문이다. 힘을 가진 선한 자들, 그들이 바로 고대 그리스인들이 꿈꾸었던 빛나는 신적 이상이었음 알게 한다.

오늘 우리는 어떤가.

문자문명으로 갈가리 찢겨진 21세기, 속물이 넘치고 소인배가 즐비한 오늘, 우리가 신적 거인을 필요로 하는 이유도 이에서 크게 멀지 않다. 물론 우리는 피뢰침을 만드는 과학기술의 시대에 살고 있다. 이런 시대에, 제우스의 천둥소리가 뭐 대수랴. 때가 되면 봄이 오는 이치를 아는 시대에 페르세포네가 온다고, 봄이 온다고 말하는 얼간이 또한 없을 것이다.

그러나 어쩌랴. 우리 맘 속에는 분명 피뢰침이 나오면서 벼락을 내리치고, 큰 소리로 천둥을 치는 제우스는 소용없게 되었지만 그의 벼락과 천둥이 상징하는 '정의'까지도 사라졌다고 볼 수 있을까. 마찬가지로 때가 되면 자연 봄이 오는 이치를 알게 되면서 페르세포네가 필요 없게 되었지만 그녀가 상징하는 '아름다운' 이미지까지 없어졌다고 볼 수 있을까.

그렇다. 바로 여기에 우리에게 아직도 신화가, 거인의 언어가 필요한 이유가 있다. 우리에게는 아직도 아니, 계속해서 정의의 수호신이 필요하고, 미의 여신, 그녀가 필요하기 때문이다. 그리하여,

"무사이 여신들의 입술에서는 전혀 힘들이지 않고도
달콤한 노래가 술술 흘러나온다.
그러면 큰 소리로 천둥을 치는 아버지 제우스의 궁전은
맑게 들려오는 여신들의 노랫소리에 미소를 보낸다."

'정의'와 '미'가 세상을 구원할 것이다. 여기, 아직도 거인과 요정의 이야기가 계속되는 이유가 있다. 비논리적인 신화가 논리 밖의 진실을 보게 하기 때문이다. 신화 고유의 기원적 힘이 거기 있다. 그리고 무엇보다 위기의 순간에 거기, 바로 거기서 최초로 이런 신적 거인을 바라보는 위대한 '나 자신'을 마주하기 때문이다.

나는 그렇게 본다.

＊도정일 칼럼 참고

제2부

보들레르의 '우울'

백석의 '정문촌'

이성복의 '그날'

하재일의 '와송'

황동규의 '기항지1'

이백의 '자야오가'

안도현의 '북항'

임성용의 '우크라이나에서 온 여자'

백석의 '남신의주 유동 박시봉 방'

심재언의 '월광곡'

고은의 '순간의 꽃'

백석의 '팔원-서행시초3'

우울

보들레르...... 겨울, 내가 허탈감에 빠져 지쳐 있을 때,
나는 내가 좋아하는 [악의 꽃]의 시 속에 파묻혀 더없는 즐거움에 빠진
다.

- 말라르메

깜짝 놀랐습니다.
샘, 당신께서 감기에 몸살까지 앓으시다니요.
안녕하지 못한 세상 탓이겠지요 샘!
샘의 해맑은, 사랑스러운, 성스러운 심성에 어디
아니, 그래서 더욱 마음 아프신 건 아닌지요
샘, 제가 위로의 시 한 편 전해드리지요.
참 생각할수록 보들레르다! 하는 생각이 들어요.

> 나는 천년을 산 것보다도 더 많은 추억을 지니고 있다.
>
> 계산서에 시의 원고, 연애 편지에 소송 서류,
>
> 사랑의 노래, 게다가 또 영수증에 돌돌 말린
>
> 무거운 머리털 등이 가득 찬 서랍 달린 육중한 장보다
>
> 내 슬픈 두뇌는 훨씬 많은 비밀을 감추고 있다.
>
> 내 두뇌는 피라미드, 그지 없는 지하 매장소
>
> 공동묘지보다도 더 많은 주검을 간직하는 곳,
>
> - 나는 달마저 싫어하는 끔찍한 묘지,

길다란 구더기떼 회한처럼 우글거리고,

내 사랑하는 주검을 향해 언제나 끈덕지게 추격을 한다.

나는 시든 장미로 가득찬 낡은 규방

유행에 뒤떨어진 가지가지 물건들 흩어져 있고,

우수에 잠긴 파스텔 그림과 색 바랜 부셰의 그림만이

마개 빠진 향수병의 냄새를 맡고 있다.

절름절름 끌어 가는 나날보다도 지리한 것은 없다.

겹치고 겹친 눈 잦은 해의 무거운 눈송이 아래

음울한 무관심의 열매인 권태

불멸의 모습 띠고 퍼져 가기에,

- 이제부터 너는, 오! 살아 있는 물질이여,

어렴풋한 공포에 싸여, 안개 낀 사하라 사막

저 안쪽에 졸고 있는 화강암에 지나지 않다.

무심한 세상사람 아랑곳 않고, 지도에서도 버림을 받고,

그 사나운 심사 오직 저무는 햇빛에만

노래 부르는 늙은 스핑크스에 지나지 않는다.

— 보들레르, '우울'

위 시를 적고 보니 '과연 보들레르구나!'이지 싶습니다. 시집 한 권으로 세계문학사를 제패한 사나이니까 그만한 수사도 어울려 보입니다. 그러나 실제로 이 시를 읽어보면 그럴 만도 하다는, 역시 쟁쟁한 대가다운 면모가 느껴집니다.

우선, '나는~'으로 시작되는 첫 행이 그대로 살아있어요. 마치 첫 출항하는 배가 바다로 미끄러져 들어가듯이 독자를 동참시키는 자연스런 수완이 놀랍고, 더욱 그런 것은 도대체 무슨 추억이 그리 많다는 것인지, 독자의 호기심을 유발시키는 멋진 도입처리가 되었다는 점입니다.

그러면서 거의 식물적이라고까지 할 정도로 세심하게 배치된 오브제들이 읽는 맛을 더하는 가운데, '우울'이라는 말 한 마디 안 하고, 그렇죠, 시는 개념이 아니니까, 형상화니까, 철저하게 형상과 놀고 있죠. 특히 마지막 연은 놀랍기 그지없습니다. 이리 엮고 저리 엮고 둘러치고 메치다가 결국 '늙은 스핑크스'를 건져 올리는 이 멋진 솜씨에 그냥 탄성이 안 나올 수 없습니다.

"보들레르 씹새끼, 아, 씨파 너무 좋네요...좋은데 왜 욕이 나오냐고요. 저도 잘 모르것어요."

그런데 우리는 왜 이렇게 다크하고 멜랑콜리한 내밀한 독백에 이끌리는 것인가요. 이 역시 잘 모르것습니다. 그러나 때로는 이렇게 지독한 절망과 우울, 깊은 침묵이 신기하게도 그 절망과 우울, 그리고 깊은 침묵을 치료할 대체약이 될 수도 있겠다는 엉뚱한 생각이 들기도 합니다. 그 절망과 우울, 침묵 가운데 더 많은 동료, 피압박 지원군을 만날 수 있기 때문이것지요.

천재는 우울증의 산물인가요. 이것 역시도 잘 모르겠습니다. 하지만 나를 몹시도 우울하게 만드는 이 '검은 담즙'이 분명 저 깊은 곳에서 다시 나를 길어 올리는 '창조적 우물'이 될 수 있음을 부정하기도 어려워 보입니다.

샘, 시는 보들레르처럼 망가져야 피어난다는데, 패이승敗而勝이라는 데 다소 위로가 되었는지 모르겠습니다. ㅋ

나의 사랑, 리자! 즐거운 주말 맞이하고 조리 잘 하시길 바랍니다.

정문촌

대체 '신화神話'란 무엇인가. 아니, 신화가 사실 어디 있단 말인가.

주홍칠이 날은* 정문旌門이 하나 마을 어구에 있었다

'孝子盧迪之之旌門효자노적지지정문—몬지가 겹겹이 앉은 목각
木刻의 액額에 나는 열 살이 넘도록 갈지자字 둘을 웃었다

아카시아꽃의 향기가 가득하니 꿀벌들이 많이 날어드는 아츰

구신은 없고 부엉이가 담벽을 며쫓고 죽었다

기왓골에 배암이 푸르스름히 빛난 달밤이 있었다

아이들은 쪽재피같이 먼길을 돌았다

정문旌門집 가난이는 열다섯에

늙은 말꾼한테 시집을 갔것다

— 백석, '정문촌旌門村'

* 날은—낡은

시인은 시대착오적인 정문촌을 담담하게 풍유하고 있다. 마른 장작처럼 빳빳한 성리학의 그늘이 서린 정문촌은 도덕의 올가미에 들씌워진 마을이다. 마을 어구에 아직도 붉은 칠을 한 위엄이 서린 구신 같은 정문이 있고, 그 주변에는 과연 구신 같은 부엉이 울음이 구구-하고 들려오는 무시무시한 곳이기 때문이다. 시인의 말('흰밤', '마을은 맨천 구신이 돼서')대로, 마을은 맨천 구신이 돼서 무서워 오력을 펼 수 없는 곳이다.

그리하여,

괴괴한 밤, 옛성의 돌담에 달이 오르고 묵은 초가지붕에 박이 또 하나 달같이 하이얗게 빛나는 흰 밤, 그런 밤은 하나의 '암시suggestion'로써, 이런 때는 틀림없이 수절과부 하나가 목을 매여 죽는 그러한 밤도, 바로 이런 밤이다. 정문旌門은 무엇인가. 충신, 효자, 그 중에서도 바로 이런 수절과부, 열녀라는 삼강오륜의 본보기들을 표창하기 위하여 그의 집 앞이나 마을 어구에 세워 놓은 붉은 문이 아닌가.

그러나,

여기 정문촌은 낡은 기호로 가득 차 있는 마을이다. 붉은 칠을 한 정문은 벌써 언제인지 모르게 색이 바래고, 먼지가 겹겹이 앉아 있다. 귀신이 있다는 것도 말짱 허구다. 귀신 울음을 운다는 부엉이도 치쪼고 죽었다. 기왓장에 푸르스름한 배암이 지나고, 아이들조차 쪽제비처럼 먼 길을 돌아가는 그곳은 이제 전설에나 나올만한, 누구나 회피하는 괴괴한 곳이 되고 말았다. 인간의 욕망을 거세당한, 그래서 더욱 가난하게 살 수밖에 없는 가난이도 별수 없이(~것다) 늙은 말꾼한테 시집을 간다.

'정문촌'은 이렇게 모두가 기피하고 외면하는 빛바랜 가치가 남아 있는, 그러나 그 가치의 기둥이 무너진 곳임을 암시한다. '예교가 사람을 잡아먹는다'는 말(노신, [광인일기])이 실로 무색하다 아니할 수 없는 곳이 되었다.

"주홍칠이 날은 정문旌門이 하나 마을 어구에 있었다"

시인은 이렇게 중세의 성처럼 무시무시한 성리학적 세계가 사실은 쩍쩍 갈라진 회칠한 담벽처럼 낡아빠진 거짓으로, 많은 사람들이 믿는 생각이나 의견을 말하는 것 같지만, 사실은 틀리거나 진실이 아닌 거짓 신화 속이었음을 '넌지시' 조롱하고 있는 것이다.

그날

기호는 다양체다. 카멜레온처럼 여러가지 표정을 짓고 있다.

그날 아버지는 일곱시 기차를 타고 금촌으로 떠났고
여동생은 아홉시에 학교로 갔다 그날 어머니의 낡은
다리는 퉁퉁 부어올랐고 나는 신문사로 가서 하루 종일
노닥거렸다 前方은 무사했고 세상은 완벽했다 없는 것이
없었다 그날 驛前에는 대낮부터 창녀들이 서성거렸고
몇 년 후에 창녀가 될 애들은 집일을 도우거나 어린
동생을 돌보았다 그날 아버지는 未收金 회수 관계로
사장과 다투었고 여동생은 愛人과 함께 음악회에 갔다
그날 퇴근길에 나는 부츠 신은 멋진 여자를 보았고
사람이 사람을 사랑하면 죽일 수도 있을 거라고 생각했다
그날 태연한 나무들 위로 날아오르는 것은 다 새가
아니었다 나는 보았다 잔디밭 잡초 뽑는 여인들이 자기
삶까지 솎아내는 것을, 집 허무는 사내들이 자기 하늘까지
무너뜨리는 것을 나는 보았다 새 占 치는 노인과 便桶의
다정함을 그날 몇 건의 교통사고로 몇 사람이
죽었고 그날 市內 술집과 여관은 여전히 붐볐지만

아무도 그날의 신음 소리를 듣지 못했다

모두 병들었는데 아무도 아프지 않았다

— 이성복, '그날'

그날,

'그날'은 잊을 수 없는, 아니 잊어서는 안 될 불망不忘의 날이다. 엄마 생신, 아버지 기일, 애놈들 생일...8.29, 3.1, 8.15, 6.25, 4.19, 5.16, 4.16... 아아 잊으랴, 어찌 우리 그날을...그날, 3.1은 일제에 의해 독살된 고종의 인산일이었고, 그날, 그날은 이대로는 못살겠다며, 을미적 을미적하다가는 병신되어 못 간다는 한이 서린 갑오년 어느 날이었다. 그리고 그날, 아! 그날 4.16은 생때 같은 자식들이 인당수에 빠져 허우적거리는 아우성을 눈뜨고 듣고서도 살아있어야 하는 참극이 빚어진 날이었다.

더 데이, 그날은 차마 잊을 수 없는 날이다.

그날은 또한 이름 없는, 무명無名의 날이기도 하다. 일상의 계곡에 파묻혀 그날이 그날 같은 '그날'은 어떤 날인가. 작품 속으로 기어들어가 보자. 그러면 거기 화면에서 개미처럼 줄지어 기어 나오고 있는 일상은 마네킹처럼 무관심이 지배하고 있는 나날이다.

사람들은 개미처럼 흩어져 서로를 뜯어먹고 있다. 사람들은 또한 주목받지 모한 채 바람에 찢겨진 깃발처럼 무의미한 기표로 펄럭이고 있다. 그리하여 그날, 그가 본 것은 온통 죽음뿐인, 시체가 가득한 세상이다. 온통 죽음만이 가득한 세상에. 그러니 아 씨파, 그 새끼가 죽던 말던...그리하여, 여기 '그날'은 죽음을 제사지내는 제전의 언어에 다름 아니다. 그리하여 여기 우리는 그와 함께 놀라운 전언을 마주한다.

"모두 병들었는데 아무도 아프지 않았다."

시인 이성복,

그는 이렇게 이성이 마비된 사회에서는 아무도 아프거나 신음하지 않는다는 사실을 아프게 찌르고 있다. 그리하여 그는 묻는다. '뒹구는 돌은 언제 잠 깨는가' 라고.

그러나 어느날 우연히 풀섶 아래 돌쩌귀를 들치면 얼마나 많은 불개미들이 꼬물거리며 죽은 지렁이를 갉아 먹고 일어나 많은 하얀 개미 알들이 꿈꾸며 흙 한 점 묻지 않고 가지런히 놓여 있는지('그러나 어느날 우연히')

우연에 기댈 수는 없는 노릇이다. 그러나, 예기치 않은 곳에서 바람은 불어오고 골목이 끝나면 거기 그리운 얼굴, 네가 연분홍 진달래처럼 수줍은 모습을 하고 나를 기다리고 있을지도 모르는 일이니...거기, 아침처럼 꺼지지 않는 생명의 바람버섯이 온전히 숨을 쉬고 있느니...

그날!

와송

큰 사랑은 거짓이다. 과연 그럴까.

인적이 드문 무인도의 바위틈에서나

높은 기와지붕에서 자라는 와송은

체형이 작고 몸이 깡말라서

바람이 지나간 길만 남아 있는 풀이다

작렬하는 햇볕에 달궈진 기와나 바위 위에서

무서운 태풍에 온힘을 다해 버티다 보니

생존에 필요한 만큼 육체의 최소화가 절실했을 터

바람에 실려 온 적은 흙속에서 살아남다 보니

덜 먹고 조금 싸면서

죽지 않고 견딘 덕에 온몸 가득 독을 품게 되었는데

어느 날 뭍에서 건너온 사냥꾼에게 뽑혀

무절제한 세상 밖으로 뿌리째 붙들려 나가

이 악물고 쌓은 독이 무서운 암 치료에 쓰이게 될 줄이야

사람도 위태로운 바지랑대 끝에서

남모르게 독기를 품고 버티고 살아남아야

일생을 걸었던 꿈이 세상에 필요한 약으로 쓰일 수 있다

— 하재일, '와송'

진실은 실뱀장어처럼 작다.

사랑이 그렇다. 큰 사랑은, 국민은 거짓이다. 진실한 사랑은 작고 구체적이다. 작은 사랑만이 비단 신을 잃은 콩쥐의 이름을 불러주고, 언 손을 잡아주며, 눈물을 닦아 끝내 미소를 머금게 한다.

그렇다고 사랑이 꼭 작지만은 않다. 누가 사랑을 작다 하는가. 여기, 사랑의 세계가 얼마나 작고 사소하고 미소微小한가를, 그러나 이런 미소한 사랑의 세계가 또한 얼마나 광대한지를 보여주는 한 편의 시가 있다.

와송은 오래된 기와지붕이나 갯바람 센 무인도에서 자라는 '키 작은' 풀이다. 중요한 것은 관심이다. '어떤 사물에 마음이 끌리어 주의를 기울이는 일', 우리는 시인이 이 와송이라는 작은 풀에 마음이 끌리어 주의를 기울이지 않았다면, 이 시는 결코 탄생하지 못했음을 안다. 다시 말해, 우리는 시인이 얼마나 미소한 약자의, 마이너의 세계에 큰 관심을 기울이고 있는지를 안다. 이렇게 시인이 미소한 풀처럼 나약하고 힘없는 지하 세계에서, 그러나 바로 거기서

'약한 놈도 쓸모가 있다'

는 '은칼'을 꺼내드는 순간, 아니 원석으로 묻혀있는 '금칼'을 캐내는 순간, 우리는 비로소 이 시인이 위대한 사랑을 간직한 시인임을 주목한다.

사실(소); 와송이 독하게 살아남아 약재로 쓰이고 있다.

가치(소); 사람도 독하게 살아남아야 인재로 쓰일 수 있다.

그런 어느 깨달음의 순간이었을 것이다. 너와 내가, 말과 사물이, 와송과 인간의 눈길이 잠시 머무는 순간, 우리는 '별개'가 아니라 하나의 의미있는 세계로 '결부'되어 있다고 느끼는 연대의 시간 - 이때, '도'는 너와 나를 이어주는 결속체 역할과 동시 와송처럼 작은 우리를 우주적 세계로 쏘아올리는 추진체 역할을 한다 - '너DU'를 보기 위해 작은 꽃도 눈을 뜬다.

에고...

기항지1

떠남이란 무엇인가. 떠남이란 끊임없이 '나'에게 돌아오는 존재의 여정 아닌가.

걸어서 항구에 도착했다

길게 부는 한지(寒地)의 바람

바다 앞의 집들을 흔들고

긴 눈 내릴 듯

낮게 낮게 비치는 불빛

지전(紙錢)에 그려진 반듯한 그림을

주머니에 구겨 넣고

반쯤 탄 담배를 그림자처럼 꺼버리고

조용한 마음으로

배 있는 데로 내려간다.

정박(碇泊) 중의 어두운 용골(龍骨)들이

모두 고개를 들고

항구의 안을 들여다보고 있었다.

어두운 하늘에는 수삼개(數三個)의 눈송이

하늘의 새들이 따르고 있었다.

— 황동규, '기항지1'

'기항지寄港地1'은 동일성에 대한 형상적 사유를 보여주고 있다. 나의 존재론적 근원이란 무엇인가. 나를 끊임없이 함정에 빠뜨리고 그러면서도 나를 나이게 하는 견고한 힘은 무엇인가. 그것은 곧 구속과 자유라는 '이중성'의 문제임을 이 시는 말하고 있다.

기항지는 여행 중인 배가 잠시 들르는 항구다. 따라서 기항지는 출발과 도착, 비상과 하강, 떠남과 돌아옴을 가리키는 표지다. 출발은 도착을 위한 떠남이고 돌아옴이다. 여기서 출발은 존재론적 위기를 상징한다. 이에 끊임없는 방랑과 고뇌를 통해 다시 자신을 회복하는 오디세우스적 여정이 우리를 기항지로 안내한다.

기항지에서 나의 존재의 집을 흔드는 것은 '한지寒地의 바람'이다. 나는 정박하고 싶지만 바람은 나를 방황의 길로 이끈다. 나는 항구에 닻을 내리고 싶지만 바다는 나를 유혹한다. 나는 항구의 안에서 안정을 찾고 싶지만 눈송이가 나를 홀린다. 모두들 '쾌락원칙'과 '현실원칙' 사이에서 오르락내리락하는 것처럼, 나 또한 끊임없이 '욕망'과 '현실'의 시소게임에 동참한다.

이 시는 이렇게 '방황'과 '안정'이라는 욕망의 기표들을 동시에 끌어안으면서 동화同化에 대한 거부감과 함께 이화異化에 대한 유혹을 견디게 하는 도저한 시적 사유를 펼쳐놓고 있다.

"정박(碇泊) 중의 어두운 용골(龍骨)들이
모두 고개를 들고
항구의 안을 들여다보고 있었다."

여기, '용골'은 존재의 본질을 지시한다. 이 존재의 본질을 가리키는 형이상학적 이미지가 '고개를 들고' 동일성에 대한 거부감을 나타내는 저항의 표지라는데 이 시의 무게가 있다. 그러나 용골은 항구의 '안'을, 안정을 본능적으로 희구한다. 이 모순된 용골이 무의식적 기표를 드러내는 순간, 우리는 모두 화자가 설정한 욕망에 동참한다.

'ㅋ 용골, 너도 어둡구나!'

바로 여기에서 우리는 자신을 깊이 있게 응시하는 대자적 경험을 마주한다. 그것은 곧 빛나는 타자他者의 발견이다. 욕망은 이렇게 타자를 통해 실현된다. 타자는 곧 나다(자크 라캉, [욕망 이론]). 이 타자의 거울을 통해 나는 비로소 자신을 둘러싸고 있는 거짓 욕망, 허위의 껍질을 벗어버리게 된다. 그 껍질은 바로 왜소한 자아다. 그리하여 껍질을 벗은 자아는 다시 '고개를 들고', '하늘을 따르'는 확장된 자아가 되기에 이른다.

자야오가

모두의 달은 의미가 없다. 기호는 개별적individual이다.

장안 하늘에 덩그렇게 달이 하나

만호 집집마다 다듬이 소리

가을 바람 끊이지 않고 부는데

옥관에 계시는 님 고향 그리는 정이런가

언제쯤일까 오랑캐 평정하고

임 돌아오실 날은

— 이백, '자야오가子夜吳歌'

의미,

기호는 사실 제 혼자 발생하지 않는다. 달만 있어도 안 되고 나만 있어도 안 된다. 즉 우리는 각자가 중심을 이루는 상호주체의 계기다. 그래도 그 출발점과 귀결점은 바로 그 무엇과도 바꿀 수 없는 '나'다. 나로부터 모든 것이 들어오고 나간다. 그렇다. 나만큼 중요한 게 어디 있는가. 그렇다고 부르주아의 신화, 개인주의를 옹호하자는 게 아니다. 나가 있어야 별도 빛나고 우주도 돌아간다. 나가 있어야 여기 새소리도 들을 수 있고, 나가 있어야 아름다운 꽃도, 그녀도 볼 수 있다.

"장안 하늘에 덩그렇게 달이 하나"

이 한 마디로 이백이다. 이 달이 만인의 달이기도 하지만 온전히 나만의 달이 되었을 때 의미는 둥근 고리가 된다. 이 달을 기다리는 자야가 시인 백석에게는 평생의 연인이 되었다. 그녀가 그에게 이 시가 실린 [당시선집唐詩選集]을 선물했기 때문이다(김자야 에세이, [내 사랑 백석]) '자야子夜'는 이렇게 특별한 기호적 문맥을 가지면서 '실금처럼' 빛나는 의미를 지니게 되었다.

"나는 처음부터 책에서 본 그 '자야'라는 어음(語音)이 왠지 이색적이고 느낌도 아름답다는 생각이 들긴 했었다. 그러나 완전히 한문으로 된 시집을 내가 전혀 읽어낼 수 없으니까, 훌륭한 해설자인 당신만 믿고 사온 것이다. 그랬는데, 당신은 곧장 나에게 그 책의 타이틀에서 곧장 같은 두 글자를 골라 나에게 베풀어주는 것이 아닌가.
이렇게 해서 나는 뜻밖에 당신으로부터 멋스런 아호를 하나 얻게 되었다. 이

것은 참으로 두 사람 마음이 너무 일치했기 때문이 아니했을까
나에겐 당신이 지어준 '자야'라는 이름이 그 무엇보다도 진귀하고 소중한 선물이 아닐 수 없었다.
그날부터 '자야'는 이 세상에서 우리 둘만이 알고, 오직 우리 둘만이 서로 통하는 나의 애칭이 되었다. 그 이름을 불러 줄 수 있는 분은 이 세상에서 오직 당신뿐이었다."

나에게도 한때 자야가 있었다. 그 이름은 리자다. 내가 사숙하는 도스또예프스끼Dostoevskii의 작품에 가장 빈번히 나타나는 애인이다. 비싼 칸트 전집을 살 수 없어 고민하던 건달 학자 시절, 칸트Kant보다 늘샘이 더 좋다며 리자가 그 책들을 싸들고 왔다. 그녀, 리자는 칸트처럼 왔다. 그녀는 칸트다. 모든 것은 나를 통과해야 진실이 된다. 기호는 일반명사 'The'가 아니라 개별명사 'A'다. 칸트는 그렇게 해서 늘샘이 되었다. 나의 자야, 리자가 그 기호적 매개가 되었다. 이 가을, 나의 자야, 리자는 어디서 무얼 하고 있을까.

서울 하늘에 덩-그마니 그녀의 달이 떠 있다.

북항

언어는 하나의 화석이다. 그 단층에 흐리지만 반짝하고 빛나는 '은칼'이 새겨져 있다.

나는 항구라 하였는데 너는 이별이라 하였다

나는 물메기와 낙지와 전어를 좋아한다 하였는데

너는 폭설과 소주와 수평선을 좋아한다 하였다

나는 부캉, 이라 말했는데 너는 부강, 이라 발음했다

부캉이든 부강이든 그냥 좋아서 북항,

한자로 적어본다, 北港, 처음에 나는 왠지 北이라는

글자에 끌렸다 인생한테 패할 수 있을 것 같았다

모든 맹서를 저버릴 수 있을 것

같았다 배신하기 좋은 북항,

불 꺼진 삼십 촉 알전구처럼 어두운 북항,

포구에 어선과 여객선을 골고루 슬어놓은 북항,

이 해안 도시는 따뜻해서 싫어 싫어야 돌아누운 북항,

탕아의 눈 밑의 그늘 같은 북항,

겨울이 파도에 입을 대면 칼날처럼 얼음이

해변의 허리에 백여 빛날 것 같아서

북항, 하면 아직 블라디보스토크로 가는 배편이

있을 것 같아서 나를 버린 것은 너였으나

내가 울기 전에 나를 위해 뱃고동이 대신 울어준

북항, 나는 서러워져서 그리운 곳을 북항이라

하였는데 너는 다시는 돌아오지 못한다 하였다

– 안도현, '북항'

'북항'은 빠롤의 표정을 닮았다. 거기에 암반층 같은 인식의 단층이 놓여 있다. 그리하여 우리는 여기, 안도현의 북항으로 가는 길목에서 만난다. 거기, 북항에 가 보자. 나도 왠지 그처럼 '北'이라는 글자에 끌리기 때문이다. 그러면 거기서 나는 하나의 고고학이라는 언어적 발굴 현장을 만나게 된다. 그리하여 언어의, '북항'이라는 고고학의 발굴 현장에서 마주치게 되는 것은 과연 인식의 단층이 아니고 무엇이겠는가.

"나는 항구라 하였는데 너는 이별이라 하였다."

나는 하나의 항구로서, 보편적 랑그로서 머물고 있다면, 너는 개별적 의미로서, 하나의 빠롤로서 이별의 표정을 짓고 있다. 북항이라는 언어의 고고학적 광산이 이렇게 단층처럼 암반을 형성하듯, 너와 나는 서로 다른 인식의 암반의 층을 나눠 갖고 있다. 그리하여 '나는 부캉이고 너는 부강이다'. 인식의 칼날은 서로 다르게 빛나고 있다.

중요한 것은 이게 아니다. 그는 이런 인식의 단층 밑에 화석처럼 묻혀 있는 사회역사적 상상력에 불을 붙이고 있다. 그리하여 북항, 너는 '패할 수 있을 것 같'. '모든 맹서를 저버릴 수 있을 것 같'은, 너는 두려워 떨고 있는 불온不穩의 상형문자다. 빠롤처럼 배신하기 좋은 북항, 그리하여 북항은 나에게도 너에게도 하나의 약속, 랑그의 신부가, 랑그의 미래가 아니다. 그리하여 북항은 다시 북항이 아니고 '부캉'이고, '부강'이며, '실어놓은'이 아니고 '슬어놓은'이며, '박혀'가 아니고 '백여', 이건 완존 일탈의 모노레일이다…

그리고 다시 북항, 너는 역사의 음부에, 어두운 그늘에, 얼음처럼 빛나는 겨울파도다. 그리하여 저 빛나던 청춘 백석이, 한용운이, 이태준이, 그 무수한 독립항쟁의 발자국이 어디론지 찾아 헤매고 다니던 북국의 신화다.

북항, 너도 한때는 아름다운 불씨였다.

그러나 자작나무처럼 곧지만 얼음처럼 차가운 그곳, 그곳은 나의 사랑, 라라가 머물던 곳, 잃어버린 신발을 찾아 헤매던 청춘의 신화가 칼날처럼 박혀있는 그 어디, 블라디보스토크…

그러나 북항, 너는 나를 배신하였기에 나는 뱃고동처럼 울었다. 그런데도 이상하게 돌아오지 못하는 그곳, 북항이 그리워진다…

"북항, 하면 아직 블라디보스토크로 가는 배편이
있을 것 같아서 나를 버린 것은 너였으나
내가 울기 전에 나를 위해 뱃고동이 대신 울어준
북항, 나는 서러워져서 그리운 곳을 북항이라 하였는데
너는 다시는 돌아오지 못한다 하였다"

여기, 북항을 보라. 그리하여 언어는 자신보다 다른 것이, 타자의 배가 들락거리는 미지의 항구, 빠롤이다. 마치 물속에서 펄쩍! 하고 무엇이 뛰어오르듯이, 여기 북항이라는 언어 가운데서 반짝! 하면서 제 각각의 은칼이 어쩔 수 없이 제 빛나는 청춘의 상처를 내보이고 있다.

시인 안도현,

그는 이렇게 '북항'이라는 언어의 고고학적 암반층에서 시대의 공기요, 숨결이요, 차마 말로 표현하기 힘든 금기를 비추고 있다. 그러나, 그는 그 특유의 풍성한 언어의 식탁으로 우리를 초대하고 있다. 북항에 가 보라고...가서 뱃고동소리를, 뱃고동이 울고 있는 청춘의 신화를 들어보라고... 그 신화 속에 단층으로 파묻혀 굳어진 역사의 통곡慟哭을 확인해 보라고...

우크라이나에서 온 여자

보이는 게 다가 아니다. 허상의 거미줄은 도처에서 나를 노리고 있나니...

그녀는 아메리카 백인 미녀들처럼

금발과 푸른 눈을 갖고 있지 않았다.

폐계를 닮은 닭털 같은 머리에다

멍한 회색빛 눈동자를 지녔다.

더구나 이미 늙어버린 그녀는

마흔 중반도 훌쩍 넘어 뵈는 얼굴이다.

염색공장이 밀집한 능안공단 아랫말

빈 축사를 개조한 집으로 세를 들어온 그녀는

큰 가방 두 개를 끌고 나타날 때부터 실업자였다.

봄, 여름이 다가도록 일 나갈 생각은 않고

축사 앞 평상에서 소주를 마셨다.

동네 남자들만 보면 그녀는 술을 사 달랬다.

술만 사 주면 언제든지 다리를 벌린다고 했다.

그녀의 먼 고향은 푸르고 넓은 평원이었을까.

크림반도 눈 내리는 마을 얼음의 산맥이었을까

아니면, 아직도 녹슨 핵탄두가 뇌관을 숨긴

은밀한 기지 부근의 철조망이었을까

그 어떤 낭만도 쓰라린 기억도

그녀를 통해서는 도무지 알 수가 없다.

회색빛 동공만큼이나 막막했던 사람.

술에 취한 율리아, 아는 것이라곤 그녀의 이름뿐

축사 앞 은행나무 단풍이 지던 땐가

만삭의 배를 안고 그녀는 축사에서 쫓겨났다.

- 임성용, '우크라이나에서 온 여자'

모든 것이 교환 가치의 대상, 상품이 되어야만 팔리는 세상. 그녀는 도무지 상품이 될 수 없었다. 그녀는 백인도 미인도 아니었다. 세월은 또 그만큼 그녀를 늙게 했다.

그녀는 대체 무엇을 믿고 이 땅에 왔나. 푸른 낭만도, 녹이 슨 기억도 아닐 것이다. 그녀를 이 땅에 데려 온 것은 '코리안 드림'이라는 허상의 거미줄이었다. 이 코리안 드림이라는 21세기 신실크로드의 거미줄을 따라 수많은 대상들이 줄을 지었다. 그녀 또한 대상의 행렬에 합류했다.

그러나, 저 전설 같은 오랜 실크로드의 천산산맥 옛길을 따라가다 보면 거기서 우리는 죽음의 강을 만나게 됨을 안다. 상품을 파는 데도 죽음을 각오해야 하는 것이다. '배고픔'과 '추위', '멸시'는 이 품목에 끼지도 못한다. 이 죽음의 강을 건너기 위해서는 무엇보다 몸이 성해야 한다. 그러나,

"그 어떤 낭만도 쓰라린 기억도
그녀를 통해서는 도무지 알 수가 없다.
회색빛 동공만큼이나 막막했던 사람.
술에 취한 율리아, 아는 것이라곤 그녀의 이름뿐"

모두들 '필리핀 영계와 러시아 백계'를 먹겠다고 덤벼드는 정글 한복판, 그녀는 도대체 몸뚱이밖에 아무것도 가진 게 없는 프로레타리아 국제 노동자로 예술흥행비자, E-6 사증을 발급받은 엄연한 예술인으로 양 팔고 땅 팔아 먼 이국 땅에 왔을 것이다.

그러나 말마라. 지금도 강남이나 영등포 역전 어디 코리언 펍, 사회의 음부인 주점에 앉아 있으면 주스를 사달라고 매달리는 율리아, 너는 대체 무엇을 가졌는가. '물건이든 사람이든 상품이 되어야 먹고 살 수 있다'는 [자본론]의 제1장 제1절의 성스러운 구절 그 어떤 것도 너는 갖지 못했다. 뭐든 팔려야만 가치가 있다는 물신적 신념이 지배적으로 작동하는 현실에서-바로 여기에 현단계 신자본주의 문화가 처한 '갈보적' 성격이 있다-더구나 백색신화white mythology가 지배적으로 작동하고 있는 현실에서 금발도 아니고 푸른 눈도 갖지 모한 너 DU, 그리하여 몸조차 팔 수 없는 너는 결국 갈보도 되지 못하고 쫓겨났다.

보라...

갈수록 깡패자본주의, 매춘자본주의가 되어가는 지구촌 시대, 여기, 글로벌 노동시장에서 몸조차 팔 수 없는 국제 미아가 어떻게 흔적도 없이 스러지는지, 디아스포라의 비극을 핍진하게 형상화한 임성용의 시가 보여준 '원초적 사실주의'의 진정한 힘이 무엇인지를...

남신의주 유동 박시봉 방

노예로 살 것인가? 주인으로 살 것인가? 나는 백석에게서 주체의 변증법을 본다.

어느 사이에 나는 아내도 없고, 또,

아내와 같이 살던 집도 없어지고,

그리고 살뜰한 부모며 동생들과도 멀리 떨어져서,

그 어느 바람 세인 쓸쓸한 거리 끝에 헤메이었다.

바로 날도 저물어서,

바람은 더욱 세게 불고, 추위는 점점 더해 오는데,

나는 어느 목수(木手)네 집 헌 삿을 깐,

한 방에 들어서 쥔을 붙이었다.

이리하여 나는 이 습내 나는 춥고, 누긋한 방에서,

낮이나 밤이나 나는 나 혼자도 너무 많은 것같이 생각하며,

딜옹배기에 북덕불이라도 담겨 오면,

이것을 안고 손을 쬐며 재 위에 뜻없이 글자를 쓰기도 하며,

또 문 밖에 나가디두 않구 자리에 누어서,

머리에 손깍지벼개를 하고 굴기도 하면서,

나는 내 슬픔이며 어리석음이며를 소처럼 연하여 쌔김질하는 것이었다.

내 가슴이 꽉 메어 올 적이며,

내 눈에 뜨거운 것이 핑 괴일 적이며,

또 내 스스로 화끈 낯이 붉도록 부끄러울 적이며,

나는 내 슬픔과 어리석음에 눌리어 죽을 수밖에 없는 것을 느끼는 것이었다.

그러나 잠시 뒤에 나는 고개를 들어,

허연 문창을 바라보든가 또 눈을 떠서 높은 턴정을 쳐다보는 것인데,

이때 나는 내 뜻이며 힘으로, 나를 이끌어가는 것이 힘든 일인 것을 생각하고, 이것들보다 더 크고, 높은 것이 있어서, 나를 마음대로 굴려가는 것을 생각하는 것인데, 이렇게 하여 여러 날이 지나는 동안에,

내 어지러운 마음에는 슬픔이며, 한탄이며, 가라앉을 것은 차츰 앙금이 되어 가라앉고,

외로운 생각만이 드는 때쯤 해서는,

더러 나줏손에 쌀랑쌀랑 싸락눈이 와서 문창을 치기도 하는 때도 있는데,

나는 이런 저녁에는 화로를 더욱 다가 끼며, 무릎을 꿇어보며,

어느 먼 산 뒷옆에 바우섶에 따로 외로이 서서,

어두어 오는데 하이야니 눈을 맞을, 그 마른 잎새에는,

쌀랑쌀랑 소리도 나며 눈을 맞을,

그 드물다는 굳고 정한 갈매나무라는 나무를 생각하는 것이었다.

– 백석, '남신의주 유동 박시봉 방'

노예는 쇠사슬에 묶인 존재다. 쇠사슬은 노예의 영혼까지 묶어 놓는다. 이런 불행은 자본이라는 '물적' 현실이 그 지배적 폭력의 형식으로 현실을 압도하기 때문이다. 이 시의 화자도 마찬가지다. 즉 시적 화자는 지금 일제 치하라는 폭력적 현실에서 한 발도 나아가지 못한 채, 아내도 집도 모두 잃고 부모와 가족과도 멀리 떨어져 아무데도 의지할 곳 없는 한없이 외로운 존재가 되고 말았다. 이렇게 물적, 지배적 현실에서 소외된 이상 그는 남에게 의존할 수밖에 없다. 이렇게 하여 그는 어느 목수네(박시봉)집 헌 삿을 깐, 한 방에서 쥔을 붙일 수밖에 없는 신세로 전락하고 말았다. 方은 房이다. 즉 그는 남의 집에 세를 얻어 기거하게 된 기생적 존재, 잉여적 존재일 수밖에 없는 것이다.

그러니 잉여적 존재가 꾸는 '너무도 많은 생각들'은, 무의미한 기표에 불과하고, 아무런 뜻이 없는 글자일 수밖에 없는 것이다. 즉 그는 이렇게 환멸적 자기애라고 할 수 있을 상상적 거울에, 자폐적 기호놀이에 빠질 수밖에 없는 것이다. 환멸적 자기애의 끝은 죽음이다. 여기, 환멸적 자기애의 끝이 죽음이라는 것에서 우리는 '거세와 좌절, 박탈은 모두 주체의 소외'라는 정신분석학자 라캉Lacan의 전언을 마주하게 된다.

그러나,

중요한 것은 '그러나'다. 예술은 해방을 그 고유의 존재 조건으로 하는- 왜냐하면 체계는 인간과 예술의 적이기 때문이다-본질적으로 '그러나', '그럼에도 불구하고'를 지향한다. 주체의 자기소외는 자기도취다. 죽음에 이르는 나르시시즘이다. 자기도취에 출구는 없다.

그러나 여기, 화자가 다시 고개를 들어 주위를 바라보고 나와 주위를 인식의 대상으로 설정하기 시작하는 순간, '나'는 더이상 '나'이기를 그치고 나는 타자가, 네가 될 수 있는- 왜냐하면 나는 너의 욕망의 구성의 산물이기 때문이다-이동의 순간을 맞이하게 된다. 그리하여 나는 단순히 나이고만 한 외로운 존재가 아니라 '더 크고 높은' 어떤 존재와 관련되어 있다는 연대의식solidarity consciousness에 다다르는 순간, 나는 결코 외로운 존재가 아니라는 매개적 지평의 세계로 넘어간다. 그리하여 점차 '고립된 자아'의식에서 벗어나 보다 확장된 '매개적 자아'의 단계로 의식이 전화하는 순간, 그가 발견하게 되는 것은 '상징'이라는 세계 이미지다. 라캉이 말하는 상징계다. 가령, 김수영이 '귀족'이라는 자기도취의 거울적 상상의 단계를 벗어나 '풀'이라는 상징에서 거대한 뿌리라는 역사의 주체를 발견하게 된 과정처럼.

그것은 분명 자신과는 다른 존재(타자)이지만 동시에 이 '크고 높은' 그 무엇이 지배하는 현실에서 함께 살아가고 있는 '어느 먼 산 뒷옆에 바우섶에 따로 외로이 서서, 어두어 오는데 하이야니 눈을 맞을, 그 마른 잎새'에 대한 새로운 인식이다. 다시 말해 외롭고 춥고 고독한 가운데서도 굳고 정하게 버티고 서 있는 '갈매나무'라는 존재들에 대한 유적 인식의 전화이다.

이런 인식의 전환과 관련하여, 주목해 볼 수 있는 것은 문체의 영역이다. 왜냐하면 문체는 단순한 기술의, 방법의 문제가 아니라 태도의, 관점의 문제이기 때문이다. 그리하여 여기서 우리는 또한 '언어도 무의식처럼 구조화 되어 있다'는 라캉의 금칼 같은 명제를 마주한다. 그리하여 여기, 구조화된 형식으로 반복되어 나타나고 있는 것은 바로 콤마의 빈번한 사용이다. 이는 의식, 무의식 중에 물적, 폭력적 현실이 압도하는 현실에서 무의미의 나락으로 떨어진 시적 화자가 마치 물에 빠진 사람이 지푸라기라도 잡으려는 조급하고 간절한 염원처럼, 의미 있는 세계에 대한 매우 강렬하고도 집요한 열망에 휩싸였다는 것을 방증한다. 즉 여기서, 쉼표는 단순한 의미가 아니라 물적 현실이 압도하는 현실에서 그 물적 현실을 넘어 새로운 욕망을 실현하려는 끈질긴 의미화 기제mechanism라고 볼 수 있다.

서술narrative 또한 중요한 기능을 하고 있다. 서술은 산문정신, 즉 실용적 목적으로 현실에 대한 비판적 거리두기를 그 핵으로 하는 표현방식이다. 즉 그는 서술을 통해 자신이 처한 외적, 지배적 현실을 정확하게 파지하고 있을 뿐만 아니라 이런 현실을 서술을 통해(나는~헤매이었다. 째김질하는 것이었다. 죽을 수밖에 없는 것을 느끼는 것이었다. 더 크고 높은 것이 있어서. 외로운 생각이 드는. 굳고 정한 갈매나무를 생각하는 것이었다) 즉, 자신의 지리멸렬한 삶을 개념화함으로써 그 지리멸렬한 현실에서 벗어나 새로운 관점의 전이를 가능하게 할 수 있는 희망의 지렛대를 형성하고 있다. 이 새로운 관점의 전이의 정점에서 우리는 '그 드물다는 굳고 정한 갈매나루'를 만나게 된다.

what matters more

더욱 중요한 것은 '그'다. '그the'는 선험적 기표다. 즉 '그'는 그가 익히 갈매나무를 알고 있다는 것을 함축한다. 다시 말해 '그'는 기억이고, 대치이고, 욕망에 다름 아니다. '그'는 하나의 변형, 이형으로서의 반복이자 새로운 전망으로서의 차이다. 그리하여 우리는 다시, 그가 갈매나무를 '호명'해 냄으로써 어떻게 살 것인지에 대한 한 줄기 희망의 빛a ray of hope을 읽는 것을 나 또한 읽는다.

나는 그렇게 본다.

월광곡

시가 하는 역할은 무엇인가. 이른바 '문학의 기능'은 무엇인가.

달빛은 먹고 싶도록 싱싱하다

배추김치 같다

아니

오이김치 같다

달빛을 포식하고

노래를 부르면서 부르면서 죽고 싶다

달빛은 여자 같다

입맞춤을 하고 싶다

어여쁜 얼굴에다가 입맞춤을 하고 싶다

- 심재언, '월광곡'

여기, 시인으로부터 분리되어 나온 화자, '나'가 있다. 나는 배고프고 외롭다. 그리하여 결핍의 감정을 지닌 나는 어떤 충족을 기대하고 있다. 월광, 달빛을 바라본다. 아름답다, 하고 느끼는 순간, 나는 갑자기 허기를 느낀다. 육체의 허기일까 정신의 허기일까. 그러면서 나는 이 어여쁜 달빛이 배추김치처럼, 오이김치처럼, 아니 어여쁜 얼굴 여자처럼 먹고 싶도록 싱싱하다고 여긴다.

나는 배고픔을 견디며 살아왔다. 그러니 김치처럼 친근하며 포만감을, 쾌감을 주는 싱싱한 달, 이 달빛을 노래하다 죽어도 좋았다.

달빛은 또 이냥 여자다. 나도향('그믐달')의 둥근 달이 모든 영화와 끝없는 숭배를 받는 여왕 같은 달이지만, 나에게 달은 입맞춤 하고 싶은 근원적 욕망의 대상으로서의 달, 어여쁜 너다.

"달은 속어적인 의미로 여성의 엉덩이를 상징한다."
- 프로이트, [꿈의 해석]

그러나 중요한 건 이게 아니다. 이 시를 지배하고 있는 시적 모티프는 '결핍'이다. 다시 말해 신체적이든 정신적이든 그는 지금 뭔가 부족한 상태에, 그리하여 절실한 충족이 요구되고 있는 상태에서 달빛을 보고 있는 것이다. 그럼에도 그는 이런 절실한 욕구를 절실한대로 드러내면서도, 다시 말해 의식의 지하세계에 놓인 이드id 라는 욕망을 그대로 말하면서도(~부르면서 부르면서, ~싶다, ~싶다)이 절실한 욕망을 이미지로, 배추김치, 오이김치로, 다시 어여쁜 여자로, 그 오염되지 않은 순수형상으로 바꾸어 놓을 줄 알았다.

중요한 게 바로 여기에 있다. 청신한 감각과 함께 하면서도 원초적 욕망에 이끌리지 않고 우리가 이 시를 즐겁게 감상할 수 있었던 것도 바로 이렇게 시를 비롯한 문학예술이 '고양된 쾌감'을 선사하고 있다는 진솔하고 여유 있는 정서에서일 것이다.

어여쁜 얼굴 같은 달에게 '입맞춤을 하고 싶다'고 솔직하게 자신을 드러내면서도 이렇게 이미지를 통해 그 정서를 외화外化시켜 완곡하게 제어할 수 있다는 이것, 이것이 또한 시적 교양의 핵심이기도 할 터이다.

시는 왜 읽는가. 아니, 왜 시를 읽어야 하는가. 시 읽기 당위의 근거는 무엇인가. 여기, 심재언의 '월광곡'을 통해 우리는 '시는 이성에 대한 정직한 테러'이고, '터져 나온 욕망의 실밥'이자 동시에 '심미적 절제'라는, 매우 독특하고 아름다운 가치의 체험이라는 것을 안다.

순간의 꽃

말이 사물이 되는 순간, 개념은 사라지고 이미지가 걸어 나온다.

여름방학 초등학교 교실들 조용하다

한 교실에는

7음계 '파'음이

죽은 풍금이 있다.

그 교실에는

42년 전에 걸어놓은 태극기 액자가 있다.

또 그 교실에는

그 시절

대담한 낙서가 남아 있다

김옥자의 유방이 제일 크다

― 고은, [순간의 꽃]

여기, 조용하지만 마적인 하나의 허상이 살아 숨 쉬고 있다. 그로테스크란 바로 이런 것인가. 어린 시절 문자 몽상에 사로잡혔던 화자는 아직도 그 시절을 생생한 화면으로 회상한다.

그의 회상이 멈춰 선 어느 초등학교 교실들, '들'은 생명이다.

이렇게 사물이 살아있는 바로 그곳에는 지금도 죽은 풍금이 '파'하고 입을 벌린 채 누워 있고, 태극문양의 눈썹 꽃이 나를 내려다보고 있다. 또 그곳에는 아직까지도 나를 사로잡고 있는 몽상의 언어가 마귀처럼 기괴하게 나를 홀리고 있다.

그렇게 숨을 죽인 어느 순간이었을까, 갑자기 죽은 입이 말을 하기 시작한다.

"김옥자의 유방이 제일 크다"

라고.

이렇게 말의 허상이 나를 압도하는 순간, 나는 홀연 아지랑이처럼 중심을 잃고 맹목의 포로가 되고 만다.

내가 말의 포로가 되었던 것은 내가 말의 주인이 되지 못하고 오히려 그 말의 노예가 되었기 때문이다. 그리하여 여기,

초등학교 교실이,

죽은 풍금이,
태극기 액자가,
대담한 낙서가

주인이 된 세계에서 나는 타자다. 아니, 타자가 될 수밖에 없는 것이다. 다시 말해, 말이라는 이미지로 덧칠해진 대상 세계를 '물끄러미' 바라보지 모하고 중심을 잃었을 때, 나는 그 대상의 객체로 밀려나 낯선 존재로 남아있음을 이 시는 섬뜩하게 보여주고 있는 것이다.

죽어도 고개를 내미는 자라목이라니! 끝없이 달라붙는 끈끈이주걱이라니! 김옥자의 유방이 어쨌다는 것인가. 아, 씨파! 왜 '그'가 이렇게 나를 따라붙는 것인가. 여기서 세 번이나 반복되고 있는 '그'는 그때 그 순간을 잊지 못하는, 뿌리 깊은 욕망의 선험적 기표이자 그것으로부터 애써 벗어나려고 안간힘을 쓰고 있는, 무의식적 강박의 표지다. 물끄럼하게 마지막 시행을 별도로 처리한 이유도 여기에 있으리라.

무의식의 뿌리는 깊고 욕망의 구조는 강고하다. 그리하여 이 시는 또한 우리가 프로이트의 '무의식'과 라캉의 '욕망'이라는 지하 세계에서 한 치도 벗어날 수 없는, 매우 허약한 본능을 지닌 나약한 존재임을 환기시키고 있다.

팔원-서행시초3

시의 생명은 심미적 거리, 보여주기라는 '절제'의 형식에 있는가 보다.

차디찬 아침인데

묘향산행 승합자동차는 텅하니 비어서

나이 어린 계집아이 하나가 오른다

옛말속같이 진진초록 새 저고리를 입고

손잔등이 밭고랑처럼 몹시도 터졌다

계집아이는 자성慈城으로 간다고 하는데

자성慈城은 예서 삼백오십 리 묘향산 백오십 리

묘향산 어디메서 삼촌이 산다고 한다

쌔하얗게 얼은 자동차 유리창 밖에

내지인 주재소장 같은 어른과 어린아이 둘이 내임을 낸다

계집아이는 운다 느끼며 운다

텅 비인 차안 한구석에서 어느 한 사람도 눈을 씻는다

계집아이는 몇 해고 내지인 주재소장 집에서

밥을 짓고 걸레를 치고 아이보개를 하면서

이렇게 추운 아침에도 손이 꽁꽁 얼어서

찬물에 걸레를 쳤을 것이다

— 백석, '팔원-서행시초3'

일제 강점기,

백석(1912-1996)은 가장 아름다우면서도 최고의 감각적인 시를 쓴 시인으로 평가 되고 있다.

이 시는 과연 슬프지만 아름다운 색조를 자아내고 있다. 차디찬 아침, 승합차 속의 텅 빈 공간, 진한 초록색 저고리를 입고 차 속으로 들어오는 소녀, 그 소녀의 고단한 삶을 연상케 하는 밭고랑처럼 터진 손잔등의 이미지와 흐느끼는 울음소리, 그리고 그 소녀의 처연한 모습을 보고 눈물짓는 또 한 사람의 모습, 더욱이 어린 소녀가 찾아가야 할 먼 묘향산의 삼촌 집, 그곳에서 또 더 먼 곳으로 떠나가야 할 소녀의 기약 없는 행로 등 이렇게 이 시는 다양한 시적 오브제들이 날줄과 씨줄로 이어지고 얽어지면서 시적 지배소를 심미적 아름다움으로 수놓고 있다.

이 시는 조사의 감각적 구사에서도 그만의 뛰어난 격조를 유지하고 있다. 우선, '가'를 통해 어린 소녀를 거리감 있게 소개하는 솜씨가 놀랍다. '는'은 또 어떤가. 여기서 '는'은 광학 렌즈로 어린 소녀를 돋보이게 한다. 그리고 절대격 '이'로써 소녀를 '째하얗게 얼은 유리창 밖'의 차가운 현실과 대비시키며 쉽게 슬픔에 떨어지지 않게 조율하고 있다. 그러면서 '도'를 통해 어린 소녀의 울음을 효과적으로 증폭시키고 보편적 감응을 이끌어 내고 있다.

"텅 비인 차안 한구석에서 어느 한 사람도 눈을 씻는다
계집아이는 몇 해고 내지인 주재소장 집에서

밥을 짓고 걸레를 치고 아이보개를 하면서
이렇게 추운 아침에도 손이 꽁꽁 얼어서
찬물에 걸레를 쳤을 것이다"

이렇게 그는 아름답고 격조 있는 감각적인 언어로 일제 하 한 가족공동체의 해체에 따른 민족(어린 계집아이)의 수난과 고통의 어떠함을 생동한 화폭으로 그려내는데 성공함으로써, '극적 제시'라는 시적 형식에 일대 존재감을 부여하고 있다.

나는 그렇게 본다.

제3부

황동규의 '조그만 사랑노래'

네루다의 '한 여자의 육체'

김수영의 '어느 날 고궁을 나오면서'

강기원의 '죽'

문혜진의 '홍어'

김남주의 '이 가을에 나는'

문인수의 '장미란과 무쇠 씨'

최영미의 '서른, 잔치는 끝났다'

정진규의 '사물들의 큰 언니'

조조의 '단가행'

셸리의 '서풍의 노래'

기형도의 '바람의 집-겨울판화1'

조그만 사랑노래

시는 꼭 실연당한 어린 계집애 같다.

어제를 동여맨 편지를 받았다

늘 그대 뒤를 따르던

길 문득 사라지고

길 아닌 것들도 사라지고

여기저기서 어린 날

우리와 놀아 주던 돌들이

얼굴을 가리고 박혀 있다

사랑한다 사랑한다, 추위 환한 저녁하늘에

찬찬히 깨어진 금들이 보인다

성긴 눈 날린다

땅 어디에 내려앉지 못하고

눈 뜨고 떨며 한없이 떠다니는

몇 송이 눈

- 황동규, '조그만 사랑 노래'

내 그럴 줄 알았다니...

좋았던 시절도 가고 너와 나 사이에 균열이 갔다는 거다. '어제를 동여 맸다'는 것은 그대로 지난 시절의 가치가 억류되었다는 것 아닌가. 그 동안 우리들의 관계를 지탱해왔던 소중한 가치가, 길이, 돌이, 금이, 눈이 문득 사라지고, 가려지고, 깨어지고, 성기게 되었다는 것은 더 이상 존재의 살가운 가치 지속이 불가능하게 되었음을 시사한다.

그럼에도 사랑한다 사랑한다, 되뇌어 보지만 눈처럼 차고 냉혹한 현실 속에서 나는 점점 대상과 하나가 되지 못하고 성긴 눈처럼 불안한 모습을 간직한 채 정처도 없이 떠돌고 있다.

"땅 어디에 내려앉지 못하고
눈 뜨고 떨며 한없이 떠다니는
몇 송이 눈"

이 시는 이렇게 편지, 길, 돌, 금, 눈이라는 일상의 비근한 소재들을 간결하게 사생하여 균열이 가고 금이 간, 성근 인간관계에 대한 명료한 이미지를 보여주고 있다. 이런 사실은 개인들의 관계 못지않게 우리 사회의 모습 또한 '단절'과 '불안'이라는 어두운 현실에 놓여 있음을 간접 환기하고 있다.

시는 경험이다. 그리하여 '부유하는 눈'처럼 떠도는 현실이 존재의 가치를 일깨우지 못하고 계속해서 마비된 현실을 맴돌고 있음을 선명한 이미지로, 클리어clear하게 포착해 내고 있다는 데 이 시가 지닌 이미지즘의 경쾌한 맛이 있다.

나는 그렇게 본다.

한 여자의 육체

시는 메타포, 비유라는데... 그렇다면 여기, 세계의 시인 네루다를 보자.

한 여자의 육체, 흰 언덕들, 흰 넓적다리,
네가 내맡길 때, 너는 세계처럼 벌렁 눕는다
야만인이며 시골사람인 내 몸은 너를 파들어가고
땅 밑에서 아들 하나 뛰어오르게 한다.

나는 터널처럼 외로웠다. 새들은 나한테서 날아갔다.
그리고 밤은 그 막강한 군단으로 나를 엄습했다.
살아남으려고 나는 너를 무기처럼 벼리고
내 활의 화살처럼, 내 투석기의 돌처럼 벼렸다.

허나 인제 복수의 시간이 왔고, 나는 너를 사랑한다.
피부의 육체, 이끼의 단호한 육체와 갈증나는 밀크!
그리고 네 젖가슴 잔들! 또 방심으로 가득찬 네 눈!
그리고 네 둔덕의 장미들! 또 느리고 슬픈 네 목소리!

내 여자의 육체, 나는 네 경이로움을 통해 살아가리.
내 갈증, 끝없는 내 욕망, 내 동요하는 길!
영원한 갈증이 흐르는 검은 하상이 흘러내리고,
피로가 흐르며, 그리고 가없는 슬픔이 흐른다.

- 네루다, '한 여자의 육체'/정현종 역

비유는 미인이다. 빠져나갈 수 없다. 여기, '한 여자의 육체'를 보자. 한 여자와 정사를 벌인 일을 두고 시인은 뭐라고 했던가.

나는 터널이다
너는 세계다
나는 무기다
밤은 군단이다
너는 밀크잔이다
너는 장미둔덕이다.

- 터널처럼 외로운 나는 무기를 벼리고 세계인 너를 군단처럼 엄습한다. 너는 밀크잔이고 장미둔덕을 가진 정녕 아름다운 여인이기에…

비유는 또한 연대다. A와 B를 링크시키고 상상력으로 하나 되게 한다. 즉 비유는 오리-너구리다. 우리는 오리도 아니고 너구리도 아닌 중간 존재다. 우리는 '이다', 규정된 존재, 죽음이 아니다. 우리는 끝없이 뻗어나가는 넝쿨줄기, 곧 '리좀'이고, '그리고'(들뢰즈/가타리, [천 개의 고원])다. 비유의 힘이 바로 여기에 있다.

무엇보다 비유에는 감성의 환기가 있다. 우리가 하나의 끈으로 묶여 있다는 연대 의식의 너머, 그곳에 바로 수수께끼 같이 매혹적이고 아름다운 그녀가 있다. 그러니 비유가 어찌 구원이지 않은가. 비유는 이타의 샘이다. 그렇다. 비유는 미인이고 연대이자 구원이고 이타의 샘이다.

미 제국주의와 싸우다 볼리비아 산악지대에서 전사한 게릴라 사령관, 코만단테 체 게바라, 그의 배낭 속에는 두 권의 책이 들어 있었다고 한다. 한 권은 수학책, 다른 한 권은 네루다의 시집. 수학책은 차가운 이성을 상징하고 시집은 따스한 감성을 상징하는가. 아마 그랬으리라. 그 시집, [모든 이들의 노래]에는 이런 구절도 있다.

"너의 작은 죽은 몸은 용감한 대장의 몸처럼…"

멋진 베레모에 덥수룩한 수염을 기르고 긴 궐련을 빼 물은, 전 세계 모든 약자들의 희망이었던 그, 그는 왜 전투배낭에 네루다의 시집을 넣고 있었나. 바로 여기에 '인간해방'이라는 문학예술의 고유한 사명과 만나게 되는 인류애의 숭고한 비밀이 있다. 문학예술의 본령인 '비유metaphor'는 바로 이렇게 나를 넘어meta 너에게로 가는phor, 아름다운 만남의 길이기 때문이다.

어느 날 고궁을 나오면서

시어詩語는 따로 있는가... 여기, 일상어가 그대로 시꽃이 되는 경우를 보자.

왜 나는 조그마한 일에만 분개하는가
저 왕궁(王宮) 대신에 왕궁의 음탕 대신에
오십 원짜리 갈비가 기름덩어리만 나왔다고 분개하고
옹졸하게 분개하고 설렁탕집 돼지 같은 주인년한테 욕을 하고
옹졸하게 욕을 하고

한 번 정정당당하게
붙잡혀간 소설가를 위해서
언론의 자유를 요구하고 월남파병에 반대하는
자유를 이행하지 못하고
이십 원을 받으러 세 번씩 네 번씩
찾아오는 야경꾼들만 증오하고 있는가

옹졸한 나의 전통은 유구하고 이제 내 앞에 정서(情緖)로
가로놓여 있다.
이를테면 이런 일이 있었다.
부산에 포로수용소의 제14 야전병원에 있을 때
정보원이 너어스들과 스펀지를 만들고 거즈를
개키고 있는 나를 보고 포로경찰이 되지 않는다고

남자가 뭐 이런 일을 하고 있느냐고 놀린 일이 있었다.

너어스들 옆에서

지금도 내가 반항하고 있는 것은 이 스폰지 만들기와

거즈 접고 있는 일과 조금도 다름없다.

개의 울음소리를 듣고 그 비명에 지고

머리에 피도 안 마른 애놈의 투정에 진다.

떨어지는 은행잎도 내가 밟고 가는 가시밭

아무래도 나는 비켜서 있다. 절정(絶頂) 위에는 서 있지

않고 암만해도 조금쯤 옆으로 비켜서 있다.

그리고 조금쯤 옆에 서 있는 것이 조금쯤

비겁한 것이라고 알고 있다

그러니까 이렇게 옹졸하게 반항한다.

이발쟁이에게

땅주인에게는 못하고 이발쟁이에게

구청 직원에게는 못하고 동회 직원에게도 못하고

야경꾼에게 이십 원 때문에 일 원 때문에

우습지 않으냐 일 원 때문에

모래야 나는 얼마큼 적으냐

바람아 먼지야 풀아 나는 얼마큼 적으냐

정말 얼마큼 적으냐

- 김수영, '어느 날 고궁을 나오면서'

시인 김수영...

한국시단의 거칠 것 없는 야생사자 같던 그... 그는 과연 사자였다. 그는 한 마리 토끼라도 최선을 다해 질주할 줄 아는 시의 바람이었다. 일상과 시는 그에게로 와서 한 '몸'이 되었다.

그는 또한 양심의 사제였다. 그리하여 여기, '어느 날 고궁을 나오면서'를 보자. 그러면 우리는 예의 그 청교도적인 자세로 자신을 심하게 채찍질하고 있는 그를 본다. 자신이 점점 소시민이, 프티 부르주아가 되어가고 있다고 자학하고... 자신이 점점 옹졸하게 소심해지고 있다고 반성하고...또 자신이 좀스런 이기심에 젖어 점점 더 작아지고 있다고 자신을 극단으로 내몰고 있으니 말이다

그러나,

그가 이렇게 래디칼하게 자신을 치열하게 반성하고 날카롭게 성찰하고 있지만 기실 부당한 권력에 대한 채찍에 더 가깝다. 그러니 이건 참 아이러니 아닌가. 그리하여 여기,

"설렁탕집 돼지 같은 주인년"

하는 대목은 통쾌한 구어의 자유 펀치에 다름 아니다.

그러나 비록 저 왕궁 대신에, 저 왕궁의 음탕 대신에 오십 원짜리 갈비가 기름덩어리만 나왔다고 옹졸하게 분개하고 마는 소시민이 되었지

만, 그리하여 한번 정정당당하게 부당하고 비민주적인 환경에 저항하지 모하고 이기적이고 소시민적인 태도로 분개하고, 증오하고, 반항할 뿐이지만, 또한 그러한 태도가 부당하고 비민주적인 권력을, 저 왕궁을, 저 왕궁의 음탕을 유지시켜주는 토양에 알게 모르게 동참하는 줄을 알지만...다시 말해 그 역시 소극적인 성찰에 그치고 자기연민이나 탄식, 불평에 머물고 말지만...즉, 적극적인 행동으로 나아가지는 못하지만...

우리는 오히려 그러한 자신을 가감없이 드러내고 있는 그의 언어에서 신기하게도 극렬한 정서의 쾌감을 맛보고, 시적 카타르시스의 밑창을 확인하며, 일상으로 굴러다니는 비어의 아름다움을 본다.

그리하여 여기,

"오십 원짜리 갈비, 설렁탕집 돼지 같은 주인년, 야경꾼, 옹졸하다, 거즈, 놀리다, 피도 안 마른 애놈, 이발쟁이, 땅주인, 모래, 바람, 먼지, 풀..."

등 이 모든 잡다한 일상이 그대로 자기 반성과 성찰의 씨앗이 될 수 있음을, 쌀알이 밥알이 되는 혁명처럼 일상어가 또 그대로 시적 사유의 비수가 될 수 있음을 본다.

하수도가 거꾸로 역류하던 60년대,

그 누가 있어 이렇게 쉬운 우리말로 멋지고, 치열하게 부끄러운 자기를 드러낼 수 있단 말인가. 그는 과연 정직한 사제였다. 그는 '性'에서,

"그것하고 와서 첫 번째로 여편네와
하던 날은 바로 그 이튿날 밤은
아니 바로 그 첫날 밤은 반시간도 넘어 했는데도
여편네가 만족하지 않는다
……"

라고 했던 그다.

한국어는 참으로 황송하게도 그에게로 와서 비로소 일상어가 그대로 시꽃이, 시적 사유가 될 수 있음을 알게 되었다.

죽

죽 맛을 본 적이 있는가. 미미한 한 그릇 죽에도 삶의 깊이는 담겨 있다.

죽집에 간다

홀로, 혹 둘이라도 소곤소곤

죽처럼 조용한 사람들 사이에서

죽을 기다린다

죽은 오래 걸린다 그러나

채근하는 사람은 없다

초본식물처럼 그저 나붓이 앉아

누구나 말없이 죽을 기다린다

조금은 병약한 듯

조금은 체념한 듯

조금은 모자란 듯

조그만 종지에 담겨 나오는 밑반찬처럼

소박한 어깨들

죽집의 약속은 없다

죽 앞의 과시는 없다

죽 뒤의 배신도 없을 거라 믿는다

고성이 없고

연기가 없고

원조가 없고

다툼이 없는 죽집

감칠맛도 자극도 중독도 없는

백자 같은, 백치 같은 죽

무엇이든 잘게 썰어져야

형체가 뭉개져야

반죽 같은 죽이 된다

나는 점점 죽이 되어가는 느낌이다

요지를 이빨 사이에 낀 채 긴 트림을 하는

생고깃집과 제주흑돼지 오겹살집 사이에서

죽은 듯 죽집은 끼어 있다

죽은 후에도 죽은 먹을 수 있을 것만 같다

— 강기원 '죽'

초본식물 같다는…한 장의 투명한 한지韓紙 같은 죽에 담긴 맑고 깨끗하며 여린, 섬세한 관찰이 아니고는 붙잡기 어려운 표현들…

뭉개져야 죽이 된다는…나를 죽이고 욕망을 다스리고 자아를 달래야 비로소 밥이 된다는…

진부하지만 백자 항아리처럼 아름답고 둥근 세계…

그리하여 죽집은 모자란 사람들만 모여드는 곳이지만, 그리하여 다시, 여기는 약속도 없고 과시도 없는 조용한 곳이지만,

그렇지만 여기에는 배신도 없고 고성도 없는 이곳에는, 있는 것보다 없는 것이 더 많아 보이지만,

그러나 실제로는 없는 가운데 있는 것이 더 많은 죽의 진실이 죽~ 풀어져 있다.

"죽집의 약속은 없다
죽 앞의 과시는 없다
죽 뒤의 배신도 없을 거라 믿는다
고성이 없고
연기가 없고
원조가 없고
다툼이 없는 죽집
감칠맛도 자극도 중독도 없는

백자 같은, 백치 같은 죽"

허허실실이라니…

죽집에는 허 선생이 왔다 간 지렁이 같은 작은 오솔길이 있다.

홍어

말과 사물은 때로 그 경계가 불분명해 보일 때가 있다.

내 몸 한가운데 불멸의 아귀

그곳에 홍어가 산다

극렬한 쾌락의 절정

여체의 정점에 드리운 죽음의 냄새

오랜 세월 미식가들은 탐닉해왔다

홍어의 삭은 살점에서 피어나는 오묘한 냄새

온 우주를 빨아들일 듯한

여인의 둔덕에

코를 박고 취하고 싶은 날

홍어를 찾는 것은 아닐까

해풍에 단단해진 살덩이

두엄 속에서 곰삭은 홍어의 살점을 씹는 순간

입 안 가득 퍼지는

젊은 과부의 아찔한 음부 냄새

코는 곤두서고

아랫도리가 아릿하다

중복 더위의 입관식

죽어서야 겨우 허리를 편 노파

아무리 향을 피워도 흐르던

차안此岸의 냄새

씻어도

씻어내도

돌아서면 밥 냄새처럼 피어오르는 가랑이 냄새

먹어도 먹어도

허기지는 밥

붉어진 눈으로

홍어를 씹는다

– 문혜진, '홍어'

서부 개척시대,

미국의 극장에서 일어났던 일이다. 유명 배우가 악역을 맡아 연기하던 중, 분노한 관객의 총탄에 쓰러졌다. 여기서, 배우는 분명 악인은 아니다. 그러나 우리는 분노한 관객처럼 연기된 현실과 실제 현실을 종종 혼동한다. 이미지의 힘이 그만큼 강력하다는 방증이다.

언어 또한 마찬가지다. '홍어'의 경우, 언어는 결코 허상의 세계가 아니라는 것을 크루드하게 발가벗겨 놓고 있다. 이 정도면 '말'과 '사물'이 별개라는 근대의 유명론이 무색해진다. 다시 말해 이 사물 같은 언어를 통해 우리는 말이 실제가 되는 마술적 리얼리즘을 경험한다.

근대 언어학의 태두, 소쉬르의 말대로 언어가 '실체'가 아니고 하나의 '형태'에 불과하다는 것은 언어의 상식에 속한다. 이 형태는 자의적이기에 대상과 일치할 수 없다. 즉 언어는 실체의 대체물일 뿐이다. 그만큼 언어는 보조적 심급의 이미지일 뿐이다.

그러나 문혜진의 '홍어'를 보면 소쉬르의 말을 수정해야 할 필요성을 느낀다. 그것도 매우 강력하게 말이다. 내 몸에서 나는 냄새를 홍어의 냄새에 얹어 말하고 있는 이 시는-역으로도 마찬가지다- 예사 이미지를 갖다 쓴 시와도 한참 다르다.

그 이유는 무엇일까.

집 아이가 '텔레토비'를 보면서 브라운관 속으로 들어가려고 안간힘을 쓰던 것을 기억한다. 여기서 아이는 브라운관 속 이미지와 실체를 구분하지 못하고 있다. 이 시를 대하고 있는 우리들도 마찬가지다. 홍어의 그 특유한 오묘한 냄새를 '극렬한 쾌락의 절정/여체의 정점에 드리운 죽음의 냄새'에 비유한 표현은 우리를 미몽에 빠뜨리기에 충분하다. 특이하게도 이 시어들은 개념어임에도 사물언어에 가까운 날 이미지로 다가온다. 시적 화자가 개념적인 거리를 두지 않고 자신이 느끼고 실감한 내용을 그대로 서술하고 있기 때문이다.

다른 표현도 마찬가지다. '온 우주를 빨아들일 듯한/여인의 둔덕에/코를 박고 취하고 싶은 날'도 비유적 이미지보다는 즉각적인 실체로서 다가온다. 다시 말해 이런 시적 표현들은 홍어를 환기하는 보조 이미지보다는 오히려 '젊은 과부의 아찔한 음부 냄새'를 지시하는 사물의 언어로 즉물성을 띠고 있다.

"코는 곤두서고/아랫도리가 아릿하다"

아, 씨파...대체 어쩌란 말인가. 여기, 문혜진의 '홍어'는 그 참을 수 없는 언어의 가벼움으로 발갛게 발기되어 있다. '미친 존재감'이란 이런 시를 두고 한 말일 것이다. 언어는 때로 이미지만큼이나 치명적이다. 말과 사물의 개념적 거리가 그 소실점에서 증발해버리기 때문이다.

물끄러미 바라보기, 도가적 시선 같은 '미적 거리'가 필요한 이유가 여기에 있지 않을까...

이 가을에 나는

이 가을에 내가 죄인인 것은 누군가 나의 게으름의 댓가를 대신하고 있기 때문이다.

이 가을에 나는 푸른 옷의 수인이다

오라에 묶여 사슬에 손발이 묶여

또 다른 곳으로 끌려가는

어디로 끌려가는 것일까 이번에는

전주옥일까 광주옥일까 아니면 다른 어떤 곳일까

나를 태운 압송차가

낯익은 도시 거리의 인파를 빠져나와 들판

가운데를 달린다

아 내리고 싶다 여기서 차에서

따가운 햇살 등에 받으며 저만큼에서

고추를 따고 있는 어머니의 밭에서

숫돌에 낫을 갈아 나락을 베고 있는 아버지의 논에서

빙둘러 서서 염소에게 뿔싸움을 시키는 아이들의 제방에서

내려서 그들과 함께 일하고 놀고 싶다

내려서 손발에서 허리에서 이 오라 풀고 이 사슬 풀고

내달리고 싶다 아이와 같이 하늘 향해 두 팔 벌리고

내달리고 싶다 발목이 시도록 논둑길을

내달리고 싶다 가슴에 바람 받으며 숨이 차도록

가다가 목이 마르면

손으로 표주박을 만들어 샘물로 갈증을 적시고

가다가 가다가 배라도 고프면

땅으로 웃자란 하얀 무우를 뽑아 먹고

날 저물어 지치면

귀소의 새와 함께 집으로 돌아가고……

그러나 나를 태운 차는 멈춰주지 않고

들판을 가로질러 역사의 강을 건넌다

갑오농민들이 관군과 크게 싸웠다는 황룡강을

여기서 이기고 양반과 부호들을 이기고

장성갈재를 넘어 전주성을 넘보았다는

옛 쌈터의 고개를 나도 넘는다

이 가을에 나는 푸른 옷의 수인이 되어.

— 김남주, '이 가을에 나는'

시인 김남주,

그를 어떻게 말할 것인가. 나는 그를 말할 자신이 없다. 내세울 것 없는 남루한 삶이 차마 부끄럽기 때문이다.

그러나 나는 그를 결코 잊을 수 없다. 나는 그를 두 번 본 적이 있다. 한번은 공주사대 조재훈 은사님의 초청으로 온 염무웅 문학평론가의 강연을 통해서다. 이 강연에서 염무웅 선생님은 발표된 지 얼마 되지 않은 이 시를 쩌렁쩌렁하게 읊어대었다. 아, 그때의 그 대륙적 상상력 같은 힘찬 기상과 결기라니…

그리고 나는 창비 주최 어느 좌담회에서 말로만 듣던 전설 같은 그를 옆에서 곁눈질 한 적이 있다. 짧은 키에 농부 같이 그을린 그, 투창 같은 눈빛을 지녔다는 기억만이 남아 있을 뿐이다.

본다는 것은, 무엇은 기억하고 있다는 것은 얼마만한 위대함인가. 내가 그 누군가를, 무엇을 알고 있다는 것은 정신적 지도이자 든든한 나침반이지 않은가.

그러나 나는 이 시에 대해 말하고자 한다. 그보다 이 시가 더 좋기 때문이다. 이 시는 우리가 항상 궁금한 것, 어떻게 하면 멋진 글을 쓸 것인가를 고대하는 당신에게도 귀감이 되기에 충분한 근거를 제공한다.

자, 그렇다면 좋은 글은 어떤 것인가.

detail, honest, and personal...구체적이고, 진실하고, 개인적인...

이 좋은 가을에 푸른 옷을 입은 수인이 되어 어딘가로 끌려가고 있다는 설정은 매우 사실적이고 구체적이다.

또한 자신을 끌고 가는 압송차에서 내려 어머니의 밭과 아버지의 논, 그리고 아이들의 제방에서 그들과 함께하고 싶다는 간절한 기원은 이 시의 진정성을 숨 막히게 전하는데 성공하고 있다.

그리고 무엇보다 중요한 것은 전기적 요소다. 이 시가 범접하기 어려운 숭고미를 띄게 되는 이유가 바로 여기에 있다. 사실이 갖는 엄중함이란 이런 것이다. 그 누구도 대신할 수 없는 이 '사실'이라는 시적 진실 앞에서 우리는 옷깃을 다시 여미게 되지 않을 수 없다.

그러나 이 시의 미덕은 또 따로 있다.

개인적 진실을 넘어서 역사적 진실에 합류하는 그의 전복적 소외 의식을 그 누가 거부할 수 있단 말인가.

과연 중요한 것은 '그러나'다.

"그러나 나를 태운 차는 멈춰주지 않고/들판을 가로질러 역사의 강을 건넌다 갑오농민들이 관군과 크게 싸웠다는 황룡강을/여기서 이기고 양반과 부호들을 이기고 장성갈재를 넘어 전주성을 넘보았다는/옛 쌈터의 고개를 나도 넘는다"

김남주! 그를 어떻게 부를 것인가. 나는 가을만 되면 그보다 이 시가 좋아 못내 불러보기만 하고 만다.

이 가을에 나는...
이 가을에 나는...
이 가을에 나는...

장미란과 무쇠 씨

여기, 기호는, 아니 '실금처럼' 빛나는 의미는 어떻게 탄생하는가 보자.

장미란은 그만 바벨을 놓치고 말았다.

잠시 망연하게 서 있었으나 곧

꿇어앉아 감사의 기도를 올리고, 오른 손을 입술에 대

그 키스를 청춘의 반려, '무쇠 씨'에게 주었다. 그러자 마침내

오랜 무게가 한 잎 미소로 피어났다. 손 흔들며 그렇게

그녀는 런던 올림픽 역도 경기장을 떠났다.

장미란 모두 활짝 마지막 시기를 들어 올리는 것,

마지막 시기가 참 가장 붉고 아름답다.

― 문인수, '장미란과 무쇠 씨'

여기, 한 인생이 있다.

여자 헤라크레스라 불리며 세계역도계를 평정했던 그. 그는 1998년 원주 상지여중 3학년 때 처음 역도를 시작, 2002년 태극마크를 획득, 2005년 세계역도선수권대회에 우승 연거푸 4연패하면서 승승장구, 드디어 2008년 베이징 올림픽 때 자신의 세계신기록을 갈아치우며 세계 스포츠계를 놀라게 했다. 정말 놀라운 일이지 않은가.

그러나, 그게 정상이었나 보다. 2012년 런던올림픽,

"장미란은 그만 바벨을 놓치고 말았다"

중요한 건 그 다음이다.

"잠시 망연하게 서 있었으나"

여기, '잠시 망연하게 서 있었'다는 이것, 이것이야말로 모든 예인들이 취해야 할 그 무엇이다. 창조의 공기주머니는 텅- 비어 있다. 이렇게 무너진 꿈 앞에서 잠시 '망연하게 서 있'던, 창조의 공기주머니처럼 텅-빈 그 순간에 그에게 다가왔던 것은 어머니도, 아버지도, 조국도 아니었다. 그는

"곧/ 꿇어앉아 감사의 기도를 올리고 오른 손을 입술에 대 /그 키스를 청춘의 반려, '무쇠 씨'에게 주었다."

그 순간, 바로 그때 기적이 일어났다.

"그러자 마침내/오랜 무게가 한 잎 미소로 피어났다."

즉, 그를 구한 것은 그 자신이 아니었다. 그를 구원한 것은 바로 자신의 영광의 도구로 따라다녔던 청춘의 반려, 무명의 '무쇠 씨'였다. 이렇게 자신만을 위해 살아왔던 인생이 어느 순간, 창조의 공기주머니 같이 텅-빈 시간을 함께하며 '무쇠 씨!'하고 호명하며 자신을 객화시키고, 무심하게 자신을 따르던 무쇠덩이에게 마치 봄처녀 페르세포네와도 같이 날카로운 첫키스의 호흡을 불어넣는 순간, 거기에서 바로 숭고한 생명이 탄생하였다. 숭고는 크고 아름답다.

"그동안 내가 너를 들어 올린 것이 아니라
네가 나를 힘껏 들어 올려 주었구나" (이시영, '작별').

그리하여 여기 장미란을 장미란으로 만든 것은 다름 아닌 무쇠 씨, 타자의 발견이었다. 그리하여 다시, 장미란 가장 붉고 아름답게 빛나는 이름, '너'를 일컫는 말이다.

서른, 잔치는 끝났다

시집 [서른, 잔치는 끝났다]에는 주목할 만한 동명의 시가 한 편 실려 있다.

물론 나는 알고 있다

내가 운동보다도 운동가를

술보다도 술 마시는 분위기를 더 좋아했다는 걸

그리고 외로울 땐 동지여! 로 시작하는 투쟁가가 아니라

낮은 목소리로 사랑노래를 즐겼다는 걸

그러나 대체 나와 무슨 상관이란 말인가

잔치는 끝났다

술 떨어지고, 사람들은 하나 둘 지갑을 챙기고 마침내 그도 갔지만

마지막 셈을 치르고 제각기 신발을 찾아 신고 떠났지만

어렴풋이 나는 알고 있다

여기 홀로 누군가 마지막까지 남아

주인 대신 상을 치우고

그 모든 걸 기억해내며 뜨거운 눈물 흘리리란 걸

그가 부르다만 노래를 마저 고쳐 부르리란 걸

어쩌면 나는 알고 있다

누군가 그 대신 상을 차리고, 새벽이 오기 전에

다시 사람들을 불러 모으리란 걸

환하게 불 밝히고 무대를 다시 꾸미리라

그러나 대체 무슨 상관이란 말인가

— 최영미, '서른, 잔치는 끝났다'

여기서 눈 밝은 독자라면 화자가 모든 전제에도 불구하고 반복적으로 되뇌고 있는 - 이를 시에서는 '지배적 정조'라고 부른다 - '그러나 대체 무슨 상관이란 말인가'라는 독백에 주목할 수밖에 없다는 것을 안다. 이는 단순한 독백이 아니다. 우리가 이 대목을 주목해야 하는 이유는 바로 여기에 '근대 서사'에 대한 어떤 기호가 담겨 있기 때문이다.

'상관相關'의 세계,

그것은 잔치의 세계이고 축제의 세계이며, 자연과 인간이, 말과 사물이 하나가 된 동일성의, 시의 세계다.

그러나,

'그러나 대체 무슨 상관이란 말인가' 하고 자의식의 눈이 떠지는 순간, 바로 여기에 근대의 씨앗이 발아하기 시작하고, 공자 식으로 '이립而立'의 시간이, 너와 사물과 객체, 신과 분리된 나와 언어와 주체인, 인간의 세계를 여는 차이의, 소설의 세계가 고개를 쳐들고 있는 것이다.

루카치는 그의 철학적 문예이론서인 [소설의 이론]에서, "소설은, 서사시가 규범적인 어린아이의 형식인데 비해 성숙한 남성의 형식이다."라고 말했다. '성숙virility'의 전제는 미숙이다. 미숙한 세계의 특징은 따라하는 것이다. 다른 것을 베끼고 흉내 내며, 모방하는 세계는 규범적이고 유치한 어린이의 세계다.

어른이 되고 싶어요.

빨래도 해요.
설겆이도 해요.
반찬도 해요.
밥도 끓여요.
계란도 튀겨요.

빨리 어른이 되고 싶어요.
                    - 김민정 어린이

이건 그야말로 동일성의 세계형식이다. 모방은 맹목이기 때문이다. 이런 동일성의 세계에서는 '나'가 없다.

그러나 자아와 대상 간의 모순적 차이를 깨달은 어느 순간, '철학적 균열'을 일으키면서 죽은 가면persona이 눈을 뜨기 시작한다. 모든 것이 영원히 지속되지 않으리라는 시간에 대한 모순, 바로 여기에서 우리는 소설의 구성요소로서의 '시간은 존재에 대한 서사적 저항'의 성격을 띠고 있음을 확인하게 된다.

"어렴풋이 나는 알고 있다
여기 홀로 누군가 마지막까지 남아
주인 대신 상을 치우고
그 모든 걸 기억해내며 뜨거운 눈물 흘리리란 걸
그가 부르다만 노래를 마저 고쳐 부르리란 걸
어쩌면 나는 알고 있다
누군가 그 대신 상을 차리고, 새벽이 오기 전에

다시 사람들을 불러 모으리란 걸"

이런 서사적 균열을 통해, 우리는 스토리가 세계에 관해 가르쳐 주고, 세계가 어떻게 작동하고 있는(조너선 컬러, [문학이론], 교유서가)지 확인한다.

다시 말해 시가 점의, 공간의 세계형식이라면, 소설은 선의, 시간의 세계형식이다. 이렇게 소설의, 선의, 시간의 세계형식을 통해 자신의 존재를 깨닫는 순간, 그는 비로소 미숙한 동심의 세계를 떠나 성숙한 어른의 세계로 여행하는 고독한 방랑자, 오디세우스가 되는 것이다.

사물들의 큰 언니

열매는 나무에만 열린다는 생각은 나를 질식하게 한다.

> 모든 직속들 가운데는 第一番(제일번) 직속이 心腹(심복)이 반드시 있게 마련이다 모든 사물들의 큰언니가 반드시 있다 작은 언니들도 충실하게 따라 웃는다 부처님의 직속, 건달들이 대로변에서 공즉시색 색즉시공 열심히 탁발을 하고 있다 큰 느티의 직속, 매일 아침마다 첫 번째 햇살로만 첫물로만 쟁이고 쟁여 터뜨린 이파리들, 초록 金剛(금강)들로 큰 그늘을 드리우신다 공기의 직속, 바늘구멍까지 파고들어 고이고 고이는 들숨 날숨의 숨결들이 고랑을 내고 있다 저녁노을의 직속은 돌아오는 되새 떼들의 방향을 한바탕 그려내는 속도의 색채를 펼친다 패랭이의 직속, 눈이 오는 초겨울까지 홑겹의 꽃잎만으로도 오지 않는 사람의 길목을 지키는 사랑의 결간을 지니고 있다 나의 직속, 바람들이 근간에 마른 풀들 전신으로 궁구는 벌판에서 고꾸라지고 있다 이럴 때마다 나는 直前(직전)을 예감한다 무엇이 다가서고 있는가 사물들의 큰 언니, 작은 언니들아, 꽃피는 實體(실체)들아

- 정진규, '사물들의 큰 언니'

보라.

열매는 과연 시의 나무에도 열린다. 그리하여 여기, '사물들의 큰 언니'라는 시적 사유의 나무에는 금강초롱 같은 시의 열매가 주렁주렁 빛을 매달고 있지 않은가.

하여 우리는 이 시와 더불어 비로소 모든 사물에는 반드시 큰 언니, 작은 언니가 있음을 안다. 뭐 그렇다고 계통을, 질서를, 하이어라키 hierchy를, 줄세우기를 하자는 게 아니다...진실이 그러하지 않은가.

그리하여 수많은 작은 언니들이 큰 언니를 따라 웃느니...부처님의 직속, 건달들이 긔 아니며, 큰 느티의 직속 이파리, 초록 금강이 긔 아니며, 공기의 직속 숨결이 긔 아니며, 저녁 노을의 직속이 긔 아니며, 사랑의 결간을 지키고 있는 패랭이의 직속이 또한 긔 아니며, 마른풀 같이 고꾸라진 바람의 직속이 또한 긔 아니랴...

그러나 마지막 숨을 딱! 딱! 몰아쉬고 있는 저 죽어가는 강가의 물 할머니, 물고기 누나를 보라. 긔 또한 우리가 마땅히 도탑게 warm-heartedly 품어야 할 사물들의 큰 언니, 작은 언니들의 직속이 아닌가...

나는 이들을 볼 때마다 직전을 예감한다. 무엇이 다가서고 있는가. 사물들의 큰 언니, 작은 언니들아! 우리들에게는 모두 반드시 돌아가야 할 강가, 생명의 모신母神들이 살고 있는, 저 넉넉한 저녁 밥상이 되어 줄 자연이라는 신전이 있지 아니한가...

나는 그렇게 본다.

단가행

천하의 시인이었던 조조, 대체 그의 매력은 어디서 오는 것일까...

술을 대하면 노랠 불러야지

이깐 인생이 얼마나 되겠는가

아침 이슬과도 같이 짧은 인생

지난날은 고통만 많았구나

비분강개하여 노래불러보지만

근심은 잊을 수가 없구나

이 근심을 어떻게 풀어볼까

오직 두강의 술이 있을 뿐

파란 그대의 옷깃

아득하기만 한 나의 마음

다만 그대 때문에

나직이 읊조리며 오늘에 이르렀네

사슴이 기쁘게 울면서

들판의 다북쑥을 뜯는구나

나에게 반가운 손님이 있기에

거문고를 타고 생황을 분다네

달같이 밝은 덕

어느 때에나 가지게 될거나?

시름이 마음속으로부터 나오니

끊어버릴 수가 없구나

논둑 밭둑을 지나

왕림하여 나에게 안부 물으시네

오랜만에 만나 이야기를 하는 자리

마음으로 옛 은혜를 생각한다네

달이 밝아 별이 드문데

까막까치 남으로 돌아가네

나무를 세 바퀴나 돌았지만

어느 가지에 의지하겠나?

산은 높은 것을 마다하지 않고

바다는 깊은 것을 마다하지 않는 법

주공은 씹던 음식마저 뱉고서 손님을 맞이하였기에

천하의 마음이 그에게 돌아갔나니

— 조조, '단가행'

"장강은 넘실넘실 동쪽으로 흐르는데

물거품처럼 사라진 영웅들이여

시비승패 모두 눈 깜짝할 사이에 공으로 돌아갔구나

청산은 옛날 그대로인데

붉은 석양은 몇 번이나 지나갔나

……"

- 나관중, [삼국지] '서사'

오늘날에도

중국의 출판물 가운데 여전히 가장 널리 팔리고 많이 읽히는 책이 [삼국지]라고 합니다. 그 이유는 여러 가지가 있겠지만 나는 그 중의 하나로서, 이 책이 글쓰기, 문장의 백과사전 노릇을 톡톡히 하고 있기 때문이라고 봅니다. [삼국지]는 하나의 영웅소설로서 소설가 황석영의 말대로, '장강대하와도 같은 장엄한 인간드라마'입니다. 그 비교 불허의 서사적 재미와 극적 케미가 감동을 안겨주는 작품이기도 하지만, 시 또한 그에 못지않은 비중으로 전편을 감싸고 있는 풍요한 작품입니다. 위의 '서사'처럼 [삼국지]를 펼치면 우리는 첫 장부터 저 대륙적이고 도가적 기풍에 넘치는 장쾌한 시를 만나게 됩니다. 세상 모든 일이 신기하기만 했던 나의 소년 시절, 시골사랑방 한 구석에서 첫 장이 떨어져나간 고본 [삼국지]를 펼치던 그때의 그 흥분을 지금도 잊을 수 없는 것은 무엇보다 이 '서사'의 영향이 그만큼 크기도 했기 때문이었습니다.

중국을 가리키는 말 중에 '지대물박地大物博'이라는 표현이 있습니다. 중국은 과연 땅 덩어리도 크지만 재물도 많습니다. 자연 인물도 많고 시인묵객 또한 그 수를 셀 수 없을 정도입니다. 가히 인물백과, 시백과의 나라입니다. 그리하여 기우장대한 영웅들의 활약에 넋을 빼앗기다가도 잠시 은칼처럼 빛나는 시의 광석들을 대하다 보면 어느새 나도 대붕처럼 하늘을 나는 시인이 되어가는 느낌을 갖곤 했습니다. 그만큼 [삼국지]의 정조는 수많은 시에 의해 지배되고 있다고 해도 과언이 아닙니다.

그 중에 '조조'는 단연 빛을 발하고 있습니다. 그는 수많은 지적, 정신적 유산을 남겼습니다. 유비는 무공도 별 볼 일 없지만 시문은 전무합니다. 그렇게도 떠받드는 유비라는 영웅에게서 아름다운 시 한 점 발견되지 않는다는 것은 그가 비록 허구적 인물은 아니더라도 매우 덧칠해진 인물이었음을 짐작케 하기에 충분합니다.

그는 글 읽기를 썩 좋아하지 않았지만 천성이 너그럽고 온화하고 말이 적으며, 기쁘거나 화나거나 도무지 얼굴에 드러내지를 않고, 원래 마음에 큰 뜻을 품어 오로지 천하 호걸들과 사귀기를 좋아하는 사람이었다. 키가 7척 5촌이요 두 귀가 어깨까지 늘어져 있고, 팔은 남달리 길어서 두 손이 무릎을 지나며, 눈은 자기 귀를 돌아볼 수 있을 만큼 크고 맑았으며, 얼굴은 옥처럼 깨끗하고, 입술은 연지를 칠한 듯 붉었다.
― 나관중, [삼국지], 창비

그는 지적인 데가 없는 게으른 군자이며 그런 중에 야심을 지닌 인물로, 그 사람의 풍모를 보자면 요순 같은 성군의 상이라는 얘깁니다. 즉 [삼국지]에서 유비는 '유교적' 인간상으로 그려져 있습니다. 특히, 뒷부분의 인물묘사 대목을 보면 동양 고대의 영웅적 캐릭터에 대한 전형적인 묘사로 그가 매우 허구적이고 이상적인 인물이었음을 암시합니다. 이를 통해 우리는 청나라의 역사학자 장학성의 말대로 삼국지가 7할은 사실이고 3할은 허구七實三虛라는 것, 그러니 소설은 하나의 자의적인 굴절형식이라는 것을 우리는 알 수 있습니다.

이런 이상적, 관념적 문장관은 어디서 나온 것일까요.

그동안 '문장은 도를 실어 나르는 도구文者 載道之器'에 불과하다는 재도론載道論이 지배적인 위치를 점해왔습니다. 여기서 '도道'는 유교를 말합니다. 그러니 유교적 재도론은 도덕성을 중시하여 비유교적 이념을 배제하는 구실을 수행하였습니다. 그리고 문장은 다만 이런 역할을 수행하는 수단에, 그릇에 불과하였던 것입니다. 그리하여 모든 글이 시작될 때에는 먼저, 성인군자의 말씀이나 선진고경, 특히 [시경]을 언급하지 않고서는 문학으로 인정될 수 없는 것입니다. 그러니 입만 열었다 하면 공자孔子 말씀이요, 글만 썼다하면 [시경詩經] 구절이었습니다. 재현은 욕망의 억압입니다. 그야말로 슬픈 코스프레가 아닐 수 없습니다.

그러다가 고대 중국이 끝나가는 후한 말, 조조 이후 '문장은 경국의 대업이자 불후의 성사文章經國之大業 不朽之盛事'라는 새로운 문장관이 형성됨으로써 재도론에 대한 반성이 일기 시작했습니다. 여기서 문장을 경국의 '대업大業'으로 본 것은 대단히 중요합니다. 즉 경국론經國論에서는 문장을 도의 말단으로 취급하던 사고에서 벗어나 문장을 근본으로 인식하기 시작했음을 의미합니다. 문장을 문장 그 자체로 주목하기 시작했던 것입니다. 즉 문장을 수단으로 보던 전통적 사고에서 벗어나 문장을 목적으로, 자율적 대상으로 보기 시작하면서 문학은 드디어 유가사상의 속박에서 벗어나 있는 그대로의 현실을 인정하고 개성의 해방을 촉진하며 심미성을 중시하게 되었습니다. 조조曹操를 비롯, 그의 아들 조비曹丕, 조식曹植과 왕찬王粲, 진림陳琳 등이 주도가 되어 '건안문학建安文學'이라는 중국 문학사상 황금기의 꽃을 피우게 된 저간의 이유가 바로 여기에 있습니다.

......
백골이 들판에 널려 있고
천리 안에 닭울음소리 들리지 않는구나
살아남은 사람은 백에 하나뿐
이를 생각하면 단장이 끊어지는구나

白骨露於野, 千里無雞鳴。
生民百遺一, 念之斷人腸。

- '호리행蒿里行'

여기서, '호리蒿里'는 쑥대밭이 된 마을을, '행行'은 한시의 한 유형을 가리킵니다. 시 문학에서 '객관적 현실'의 세계는 이미지image라는 형상의 언어로 표현됩니다. 이미지의 어원이 이미타리imitari 또는 이미토르imotor 즉, '모방하다', '재생하다'에서 비롯된 것이고 보면 이미지의 사생적 성격을 이해할 수 있습니다.

여기, 조조의 시 '호리행'에서 우리는 이런 이미지의 전형을 봅니다.

그리하여, '백골', '닭울음소리', '살아남은 단 한 사람'은 잔혹한 전쟁으로 쑥대밭이 되고 만 한 마을의 피폐해진 모습을 핍진하게 형상화한 이미지로 기능합니다. 그 누가 있어 단 몇 마디로 이렇게 전쟁의 참상을 절절하게 모사할 수 있단 말인가요.

아무튼 문무文武는 치자가 갖춰야 할 기본 덕목이자 소양이라고 볼 수 있습니다. 서양의 '수사학'도 바로 이것을 두고 한 말입니다. '무'가 육체와 관련되어 있다면, '문'은 정신과 관련되어 있습니다. 따라서 이 둘이 잘 조화를 갖췄을 때 큰 일을 할 수 있는 자격을 갖춘 것이고, 특히 문을 잘 갖춘 자의 인생이 그만큼 아름다운 이유입니다.

조조曹操!

그는 그 뛰어난 정치적, 군사적 역량 못지않게 출중한 문학적 소양을 갖춘 인물이었습니다.

하나씩 보겠습니다.

그는 손무가 지은 [손자병법孫子兵法]을 다듬고 보완하면서 무인으로서의 기본기를 닦았습니다. 그는 일찍이 주해한 [손자병법] '서문'에서,

"내가 보기에 병서와 전술을 다룬 책은 많으나 손무가 지은 것이 심오하다."
吾觀兵書戰策多矣 孫武所著深矣

고 했을 정도로 병서와 전술서를 두루 꿰고 무공을 닦은 것을 엿볼 수 있습니다. [삼국지]를 통해 알 수 있듯이, 그가 적과의 전쟁에서 자연물과 지형지물, 인간들을 이용하여 펼치는 다양한 사례 등을 볼 때 우리는 그가 단순한 전략가가 아님을 엿볼 수 있습니다.

그렇다고 그가 무공에만 힘을 쏟은 것은 아닙니다. 만약 그가 무공에만 힘쓴 장군이었다면 별이나 바라보는 똥별장군이 되고 말았을 것입니다.

그는 불과 26세의 나이에 '의랑議郎'이라는 벼슬에 오릅니다. 이건 대단히 중요한 사실입니다. '의랑議郎'이 어떤 직책인지 보겠습니다. '의議'는 의논한다는 뜻이고, '랑郎'은 벼슬자리에 따라붙는 말입니다. 당시 의랑이라는 직책은 중국의 [상서尙書], [모시毛詩], [좌전左傳], [곡량춘추穀梁春秋] 등 선전고경과 이를 주해한 난해하기 이를 데 없는 주석서에 능통한 자에게 부여되는 직으로 황제의 측근에서 그의 자문에 응하는 자리였습니다. 이런 사실은 그가 일찍부터 병서뿐만 아니라 고서에도 매우 능통했다는 것을 볼 수 있습니다. 그러니까 그는 이미 젊은 나이에 벌써 시문에 능한 사백詞伯이 된 것입니다.

여기서 나는 시인詩人이란 어떤 사람인가를 생각하게 됩니다. 고래로 시인은 사제priest로 불려온 사람들입니다. '시詩'는 '모실시寺'와 '말씀언言'으로 결합된 형성문자입니다. 즉 시인은 권력자 앞에서 그의 말씀을 전하고 그에게 조언하는 위치에 있던 자입니다. 동양의 역사에서 유가집단이 바로 여기에 해당합니다. '유儒'는 '사람人'과 '비雨'와 '수염而'으로 된 글자입니다. 즉 유가는 군주 곁에서 기우제를 돕고 있는 현자의 이미지를 보여주고 있음을 알 수 있습니다. [시경詩經] 등 고서에 능통하여 황제의 주변에서 정사의 옳고 그름을 간하는 근신으로서 한때 '의랑議郞'의 직위에 있었던 시인 조조曹操에게서 우리는 고대 사제로서의 시인의 흔적을 볼 수 있습니다.

그런 그가 만약 시인으로서만 살았다면 그는 겨우 조상대로 이어온 환관의 신분을 벗어나지 모했을 거라 봅니다. 그러나 그가 또한 무인으로서만 살았다면 [삼국지]의 장비나 관우처럼, 아니 저 [일리아스]의 용장 아킬레스처럼 분노에 사로잡힌 장수가 되고 말았을 것입니다. 그러나 그는 한편으로 무인이었기에 문약함을 벗어날 수 있었고, 또 다른 한편으로 문인이었기에 무인의 횡포함을 벗어날 수 있었던 전인적 인간이었습니다. 결정적 시기, 그는 마치 저 프랑스 혁명의 아들 나폴레옹처럼 철저하게 문무를 익혀 강자를 두려워 않는 청년 관료로, 비범한 전략가로, 당대를 대표하는 시인으로 성장했던 문제적 인간이었던 것입니다. 조조, 그는 모두가 두려워 벌벌 떠는 '앙팡테리블enfant terrible'이었습니다. 이렇게 해서 그는 난세를 맞아 젊은 시절에 닦은 문무의 기량을 유감없이 발휘하면서 시대의 흐름을 유영하며 새로운 역사의 주인공이 되었습니다.

"한나라 말기는 천하가 크게 어지러워 영웅호걸이 동시에 일어났다. 그 중에서 원소는 네 주를 근거로 하여 호시탐탐 노렸으며 강성함은 대적할 자가 없었다. 태조는 책략을 이용할 계획을 세워 천하를 편달하고, 신불해와 상앙의 치국방법을 받아들이고 한신과 백기의 기발한 책략을 사용하여 재능 있는 자에게 관직을 주고, 사람마다 가진 재능을 잘 살려 자기의 감정을 자제하고 냉정한 계획에 따랐다. 옛날의 악행을 염두 해 두지 않았기에, 국가의 큰일을 완전히 장악하고 대사업을 완성시킬 수 있었으니, 이는 오직 그의 명석한 책략이 가장 우수했던 덕분이다. 따라서 그는 비범한 인물이며 시대를 초월한 영웅이라 할 수 있다."

— 진수, [삼국지], 위서 무제기

그런 그도 원소 휘하의 서기 진림陳琳이 조조를 치기 위해 쓴 격문을 보고—'격문檄文'은 널리 세상 사람들을 선동하거나 의분을 고취시키려고 쓴 글을 말합니다—모골이 송연해짐을 느끼고 식은땀을 줄줄 흘려야 했습니다. 그러면서 그는 말했습니다.

"참으로 훌륭한 글이다 好文章"

[삼국지]를 읽는 또 다른 즐거움이 바로 여기, 명문의 발견에 있음을 봅니다.

"모름지기 현명한 임금은 위기를 헤아려 변란을 다스리고, 충신은 어려운 때를 근심하여 나라의 기강을 세운다 하였다. 따라서 비상한 사람이 있어야 비상한 일이 있고, 비상한 일이 있어야 비상한 공을 세울 수 있으니, 무릇 비상한 일은 진실로 비상한 사람에 의해서 비롯되는 것이리라.
……
사공 조조의 할아비 중상시 조등은 좌관 서황과 함께 사도로 흘러서 온갖 요사한 짓을 다하고 탐욕과 횡포를 일삼아 교화를 해치고 백성을 괴롭혔다. 그의 아비 조숭으로 말하자면, 본래 조등의 양자로 들어가 성장했으며 뇌물을 써서 벼슬길에 올랐다. 그는 황제께 아첨하고 황금과 벽옥을 수레로 권문에 바쳐 재상의 지위에 오른 뒤 나라의 법도를 어지럽힌 자였다. 조조는 더러운 환관의 후예로, 인덕이 없고 교활하며, 표독하고 난을 일으키길 좋아하니, 세상의 재앙을 즐기는 자이다.
......"

- 나관중, [삼국지], 창비

거병의 명분과 조조 타도의 근거를 두루 아우르고 있는 진림의 글은 조조의 두통頭風을 낳게 할 만큼 뜨거웠습니다. 진림의 격문은 과장된 점이 있기는 하지만 조조의 부끄러운 가계와 그간의 잔인했던 행적에 근거한 글이니만큼 더욱 매서웠습니다. 여기, 우리는 천하를 진동시키고 영웅 조조의 두통을 낳게 했다는 저 천둥번개 같은 격정적인 문장의 힘을 봅니다. 이런 진림을 원소를 무찌르고 난 후 조조는 자신의 부하로 받아들입니다. 여기, 우리는 사사로운 감정보다는 능력을 존중하며 관행과 통념을 비웃고 있는 제너러스한 영웅의 면모를 또한 봅니다.

그런 그가 격전에 마주한 병사들을 어떻게 사로잡고, 고달픈 백성들을 어떻게 주물렀으며, 어떻게 한 시대를 풍미한 영웅이 되었는지 참으로 궁금한 것이 한두 가지가 아닙니다.

그러나 나는 다음 두 시를 보면 그가 어떻게 해서 뛰어난 병법가가 되고, 군주가 되고, 난세의 영웅이 되었는지 그 이해의 실마리를 찾을 수 있다고 봅니다.

북쪽 태항산에 오르려니
힘들어라 어찌 이리 높고 높으냐

양장처럼 고개는 굽어 있고
수레바퀴도 이 때문에 꺾어진다
나무들은 어이 그리 쓸쓸하냐
북풍의 소리는 정녕 슬프고나
곰과 황달곰은 나를 보고 웅크리고
호랑이와 표범은 길을 끼고 운다
계곡에는 인민이 적고
내리는 눈은 왜 이리 부슬부슬하나
목을 뻗어 길게 탄식하나니
먼 여행은 품은 생각 많아라
내 마음은 왜 이다지 답답한가
한번 동쪽으로 돌아가려 하여도
물 깊고 교량마저 끊어져
도중에서 배회하고 있다
정신이 아득하여 옛 길을 잃고
어스름에도 묵을 곳이 없어라
가고 가서 나날이 멀어져
사람도 말도 동시에 굶주렸도다
주머니를 지고 가서 땔나무를 취하여
얼음을 쪼개어 죽을 만든다
슬프구나 저 옛날 동산의 시여
끝없이 나를 애처롭게 하여라

- '고한행苦寒行'

어떤가요. 참으로 비장하고 아름답지 않은가요. 이 시는 과연 [삼국지]

의 영웅, 조조가 또한 그 시대를 대표하는 탁월한 시인이었음을 알려주기에 충분할 만큼 높은 격조를 유지하고 있는 작품입니다. 원소 군대의 잔당을 토벌하기 위해 우뚝 솟은 태항산맥을 넘어 행군할 때의 혹독한 추위와 험준한 산길에서 고통 받은 체험을 그대로 노래하고 있습니다. 여기, '동산東山'이란 [시경詩經]에 나오는 한 대목으로, 전장에서 고생하다가 돌아오는 병사의 심정을 애틋하게 노래한 천고의 명편입니다.

......
동산에 끌려 나와
해가 바뀌고
오늘이사 돌아가는 내 말머리에
비는 안갠 듯 내리네, 뿌리네.
꾀꼬리 날아
그 날개 황금 같고
그 사람 시집올 제
말은 얼룩말
어머닌 친히 옷고름 매어 주고
아흔 가지 그 법도 찬란도 했네.
새댁 적엔 이리도 좋았건마는
쪼그라졌을 우리 아내 어떻게 하리.

― [시경], '동산에 끌려 나와'

즉 그는 이렇게 고문에 대한 소양을 바탕으로 [시경]을 참고하여 삼군을 질타하는 장수인 동시에 병사의 처지를 자신의 처지로 바꾸어 전쟁의 슬픔을 노래할 수 있었던, 참으로 인간미가 풍부한 휴머니스트 시인이었던 것입니다.

사실소; [시경]에 전장에서 고생하다가 돌아오는 병사의 노래가 애틋하게 그려져 있네.
가치소; 이것 보게나, 지금의 내 처지가 그 때의 사정과 무엇이 다르리.

여기, '고한행'을 다시 보겠습니다. 생사가 오고가는 험악한 전쟁터에서 폐부 깊숙이 병사들의 신뢰를 얻지 못하고서 어찌 장수가 될 수 있었겠으며, 또한 주변의 신뢰가 없고서 어찌 한 나라를 경영할 수 있는 권위를 지녔겠는지. 조조, 그는 무엇보다 사람살이의 결을 깊이 있게 어루만지는 글쓰기에, 문에 도통하였던 것입니다. 문은 결입니다. 허신의 [설문해자]에 문文은 '상교문象交文'이라고 했습니다. 문이 '교차한 무늬를 상형한' 문자에서 나왔음을 알 수 있습니다. 즉, 문은 텍스트text, 직물입니다. 나와 너와의 만남입니다. 글쓰기는 이렇게 너에게로 가는 빛나는 타자에의, 아름다운 공감의 길임을 알 수 있습니다.

그리하여 우리는 여기, 절창 중의 절창이라는 그의 명편을 마주하는 기쁨을 누립니다.

술을 대하면 노랠 불러야지
이깐 인생이 얼마나 되것는가
아침 이슬과도 같이 짧은 인생
지난날은 고통만 많았구나

비분강개하여 노래불러보지만
근심은 잊을 수가 없구나
이 근심을 어떻게 풀어볼까
오직 두강의 술이 있을 뿐

對酒當歌 人生幾何
譬如朝露 去日苦多
慨當以慷 幽思難忘
何以解憂 惟有杜康

세계해전사에 이름을 올린 적벽대전 직전, 여기 천하통일이라는 대업-물론 실패했습니다만-을 앞두고 조조는 크게 고무되었습니다. 이런 기분은 시로써만이 억누를 수 있고, 술로써만이 달랠 수 있는 붉은 정조의 세계입니다. 그는 대취하여 노래했습니다.

오직 두강주뿐이라고!

눈치 빠른 독자는 벌써 느끼었겠지만 여기 '두강주杜康酒'는 정말 죽이는 표현입니다. 사실감이라는 거, 디테일이라는 게 이렇게 진실한 형상의 맛을 안기는 것입니다. 그는 정말이지 시가 무엇인지 제대로 아는 놈이며, 병사들의 마음을 들었다 놨다 손바닥 뒤집듯이 다룰 줄 아는 희대의 감정조율사였던 것입니다.

지금 우리는 난세의 영웅, 조조가 살다 간 시대 못지않은 난세를 살아가고 있습니다. 조조, 따지고 보면 그도 당시에는 보잘 것 없는 흙수저

신세였습니다. 더군다나 그는 환관의 후예라는 정신적 외상을 지니고 있었습니다. 그러나 그는 그런 신분적 한계를 딛고 금수저가 되었습니다. 이런 사실은, 특히 문무 어느 것 하나 제대로 갖추지 못했지만 한나라 황제의 후손이라는 금줄을 타고난 유비와 대비되는 대목으로, 문무를 겸하고자 젊음을 불사르던 그의 치열했던 노력과 관련지어 볼 때, 그 시사하는 바 적지 않다고 봅니다.

조조!

그는 일반적인 기준으로만 볼 때,
잔인무도한 인물임에는 분명한 사실이지만
무無에서 유有를 만들어낸 역사적 인물이었으며,
그 끝을 측정할 수 없이 속이 깊은 '도가형' 인물이었습니다.

무엇보다도
겨울바다 같이 인성이 얼어붙은 죽음의 전쟁터에서
호쾌하고도 비의悲意에 넘친 시의 꽃을 피운 대시인이었다는 사실,
바로 여기에 미워할 수 없는 조조만의 특별한 매력이 있다고 봅니다.

에고, 조조...

서풍의 노래

이 시대의 시경詩經, 대중가요에 '누가 사랑을 아름답다 했는가'라는 비관적 가사가 있습니다. 그럼에도 우리는 또 사랑을 꿈꿔야 합니다.

1

오, 거센 서풍이여, 그대 가을의 숨결이여,
눈에 보이지 않는 그대로부터 죽은 잎사귀들은
쫓기네, 마치 마법사에 쫓기는 유령인 양.

누렇고, 검고, 창백하며, 열병에 걸린 듯 붉은
질병에 걸린 무리를, 오 그대는
어두운 겨울의 침상으로 마구 몰아가네.

날개 달린 씨앗들을, 그것들은 무덤의 시체처럼
지하에서 싸늘히 누워 있네, 이윽고
봄의 파릇한 누이가 꿈꾸는 듯한 대지 위에

나팔을 불 때까지, 그리고 약동하는 색조와 향기로
산야를 충원할 때까지- 양떼처럼 대기 속에서
풀을 뜯도록 향기로운 꽃봉우리를 몰아내며

거센 정령, 그대는 사방으로 활약하며
파괴자인 동시에 보존자, 들어다오 내 말! 오 들어다오!

2

만일 그대가 하늘의 요동 속으로 흘러갈 때면

대지의 시들어 가는 잎사귀들 같이 하늘과 대양의

엉클어진 가지에서 헐거운 구름 파편들이 흩어지누나

비와 번개의 정령들- 그대 공기의 푸른 물결 표면을 타고

어느 맹렬한 미네드의 머리를 타고

솟아오른 빛나는 머리칼처럼

아득한 지평선 끝으로부터

높은 하늘의 꼭대기까지

다가오는 폭풍우의 머리칼이 흩어져 있네, 그대

지는 해의 만가여, 그대에겐 저무는 이 밤 하늘도

그대 모든 수증기를 뭉친 힘으로 이룩한

대형 분묘의 돔이 되어라

그 응결된 대기권으로부터

검은 비, 번개, 우박이 분출하리라. 오, 내 말 들어다오!

3

그대는 그해 여름의 끝으로부터

수정처럼 맑은 시냇물의 재잘거리는 소리에 잠이 들었던

새파란 지중해를 잠깨웠구나

베이만의 가벼운 돌섬 가에서 잠들어

꿈속에서 고궁들과 누각들이

너무 아름다워 상상만 해도 실신해 버리는,

파란 이끼와 꽃들로 뒤덮여서, 파도 속에서 더욱

강렬히 반짝이는 햇빛에 떨고 있음을 보고 있는 지중해를!

너의 갈 길을 위해 대서양의 공평한 세력들은

스스로 간격을 만들고, 바다 깊은 곳에서는

대양의 수액 없는 잎의 끈끈한 해초들과

바다꽃들이 그대 음성을 알아채고

돌연 겁에 질려 사색이 되어

온몸을 떨며 낙엽을 떨구네, 오 내 말 들어다오!

4

만일 내가 그대로 하여 날리는 한 낙엽이라면,

만일 그대와 함께 날아가는 한 점 날쌘 구름이라면,

그대의 힘 아래 헐떡이며, 그대만큼

자유분방하지는 못해도 그대 힘의 충동을 나누는 파도라면,

오, 통제 못할 존재여, 만일 그대가 하늘을 나는 속도를

앞선다는 것이 거의 환상만이 아니었던

옛날의 소년시절로 돌아가서

하늘을 방랑하는 그대의 동반자가 된다면,

나는 이 심한 괴로움 속에서

그대와 겨루지 않았을 것을

오, 나를 올려다오. 한 파도처럼, 잎새처럼, 구름처럼!

나는 인생의 가시밭길 위에 쓰러져 피를 흘리노라!

세월의 중압에 얽매어 굴복당했도다

세차고 민첩하며 강한 자존심이, 그대와 닮은 꼴인 나는

5

나를 그대의 비파가 되게 하라, 저 숲처럼.

내 잎새들이 저 숲의 잎새처럼 떨어지면 어떠랴!

그대의 힘차고 소란한 음악이

숲과 나에게서 슬프지만 감미로운

깊은 가을의 가락을 얻으리라! 그대 사나운 정령이여,

나의 정신이 되어라! 그대 격렬한 존재여, 내가 되어 다오!

새로운 생명을 재촉하는 시든 낙엽들처럼

내 죽은 사상들을 온 누리에 휘몰아 가라

그리고 이 시의 주문으로

불씨 남은 화로에서 재와 불꽃을 파헤치듯,

내 입술을 통해 아직 깨어나지 않은 세상의

온 인류에게 내 말을 흩뿌려 다오

예언의 나팔이 되어라! 오 서풍이여,

겨울이 오면 어이 봄이 멀겠는가?

겨울이 오면 봄이 어이 멀겠는가?

— 셸리, '서풍의 노래'

지금 우리는 모든 면에서 암울한 현실bleak realities을 마주하고 있습니다. 정치고 경제고 사회고 문화고 간에 그 어느 것 하나 온기가 느껴지지 않는 냉혹한 시대현실에 처해 있습니다.

이렇게 냉혹한 시대 현실에, '감정 교육'이 요구되는 현실에서 무슨 얼어 죽을 낭만이냐고, 저 새끼 미친 놈 아니냐고 할지도 모르겠습니다. 그렇습니다. 나는 미친 놈입니다. 미친 놈이기 때문에 이렇게 헛소리를 하고 있는지도 모릅니다.

그러나,

낭만은 결코 미친 개소리가 아닙니다. 사전에 실린 대로, 낭만주의는 18세기 말 19세기 초에 걸쳐 유럽에서 일어난 예술 사조로 고전주의에 반대하여 자유로운 낭만세계를 동경하였으며 개성, 감정, 정서를 중시하였다면, 그런 사조와 경향을 신봉하는 사람을 낭만파라고 한다면, 저야말로 낭만파 중의 낭만파에 해당하는 사람입니다.

그렇다고 아무나 낭만파가 되는 것은 아닙니다.

낭만파가 되기 위해서는 두 가지를 해야 하고, 네 가지가 될 수 있어야 합니다. 우선, 뮤즈 여신을 만나야 합니다. 아름다운 시의 여신을 만나기 위해서는 자연과 인간을 사랑해야 합니다. 또한 이 여신과 연애에 **빠져야** 비로소 낭만파가 될 수 있습니다. 나는 운이 좋게도 이 여신과 만났습니다. 고1 때였습니다. 당시는 그렇게 입시라는 강박이 세지 않았을 때였습니다. 더구나 시골 한구석에 처박힌 한미한 고등학교 교실은 여신과 조우할 수 있는 좋은 조건이었습니다. 그때 내 눈에 처녀 국어샘이 나에겐 뮤즈로 보였습니다. 그런 뮤즈 같이 아름다운 여신이 어느 날 국어 시간에 도스또예프스끼의 [죄와 벌]을 이야기하기 시작했습니다. 나는 불똥이 옮겨 붙듯 그에게 불이 튀었습니다. 당장 안중서점으로 달려가 [죄와 벌]을 사서 밤을 밝혀 읽었습니다. 천지개벽이 따로 없고, 우물 안의 개구리가 따로 없었습니다. 나의 뮤즈는 이렇게 시골 소년의 운명의 지침을 돌려놓고 말았습니다.

내 인생의 화양연화 시절, 그를 통해 나는 가까스로 세계문학이라는 거대한 산맥의 등에 올라탈 수 있었습니다. 나는 또 그를 통해 루카치, 바흐친 등 일류급의 세계적인 비평계의 거목들과 만났습니다.

이렇게 하여 도스또예프스끼라는 뮤즈와 연애에 빠진 나는 그의 눈으로 보고, 그의 귀로 듣고, 그의 의식으로 세계를 읽었습니다. 그의 가난과 그의 수난, 그의 고통과 영광까지도 나의 것이 되었습니다. 그리하여 지금 나에게 남은 여정은 단 한 가지, 블라디보스토크 북항에서 출발하는 시베리아 횡단열차에 몸을 싣는 것입니다. 끝없이 펼쳐진 시베리아를 가로질러 모스크바를 거쳐 상트 페테르스부르크에, 도스또예프스끼의 도시에 가는 것입니다. 뮤즈에게 가는 길이니 보드카 한 병과 장미 한 송이는 있어야 것지요. 그리고 가난한 법과 대학생 라스콜리니코프, 우리의 로쟈가 소냐의 아버지, 마르메라도프와 만났던 지하 선술집Russian pub도 꼭 들러서 러시아의 공기를, 도스 형님의 체취를 맡아보는 것입니다. 그래야만 아편처럼 인이 박힌, 죽고 못 사는 그와의 길고 긴 인연의 매듭이 풀릴 것이라 봅니다. 이것은 매우 그럴듯하고 아름다운 낭만적 꿈이 아닐 수 없습니다.

그렇습니다. 낭만은 이렇게 매혹적인 것입니다. 그렇다고 오해해서는 안 됩니다. 낭만은 결코 부질없는 회상이 아니고, 값싼 연애도 아니며, 낭만은 헛된 망상은 더더욱 아닙니다.

낭만주의자가 된다는 것은 돈키호테가 되는 것과 같습니다. 정의의 기사도에 미쳐서 거인의 세계에 덤벼들었던 그가 되어 보는 것입니다. 비록 그것이 시종 산초판사에게는 매우 무모한 일로 보였을지 몰라도, 비록 우리는 돈키호테가 죽음에 임박하여 기사도는 다 부질없는 엉터리 짓이라고 스스로를 부정한다 해도 어쩔 수 없는 일입니다.

낭만주의자가 된다는 것은 또한 독한 이기주의자가 되는 것입니다. 이기주의자는 이해타산이 빠른 영리한 자입니다. '위천하자爲天下者는 불고가사不顧家事' 란 말이 있습니다. 큰 일을 하는 사람은 가족을 돌볼 틈이 없다는 것입니다. 아니, 돌볼 수가 없는 것입니다. 석가, 예수, 공자, 소크라테스...흔히 말하는 인류의 4대 성인, 이들이야말로 사실 가족을 버린 가장 이기적인 사람들이고 그런 의미에서 가장 낭만적인 사람들이었습니다. 과연 자신을 위하는 사람만이 큰 일을 해냅니다. 나는 가끔 이웃집 여인의 젖가슴을 뚫어져라 바라보고 있는 소크라테스에게 찬물을 끼얹고 있는 크산티페를 생각해 봅니다. 나의 마누라도 크산티페 못지 않습니다. 소크라테스는 마누라가 이 '미친 남편아 정신차려' 하고 찬물을 끼얹는데도 아랑곳 하지 않고 이웃집 여인의 탐스런 젖가슴을 뚫어져라 응시하고 있습니다. 그러나 바로 이 순간, 아이러니하게도 미를 미 그 자체로 보고 있는 노트럴neutral한 순간, 바로 이 찰라에 인류 최초로 '형이상학meta-physics'이라는 철학의 꽃이 화려하게 개화하기 시작했습니다.

그리고 낭만주의자가 된다는 것은 현실주의자가 된다는 것입니다. 나의 경우, 어느 해 여름을 리자가 사다 준 칸트Kant와 씨름하며 보낸 적이 있습니다. 나는 뭐 시간이 많아서 그 난해하기 이를 데 없는 두꺼운 철학서를 읽은 게 아닙니다. 뭐 탐독도 좋은 일입니다. 그러나 나에게는 어림도 없는 사치입니다. 나에게 독서는 여타의 작가들과 마찬가지로 먹고 살기 위한 생존독서이자 창작을 위한 계획독서의 일환이었지 지적 대화를 위한 여가독서, 방편독서가 아니었습니다. 그러나 신기하게도 이 독서에서 쌀도 나오고 용돈도 나오고, 운이 좋아 명예도 따라붙었던 것입니다.

무엇보다 낭만주의자가 된다는 것은 이상주의자가 되는 것입니다. 이상주의자는 미래에 사는 사람입니다. 여기, 19세기 영국의 대표적인 낭만주의자인 셸리Shelley는 거센 서풍이 몰아치는 잔혹한 현실에서, 가을의 숨결, 눈에 보이지 않는 죽은 잎사귀들로부터 날개달린 씨앗들을, 봄의 파릇한 누이가 꿈꾸는 듯한 대지의, 즉 뮤즈가 부르는 나팔소리를 듣고 있습니다. 그리하여 여기, 그는 거센 서풍 속에서, 잔혹한 시련의 한 가운데서,

"불씨 남은 화로에서 재와 불꽃을 파헤치듯,
내 입술을 통해 아직 깨어나지 않은 세상의
온 인류에게 내 말을 흩뿌려 다오

예언의 나팔이 되어라! 오 서풍이여,
겨울이 오면 어이 봄이 멀겠는가?
겨울이 오면 봄이 어이 멀겠는가?"

라고 노래하고 있습니다. 인간은 자유로운 존재이며, 따라서 저 고전주의의 갑갑한 억압과 규제로부터 벗어날 것을 목을 놓아 부르짖고 있는 것입니다.

어떤가요. 저 도도하게 울려퍼지는 자유의 타종처럼 낭만주의 거장의 메시지가 실감이 나는지요. ㅋ 대중가요의 진실을 무시하자는 게 아닙니다. 분명한 것은 낭만이라는 게 옛날식 다방에 앉아 도라지 위스키를 들이키던 덧없는 회상도 아니고, 내가 가장 좋아하는 노랫말처럼 내 눈에만 보이는 달콤한 짝사랑의 진실도 아니며, 또 그렇다고 이루어질 수 없는 사랑에 대한 부질없는 미련은 더더욱 아니라는 것입니다. 낭만은 정령 나를 나이게 하는 존재와 매혹적인 연애에 빠지는 일생일대의 사건인 것입니다. 바로 이런 의미에서만 나는 낭만주의자인 것입니다. 나는 결코 심파가 아닙니다.

에고...

바람의 집- 겨울판화. 1

대체 미란 무엇일까, 아름다움일까 추함일까 아니면 또 무엇일까…

내 유년 시절 바람이 문풍지를 더듬던 동지의 밤이면 어머니는 내 머리를 당신 무릎에 뉘고 무딘 칼끝으로 시퍼런 무우를 깎아 주시곤 하였다 어머니 무서워요 저 울음 소리, 어머니조차 무서워요 얘야, 그것은 네 속에서 울리는 소리란다 네가 크면 너는 이 겨울을 그리워하기 위해 더 큰 소리로 울어야 한다 자정 지나 앞마당에 은빛 금속처럼 서리가 깔릴 때까지 어머니는 마른 손으로 종잇장 같은 내 배를 자꾸만 쓸어 내렸다 처마 밑 시래기 한 줌 부스러짐으로 천천히 등을 돌리던 바람의 한숨 사위어가는 호롱불 주위로 방 안 가득 풀풀 수십 장 입김이 날리던 밤, 그 작은 소년과 어머니는 지금 어디서 무엇을 할까?

- 기형도, '바람의 집- 겨울판화. 1'

비평가 김현([입 속의 검은 잎], 문학과지성사)은 말했다.

"시인으로서의 기형도의 힘은 그가 가난과 이별의 체험을 했다는 데 있는 것이 아니라 그런 체험에서 의미 있는 하나의 미학을 이끌어 냈다는 데 있다"

그러면서 그는 기형도의 의미 있는 미학을 일컬어 '그로테스크 리얼리즘'으로 부르고 싶다고 했다. 아닌 게 아니라 그의 시를 보고 있자니 어둡고 기괴한 이미지에 휩싸인 그의 시에서만이 풍기는 시적 아우라를 느끼게 된다.

이런 그로테스크 리얼리즘의 시적 아우라를 환기시키는 대표적인 이미지로 우리는 '바람'을 보게 된다. 그리하여 우리는 여기, 바람에서 김수영의 동풍('풀')처럼 끊임없이 존재의 집을 위협하는 공포의 바람을 본다. 이 거센 공포의 바람 앞에서 오돌 오돌 떨어야 했던 유년의 을씨년스런 기억과 회한이 이 시의 모티브가 되었음을 볼 때, 기형도의 시적 모티브는 거의 '공포 모티브'라 할 수 있다

그는 저 영국의 낭만의 시인 셸리Shelly처럼,

"……
예언의 나팔이 되어라! 오 서풍이여,
겨울이 오면 어이 봄이 멀겠는가?
겨울이 오면 봄이 어이 멀겠는가?"

하고 자유롭고 분방한 사상을 격렬하면서도 아름답게 노래하지 모하

였다. 대신 우리가 사랑해 마지않는 시인은 다소 어둡고 기괴한 공포적 이미지의 무덤grotta에 사로잡혀 있다. 오해마라. 요절에 대한 얘기가 아니다.

그럼에도 불구하고 나는 이상하게 그의 시에 끌린다.

무덤과도 같은 공포감을 일으키는 바람, 바로 여기에 그 공포감을 넘어 우리의 근원적인 바람이, '이 겨울을 그리워하기 위해 더 큰 소리로 울어야' 하는 우리의 자화상이, 기괴함을 넘어 우리가 기어코 도달하지 않으면 안 될 그 시절을 꿈꾸는 시적 위반으로서의 '전복적subversive' 미학을 품고 있기 때문이 아닐까…

나는 그렇게 본다.

제4부

브레히트의 '칠장이 히틀러의 노래'

김영한의 '시'

김수영의 '공자의 생활난'

한용운의 '님의 침묵'

문태준의 '가재미'

최재목의 '늪'

조식의 '천왕봉'

하명희의 '거미의 상징'

최정례의 '빵집이 다섯 개 있는 동네'

호메로스의 '일리아스'

김광규의 '나'

송찬호의 '칸나'

칠장이 히틀러의 노래

김수영은 말했다. "누이여! 풍자가 아니면 자살이다". 왜 풍자였을까.

> 칠장이 히틀러는
>
> 말했네, 친애하는 국민 여러분, 나에게 일할 기회를 주십시오!
>
> 그리고 그는 갓 만든 회반죽을 한 통 가져와
>
> 독일 집을 새로 칠했다네
>
> 모든 독일 집을 온통 새로 칠했다네
>
> 칠장이 히틀러는
>
> 말했네, 이 신축가옥은 곧 완공됩니다!
>
> 그리고 구멍난 곳과 갈라진 곳과 빠개진 곳들
>
> 모든 곳을 모조리 발라 버렸다네
>
> 모든 똥덩이를 온통 발라 버렸다네
>
> 오 칠장이 히틀러여
>
> 왜 자네는 벽돌장이가 되지 못했나? 자네의 집은
>
> 회칠이 비를 맞으면
>
> 그 속의 더러운 것들이 다시 드러난다네
>
> 그 똥뒷간 전체가 다시 드러난다네

칠장이 히틀러는

색깔을 빼놓고는 아무것도 배운 바 없어

그에게 정작 일할 기회가 주어지자

모든 것을 잘못 칠해서 더럽혔다네

독일 전체를 온통 잘못 칠해서 더럽혔다네

- 브레히트, '칠장이 히틀러의 노래'

시!

하면 우리는 대개 아름다움을 연상한다. 사실 출근길에 마주친 꽃처럼 화사하고 우아한 여성에 마음을 빼앗기곤 하는 나를 보면서 시 또한 아름다운 뮤즈Muse이거니 생각하게 된다.

그러나,

시나 예술의 세계는 본연의 아름다움 이상으로 추함 또한 그 본연의 미적aesthetic 대상으로 추가한다. 미추가 예술의 본질인 이상 아름다움 한 쪽만으로는 예술의 전체를 대변한다고 할 수 없다. 아니, 오히려 예술의 세계는 겉으로 드러난 아름다움의 이면에 감추어진 추악한 세계의 진실을 들추어 내고, 그 위선적 본질을 진실하게 탈은폐시킴으로써 그 인간 해방적 임무를 완수하는 것이지 않은가.

그 중에 하나,

여기, 풍자를 보자. '풍자satire'는 무엇에 빗대어 재치 있게 깨우치거나 비판하는 것을 말한다. 간접적인 방식으로 쓴 웃음을 유발시키는 가운데, 어떤 것을 알아차리게 하거나 부당함을 드러내려는 의도로 부정적 인물의 부정적 행동에 대해 상대적으로 정신적, 도덕적 '우위'에 있는 사람이 쓰는 비유의 일종이다.

즉, 웃음은 우월의식의 일종이다. 에코의 [장미의 이름]이나 쿤데라의 [농담]을 통해 엿볼 수 있듯이, 중세와 전체주의 사회에서 왜 웃음과 풍자가 타기시 되어야 했는가를 유추하게 하는 대목이다.

그리하여 우리는 여기,

그 유명한 풍자시를 마주하는 기쁨을 누린다. 시인은 히틀러를 재등장시키는 재현의 코스프레를 통해, 그가 화가 지망생이었으나 정통 화가가 되지 모하고 '색깔을 빼놓고는 아무것도 배운 바 없'는 엉터리 화가, 칠장이임을 조소하고 있다. 그리하여, 그가 내세운 공약은 그야말로 새빨간 거짓이고 그가 배웠다는 색깔 또한 똥덩어리 회반죽이었다는 사실을 통해 독일이 온통 부정부패와 죄악의 똥구덩이에 빠졌음을 고발한다.

그리하여 '모든 것을 잘못 칠해서 더럽혀다'는 혐의로 조롱의 대상이 된 그에 대한 날카로운 풍자를 통해, 이 모든 것이 결국 '단순무식한' 칠장이 히틀러로부터 비롯된 비극tragedy이었음을 통쾌하게 비틀어 대고 있음을 본다.

무식한 히틀러, 그는

똥~
덩~
어~
리~!

라는 것이다.

시

'시'와 '삶'의 관계를 생각해 보자. 시와 삶은 별개일까 아닐까.

시는

자운영 피던 봄날

아지랑이 적시며 고향 등지고

전자 조립공 벌써 삼년

잔업 마친 영숙이가

모두들 곯아 떨어진 기숙사 구석에서

하얗게 들여다보는

빛 바랜 가족사진이다

시는

구로동 술집 골목 미스 정

- 아저씨 한 잔 하고 가세요

헤픈 웃음 팔다가 몸 팔다가

화장실에서 남몰래 꺼내 읽고 또 읽는

어머니의 편지다

시는

대성 철공소 선반공 김씨

퇴근길 동료들과 대포 한잔 걸치고

억척스런 마누라 꽃무늬 쉐타

제비새끼 같은 자식들

과자라도 한 봉지 쥐어줄 수 있는

노란색 월급봉투다

- 김영한, '시'

오래 전 어느 노동자 잡지에 실린 시를 옮겨 보았다.

고통에 시달리는 노동자에게 시는 무엇일까. 우리는 주변에서 시는 현실과 유리된, 그러니까 시를 비롯한 문학일반은 고상한 예술이라는 통념이 널리 퍼져 있음을 본다. 그래서일 것이다. 시나 소설을 보고 있자면 "아고, 이눔아! 거기서 밥이 나오니 떡이 나오니…"하고 핀잔을 듣기 일쑤인 것은. 다분히 현실적이고 실용적인 발상이 아닌가. 요컨대, 시는 무익하다는 거다.

이런 사고의 속내를 뒤집어 보면, 그곳에는 '문학(성)literariness'이라는 고유의 문학적 실체가 있다는, 다소 완강하고 염소처럼 고집 센 미적 망탈리테가 자리한다. 바로 거기서 우리는 문학예술이 생활현실과는 다르게 본래부터 순수하게 존재한다는, 즉 말과 사물, 인간과 세계는 서로 교호하지 못하고 '단절'되어 있다는 생기 없는, 무표정한 관념의 얼굴을 만나게 된다.

러시아의 양심이라 일컫던 솔제니친([이반 데니소비치, 수용소의 하루])은 "지나치게 예술적인 것은 이미 예술이 아니에요. 빵 대신 후추와 양귀비씨만 잔뜩 뿌려놓은 거나 매한가지예요."라고 예술의 비현실성을 혐오했다. 예술은 우선 빵을, 현실을 얘기해야 한다는 것이다.

그렇다면, 여기 김영한의 '시'를 보자. 그리하여 화자의 목소리를 따라가다 보면 우리는 시라는 게 그대로 평범한 일상에서 겪는 범사임을 확인할 수 있다.

"시는…빛 바랜 가족사진이다…어머니의 편지다…노란색 월급봉투다."

여기서 우리는 과연 '노란색 월급봉투' 같은 비근한 일상이 그대로 시가 되고 있음을 본다. 그러고 보니 시 아닌 게 없는 삶이다. 그러니 모든 게 시라면 일상이 곧 시임은 당연할 터이다. 아니 또 밀가루가 있어야 빵을 구울 수 있듯, 사실을 바탕으로 하지 않고 어떻게 시라는 빵을 구워낼 수 있겠는가. 시는 어디까지나 생활이고 밥이고 미, 그 자체다. 시는 그야말로 노란색 월급봉투처럼 고통으로 얻어 낸 눈물 밥이고, 어머니의 편지 같은 일상의 꽃이 아닌가.

그러나,

우리는 제아무리 일상이 중요하고, 그것이 또 문학예술의 유일한 원천이 된다 할지라도 우리는 전자보다는 후자를 더 요구하게 됨을 본다. 그것은 마치 원석 그대로는 아무 의미가 없는 것과 같은 것이다. 하나의 원석, 광석이라도 보석으로 가공, 처리하지 않으면 다만 하나의 돌덩이에 불과하고 말 것이기 때문이다. 이것은 왜 그런가.

그것은 둘 다 아름답기는 하지만 시가 더 아름다운 것은 생활을 가공하여 만들어 낸 예술작품이 더욱 수준 높고 강렬하며, 더욱 집중적이고, 그만큼 더욱 전형적이고 더욱 이상적이며, 또한 더욱 이상적인 만큼 더욱 예술적 보편성을 지닐 수 있기 때문이다. 하여 시는 삶이 보석처럼 응결된 것이고, 그래서 시는 단순한 사실이 아니라 하나의 의미를 지닌 '가치'라는 것, 시는 현실의 단순한 복사물이 아니라 그 현실의 밀도 있는, 빛나는 결정체임을 시인은 일상체험으로 증명해 내고 있는 것이다. 그리하여 시인은 특별한 사람이 아니라 우리 모두가 시인이 될 수 있음을 애써 웅변하고 있는 것이다.

나는 그렇게 본다.

공자의 생활난

진리란 무엇인가. 아니, 진리는 왜 목숨과도 같이 소중한 것인가.

꽃이 열매의 상부(上部)에 피었을 때

너는 줄넘기 작란(作亂)을 한다.

나는 발산(發散)한 형상(形象)을 구하였으나

그것은 작전(作戰) 같은 것이기에 어려웁다.

국수 — 이태리어(語)로는 마카로니라고

먹기 쉬운 것은 나의 반란성(叛亂性)일까.

동무여, 이제 나는 바로 보마.

사물(事物)과 사물의 생리(生理)와

사물의 수량(數量)과 한도(限度)와

사물의 우매(愚昧)와 사물의 명석성(明晳性)을,

그리고 나는 죽을 것이다.

— 김수영, '공자의 생활난', 1949

여기,

1949년에 썼다는 연대기적 지표는 이 시를 이해하는 데 매우 중요하다. 즉 해방전후사가 잘 말해주듯이, 이때야말로 해방은 맞이했지만 가치관이 극심하게 혼란이 일던 시기였다. 이런 사실은 여전히 가치관이 혼란하고 살기가 갈수록 어렵다는 이 시대, 그의 시가 아직도 기념비적이고 현재적인 것은 왜 '김수영과 그의 시대'가 아니라 '김수영과 이 시대'인지를 해명하는데 중요한 열쇠가 되고 있다.

좌우의 이념 갈등은 물론이고 당시는 가난이라는 천형을 어떻게 해결할 것인가가 국민 대다수의 숙제였다. 먹고 살아야 하는 문제에서 시인도 예외는 아니었다. 그도 '실가닥 같은 목숨'을 이어온 시인이었다.

그러나 그는 지식인이었다. 지식인이란 존재는 무엇인가. 지식인이란 무엇보다 진실이 무엇인지 아는 사람이다. 그러나 지식인은 역사의 진실이 무엇인지 알기에 천형 같은 가난 속에서도 삶의 방향을 주체적으로 선택해야만 하는 외로운 존재다. 이에 지식인은 크게 도구적 지식인과 비판적 지식인으로 나누어진다.

이 시에서 나는 주체이고, 너는 타자다. 다시 너는 도구적 지식인이고, 나는 비판적 지식인이다. 그래서 '꽃이 열매의 상부에 피었을 때/줄넘기 작란을' 하는 너는 바로 도구적 지식인이자 일제에, 권력에 붙어먹은 부일배다. 다시 말해 꽃이 열매의 상부에 필 수 없는 것이 원칙인데 그렇다는 것은 뭔가 가치가 전도된 상황을 암시한다. 이럴 때 줄넘기 작란을 한다는 것은 바로 이런 몰가치적 행위에 대한 시적 단죄의 성격을 지닌다. 이와 다르게 나는 먹고 살기 위해 나름대로 '발산한 형상을 구하였으나/그것은 작전 같은 것이기에 어려움다'고 한 것은 부도덕하고 비정상적인 사회에서 나름 재주를 피워보려고 했으나, 그것은 도덕적 배반을 의미하는 것이기에 위험을 무릅써야 하는 작전처럼 어려웠을 것이라 토로하고 있다.

국수, 가난을 상징하는 국수를 '너'로 상징되는 도구적 지식인들은 그 영혼을 바친 댓가로 값비싼 '마카로니'로 바꾸어 먹는다. 그러니 갑자기 뱉이 틀어진 것일까. '먹기 쉬운 것은 나의 반란성일까' 하고 그는 갑자기 부아가 났나보다. 이런 슬픔과 분노, 노여움이 교차되는 어느 순간, 그러나 그에게는 도덕에 대한 지고의 가치가, 프로메테우스 신이 그를 지켜주고 있던 것일까. 그리하여 정의의 불칼이 내려지고 외로운 고검이 빛을 발하는 순간, 정의는 실로 외로운 자의 것임을 잘 보여주고 있다.

그리하여, 그는

"동무여, 이제 나는 바로 보마.
사물(事物)과 사물의 생리(生理)와
사물의 수량(數量)과 한도(限度)와
사물의 우매(愚昧)와 사물의 명석성(明晳性)을,

그리고 나는 죽을 것이다."

라며, 위기에서 자신을 되찾고 새로운 의미의 세계지평을 여는 순간을 맞이한다. 이 대목이 바로 김수영의 시적 운명을 내건 일대 명제의 탄생 순간이었다. 그는 이렇게 자신의 동굴에 갇혀 있지 않고 '동무여'라고 외적 환기를 통해 자신이 처한 상황을 객화시키며 즉자적 주관을 벗어나 대자적 지평으로 넘어가는 변환의 언어의식을 드러내고 있다. 그러면서 '이제 나는 바로 보마'라며 과거와는 단절된 새로운 인식의 세계를 보여주고 있다.

그렇다면 여기, 김수영이 던지고 있는 '토포스topos', 주제는 무엇인가. 그것은 바로 진리에 대한 애타는 추구이다. 공자가 [논어]에서 '아침에 도를, 진리를 들으면 저녁에 죽어도 좋다'라고 했던 것처럼, 그 진리는 애타는 것이고, 절실한 것이기에 '나는 죽을 것이다'라고 감연히 외칠 수 있는 성질의 그 무엇이었다. 시인은 오랜 사제로서, 진리의 담당자 아니었던가. 한국시단의 '야생 사자' 같았던 그, 그는 무엇보다 이렇게 불타는 진리의 파수병이었다.

나는 그렇게 본다.

님의 침묵

이별이 어찌 아름다울까마는…그러나 역설의 참 맛도 있음을 상기해 보자.

님은 갔습니다 아아, 사랑하는 나의 님은 갔습니다.

푸른 산빛을 깨치고 단풍나무 숲을 향하여 난 작은 길을 걸어서, 차마 떨치고 갔습니다

황금의 꽃같이 굳고 빛나던 옛 맹서는 차디찬 티끌이 되어서 한숨의 미풍에 날아갔습니다

날카로운 첫 키스의 추억은 나의 운명의 지침을 돌려놓고, 뒷걸음쳐서 사라졌습니다.

나는 향기로운 님의 목소리에 귀먹고, 꽃다운 님의 얼굴에 눈멀었습니다

사랑도 사람의 일이라, 만날 때에 미리 떠날 것을 염려하고 경계하지 아니한 것은 아니지만, 이별은 뜻밖의 일이 되고, 놀란 가슴은 새로운 슬픔에 터집니다

그러나 이별을 쓸데없는 눈물의 원천을 만들고 마는 것은 스스로 사랑을 깨치는 것인줄 아는 까닭에, 걷잡을 수 없는 슬픔의 힘을 옮겨서 새 희망의 정수박이에 들어부었습니다

우리는 만날 때에 떠날 것을 염려하는 것과 같이, 떠날 때에 다시 만날 것을 믿습니다

아아, 님은 갔지만은 나는 님을 보내지 아니하였습니다.

제 곡조를 못 이기는 사랑의 노래는 님의 침묵을 휩싸고 돕니다.

- 한용운, [님의 침묵], 1926

일제 강점기,

모든 것이 암울하고 거짓이 진실을 분칠하던, 그야말로 '서정시를 쓰기 힘든 시대'(브레히트), 시인 한용운을 말한다는 것은 시인이 어떤 존재이어야 한다는 것을 주문한다. 다시 말해 불우한 시대의 시인의 소명은 어떻게 살 것인가를 말하는 것임과 동시에 어떻게 볼 것인가를 말하는 것이자 어떻게 표현할 것인가를 말하는 것과 다르지 않았다. 즉 시대는 인생론과 인식론, 문체론의 일치를 요구했다. 당시는 전통적인 정형시나 민요조 서정시, 그리고 '신경쇠약증의 창백한 언어'(조재훈, [한국 시가의 통시적 연구], 국학자료원)로 식민지 지식인의 비애를 읊조리던 게 하나의 풍조이던 시대였다.

그러나 한용운은 벌써 문체부터 달랐다. 그는 산문적인 호흡으로 자신이 처한 상황(님은 갔습니다)을 차분하고 냉정하게 인식의 거리 저 편으로 위치시키며 자신을 외화시킬 줄 아는 성숙한 태도를 지니고 있었다. 산문적인 형식으로 자신을 넘어선 곳에 '님'이라는 이야기 상대를 설정하였다. 즉 그는 결코 혼자가 아니었다. 이것은 대단히 중요하다. 그가 이렇게 산문적인 어조를 바탕으로 한 대중적이고(연애시) 친근한 구어적 문체를 구사하고 있다는 것은 주관적인 직정에 매몰되지 않고 시적 형식 속에 이성의 환기를 줌과 동시에 그 이성적 환기의 대상이 자신만이 아니라 이 땅의 대다수 민중들이라는 소수집단에로의 길, 고통만이 희망이 될 수 있다는 역설적인 해방의 길을 예비하고 있기 때문이다. 다시 말해 한용운의 혁신은 우선 문체의 '대중적' 혁신으로부터 왔다.

그러나 문체의 대중적 혁신은 인식론의 혁신과 다르지 않았다. 즉 그는 일제 시대를 님이 떠나간 시대로 보았다. 님은 왜 떠나갔나. 우리가 님의 향기로운 말소리에 귀먹고, 꽃다운 님의 얼굴에 눈이 멀었기 때문이다. 여기서 우리는 맹목적 사랑이 어떤 결과를 초래하고 있는지에 대한 성숙한 정신을 본다.

그러나 시인은 이런 맹목적 사랑을 통한 이별이 결국 사랑을 깨치는 것인 줄을 아는 까닭에, 걷잡을 수 없는 슬픔의 힘을 옮겨서 새 희망의 정수박이에 들어 부을 수 있었던 시적 용기를 지닌 최초의 시인이었다. 이것은 그대로 성숙한 정신, 즉 맹목적 사랑에 대한 거리두기가 없고서는 불가능하다.

"정신은 자신을 자각한 실재다"

- 헤겔, [정신현상학], 동서문화사

더구나 성숙한 정신은 미숙한, 맹목적 사랑에 빠지지 않는 정신세계다. 이렇게 맹목적 사랑을 넘어선 성숙한 사랑의 세계를 인식할 수 있었기에 그는 영원한 사랑, 역사의 사랑을 받을 수 있었다.

"아아, 님은 갔지만은 나는 님을 보내지 아니하였습니다."

시인 한용운, 그는 홍주*의 돌멩이였다(고은, [한용운 평전], 민음사). 그는 이별 속에서 오히려 영원한 만남을 볼 수 있었던 불사조의, 피닉스의 시인이었다.

*홍주洪州는 충남 홍성의 본래 이름이다.

가재미

나는 세계와 어떻게 만나고 헤어지는가. 계몽인가 존재인가.

김천 의료원 6인실 302호에 산소마스크를 쓰고 암 투병 중인 그녀가 누워 있다

바닥에 바짝 엎드린 가재미처럼 그녀가 누워있다

나는 그녀의 옆에 나란히 한 마리 가재미로 눕는다

가재미가 가재미에게 눈길을 건네자 그녀가 울컥 눈물을 쏟아낸다

한쪽 눈이 다른 한쪽 눈으로 옮겨 붙은 야윈 그녀가 운다

그녀는 죽음만을 보고 있고 나는 그녀가 살아온 파랑 같은 날들을 보고 있다

좌우를 흔들며 살던 그녀의 물속 삶을 나는 떠올린다

그녀의 오솔길이며 그 길에 돋아나던 대낮의 뻐꾸기 소리며

가늘은 국수를 삶던 저녁이며 흙담조차 없었던 그녀 누대의 가계를 떠올린다

두 다리는 서서히 멀어져 가랑이지고

폭설을 견디지 못하는 나뭇가지처럼 등뼈가 구부정해지던 그 겨울 어느 날을 생각한다

그녀의 숨소리가 느릅나무 껍질처럼 점점 거칠어진다

나는 그녀가 죽음 바깥의 세상을 이제 볼 수 없다는 것을 안다

한쪽 눈이 다른 쪽 눈으로 캄캄하게 쏠려 버렸다는 것을 안다

나는 다만 좌우를 흔들며 헤엄쳐 가 그녀의 물속에 나란히 눕는다

산소 호흡기로 들어 마신 물을 마른 내 몸 위에 그녀가 가만히 적셔 준다

— 문태준, '가재미'

여기,

'그녀'는 3인칭, 타자임이 분명하다. 그러나 그녀는 단순한 타자가 아니다. 나와 타자를 가르던 서양의 이분법은 소용이 없어졌다. '그녀'가 12번이나 반복적인 주조음을 내고 있다는 것은 그녀의 죽음이 나와 무관치 않음을 드러내는 '특별한' 기호다. 그녀는 나와 오랫동안 관계했던 만큼이나 서로에게 길들여져 왔다. 그만큼 그녀의 죽음은 나와 무관치 않은, 참을 수 없는 슬픔임을 암시하고 있다. 다시 말해 그녀는 모든 꽃이 아니라 단 하나의 '그' 꽃이다. 따라서 나는 그녀의 불행에 책임이 있는 것이다.

내가 그녀의 불행에 책임이 있는 것은 진실의 순간을 나누었기 때문이다. 이에 나와 그녀는 '계몽의 시점'이 아닌 '존재의 시점'에서 만나고 있는 것이다. 계몽적 시점에서는 서로 간에 타자의 시선만을, 물끄럼한 눈길만을 확인할 뿐이다. 그러나 존재적 시점에서는 존재론적 공명의, 물기어린 시점이 관계한다. [이방인]은 잘못되었다.

이에 '가재미가 가재미에게 눈길을 건네자 그녀가 울컥 눈물을 쏟아낸다' 내가 그녀의 옆에 '나란히' 눕는 행위도 마찬가지다. 존재론적 시점에서는 서로의 시선과 시선이 내광內光의 빛으로, 가슴에서 가슴으로 전이되기 때문에 굳이 말을 던질 필요가 없다. 불은 조용히 일어난다. 말은 벌써 계몽이다. 너와 나를 가르는 계몽이 폭력인 이유가 여기에 있다.

계몽에 평등은 없다. 그러나 평등한 시점, 존재론적 시점에서 만나고 있는 두 존재는 다만 함께 누워 있을 뿐이고, 보고 있을 뿐이며, 가자미처럼 야윈 '물속 같은 삶'을 떠올리고, '등뼈가 구부정해지던 그 겨울 어느 날'을 떠올릴 뿐이다. 그렇지만 이로써도 족하다. 서로를 알기 때문이다. 여기서, 무엇인가를 안다는 것은 따라서 누적적 시간의 세계, 존재의 차원이 된다.

"그녀의 숨소리가 느릅나무 껍질처럼 점점 거칠어진다
나는 그녀가 죽음 바깥의 세상을 이제 볼 수 없다는 것을 안다
한쪽 눈이 다른 쪽 눈으로 캄캄하게 쏠려 버렸다는 것을 안다
나는 다만 좌우를 흔들며 헤엄쳐 가 그녀의 물속에 나란히 눕는다
산소 호흡기로 들어 마신 물을 마른 내 몸 위에 그녀가 가만히 적셔 준다."

이렇게 이 시는 계몽의 미학을 넘어 존재의 미학을 선사하고 있다. 바깥에서 '툭-'하는 소리가 들린다. 신문 배달부가 다녀가는 소리다. 배달부는 혼자가 아니다. 마찬가지로 내가 그녀의 죽음을 그녀만의 죽음이 아닌 나의 죽음으로 받을 수 있는 것은 나와 너는 서로 같지도 않지만ㅡ 그렇다고 서로가 다르지도 않기ㅡ 때문이다. 그리하여 여기, 문태준의 '가재미'는 나와 너와의 관계에 대한 전복적 시각 교정을 요구하고 있다. 즉, 누군가가 나를 기억하고 있는 한, 나는 여럿이지 혼자가 아니다.

나는 그렇게 본다.

늪

늪! 하면 무엇이 그려지는가. 여기, 늪에 대한 탁월한 명상이 있다.

온갖 잡것들과 함께 지낸다, 슬픔에서도 물러나 기쁨에서도 물러나, 늪은 노래한다, 이 기막히고도 알 수 없는 일들이 물밑에서 아니 물위에서, 자라다 쓰러지고 쓰러지다 일어서서 노래하는 그 곳, 일렁거리다, 인간도, 벌레도, 미래도, 희망도 저 속에 잠들 것이다. 상처투성이 푸른 땅의 자궁, 개구리들의 모성母性이 보이고, 벌레들의 정액, 풀들의 교미가 보이고, 뼈와 흙과, 돌과 풀과, 사람과 함께 늪은 고뇌한다, 도시가 흘러 들어오고, 기술의 나사 튕겨 나오고 과학의 잔재들, 폐차들 쌓여 썩는다, 이성理性의 고름과 눈물, 퇴직한 인간들의 명패, 물은 온갖 쇠붙이에 달라붙어 살을 뜯어먹는다, 지극히 합리적인 그대들의 시간들, 우둔하고 흐리게 잊혀진다, 온갖 잡것들, 진보한다 그리고 퇴보한다, 아니다 그런 것은 없다, 이것도 저것도, 저것도 이것도 아니다, 아닌 것도 아니다, 또 아니다, 아닐까, 그럴까 하면서, 드디어 늪은 맑은 노래 흘러 보낸다, 우 우 우, 갈 숲의 건반을 두드리며 새들이 몰려올 때 낮아지거나 높아지거나 혹은 숨으면서 노래하는 늪, 풀들은 기억하고 있다 그 악보를, 자생하는 풀숲과 진흙의 발을 서로 딛고 오르내리는 물의 음계, 늪의 지성知性, 온몸을 부비며, 아름다운 화음和音으로 연대한 공생과 자치의 터

- 최재목, '늪'

먼 기억을 더듬어 보자.

우리는 지금 물의 요정이 매혹적인 음률을 노래하던 저 전설 같은 구술시대를 넘어, 황량하기 그지없는 근대의 갈가리 찢긴 문자시대로부터 벗어나 다시 저 시원의 이미지가 출렁거리는, 영상시대로 몰입해 들어가고 있다. 이미지 시대 - 이미지image는 이미타리imitari, 즉 모방하다는 말에서 나왔다 - 그렇다고 이미지가 사실은 아니다. 그럼에도 이미지는 사이렌처럼 우리를 매혹시키고 사로잡는다.

최재목의 '늪'을 본다. 그리하여 나도 '늪이여~'하고 뇌는 순간, 나도 늪의 요정에 매혹되고 사로잡힌다. 늪의 요정은 노래한다. 늪을 좀 보라고...그러나 늪에는 죽은 근대의 문자의 시체, '이성의 고름과 눈물, 퇴직한 인간들의 명패'가 아니라 생명의 이미지들이 저마다 눈을 뜨고 '맑은 노래를 흘려보내고 있'지 않느냐고. 그리하여 늪은 단순한 기호가 아니라 시원의 이미지로 빛나고 있다. 즉 늪은 죽은 지시체, '물은 H20'가 아니라 새로운 의미체, '물은 여신'이다. 다시 말해 늪은 다종의 모체들이 생명의 첫눈을 뜨기 시작하는 시원의 공간, 매트릭스다. 모든 물상들은 늪의 이미지를 통해 재생한다.

여기 이 새로운 현상 속에서 새로운 만남, 새로운 의미가 탄생한다. 바로 그곳에서 물의 음계가 오르내리며 노래하고 늪의 지성이 온몸을 부벼대기 시작한다. 이미지는 죽음의 법칙을 깨부순다. 이미지는 처녀다. 그리하여 다시 요정은 노래하기 시작한다.

"우 우 우, 갈 숲의 건반을 두드리며 새들이 몰려올 때 낮아지거나 높아지거나 혹은 숨으면서 노래하는 늪, 풀들은 기억하고 있다 그 악보를, 자생하는 풀숲과 진흙의 발을 서로 딛고 오르내리는 물의 음계, 늪의 지성知性, 온몸을 부비며, 아름다운 화음和音으로 연대한 공생과 자치의 터"

를…

천왕봉

대체 고전의 고전다운 힘은 어디서 나오는 것인가.

저기 저 큰 절의 범종을 좀 보시오

웬만큼 두드려선 울리지 않는다오

하나 지리산만 하겠소

지리산은 하늘이 울어도 울리지 않는다오

— 남명 조식, '천왕봉'

나의 경험으로 미루어 보건대,

고전은 결코 말라비틀어진 고목枯木이 아니다. 고전은 지금도 여전히 살아 숨 쉬며 윙윙 울림을 주는 검푸른 거목巨木이다. 한때 유홍준의 [나의 문화유산 답사기](창비)를 읽다가 이 시에서 느낌이 오래 기억될 것 같은 예감이 들었다. 그만큼 울림이 큰 시였다.

짧은 한시지만 뭔가 큰 것이 느껴지기도 하고, 지리산에 담긴 어떤 비장悲壯한 뜻이 전해오기도 했다. 나는 그만 천둥 번개에 얻어맞은 느낌이었다. 고전의 감동이란 이런 것인가 하고 지나갔다.

그러다가 다시 일상으로 돌아가 치열하게 산다시피 살았지만 쌀독이 비어 있던 어느 날-그날은 유난히도 먹구름이 잔뜩 끼어 있었다-사소한 말다툼 끝에 마누라와 일전이 불가피한 상황이 벌어졌다. 그리하여 운명을 가를지도 모를 감정의 마그마가 폭발하는 통제 불능의, 어느 극점 래디칼한 순간, 어디서 튀어나왔는지도 모르게 나는 다음과 같은 시를 말하고 있는 또 다른 나를, 페르소나를 볼 수 있었다.

저기 저 하늘의 붉은 태양을 좀 보시오
이 세상 그 무엇과 견줄 수 있겠소
하나 마누라만 하겠소
한 번 소리치면 온천지가 어두워 진다오

― 늘샘 '여왕봉'

일순간이었다. 나도 몰랐다. 다음 순간, 못난 나는 마누라를 끌어안고

용서를 빌었다. 마누라가 감동을 받았는지 멈칫했다. 나는 그때 나도 모르게 써진 이 개작시에 땅이 꺼짐을 느꼈다. 그리고 이겨냈다. 어쨌거나 이렇게 살아있지 않은가. 나는 그때의 일을 지금도 감동으로 기억한다. 고전의 힘은 실로 깊고 넓으며, 웅장雄壯하다 아니할 수 없다.

"읽는 사람의 마음이 이 때문에 장대하게 물결친다."

– 이익, [성호사설], 한길사

고전은 정신의 북극성이다. 고전은 위기 속에서도 비틀거리지 않고 평정을 유지하고 견디게 한다. 고전이 '보편성'을 지니는 이유도 여기에 있다. 인류적 사유의 원형을 담고 있기 때문이다.

고전에는 고무줄같이 질긴 '생명력'도 있다. 위기를 극복한 힘이 있기 때문이다. 그리스 제국의 몰락기에 철학이 탄생했고, 주周의 해체기, 춘추전국시대에 명작들이 쏟아졌다. 이에 고전은 시공을 뛰어 넘어 여전히 우리 삶에 지하수맥처럼 스며 있다. 그리하여 고전은 지속적으로 우리 삶의 젖줄이 되고 메마른 땅의 수원水源이 되고 있다. 퍼도 퍼도 마르지 않는 샘, 고전은 깊은 우물이다. 고전이 지닌 '창조성'의 비밀이 여기에 있다.

이런 고전도 사실은 좌절의 산물이다. 1848년 '파리 코뮌'의 실패는 다양한 열매를 맺는 밑거름이 되었다. 보들레르는 [악의 꽃]으로 악으로 물든 시대를 풍자했고, 플로베르는 [마담 보바리]로 자연주의를 잉태했으며, 마르크스는 [자본론]으로 낭만적 사회주의를 반성하고 과학적 사회주의를 낳았다. 그리고 위고는 [레 미제라블]로 사랑의 위대함을 보여줬다. 좌절이 근본을 돌아보게 했기 때문일 것이다.

고전만이 아니다. 따지고 보면 위기이자 좌절의 연속이었던 내 인생도 한 편의 장편서사시, 오디세이 여정이고, 그대로 또 고전이다. 이타카를 찾아 떠도는 오디세우스와 같다고 할까, 인생이라는 길고 긴 항해에서 고전은 고난의 항해를 떠받치는 모선이자 험난한 귀향을 인도하는 키잡이-정보의 홍수에 빠져 허우적거리는 오늘 '인터넷 상'을 의미하는 형용사 cyber가 바로 '선박의 키'를 뜻하는 고대 그리스어 kybernan에서 나왔다-가 될 수 있을 것이다. 그러니 어찌 고전 아니겠는가.

그 책, 모본을 찾아 수십 번, 수백 번 읽어볼 일이다.

거미의 상징

'천 갈래 만 갈래' 라는 말이 있다. 거미도 그 중의 하나가 될 수 있다.

새벽 동대문

어두운 길바닥을 잘 들여다보면

극빈의 털이 온몸을 뒤덮은 그를 만날 수 있다

노상에 두른 오색 천막 안에서

오지 않는 손님을 기다리며 잠의 그물을 짓는 납거미

지게꾼들의 선잠을 들여다보면

육모꼴 색색의 실들이 겨드랑이 사이로 반짝인다

달빛의 무전을 받으면 여덟 개의 다리가 생기는 남자

남겨진 지게들은 곤충이 되지 못한 슬픈 허물이다

주행성의 곤충이 벗어놓은 허물로

불 밝히는 평화 시장

비닐 고치 동여맨 옷가지들

지게에 얹으면 등껍질이 돋아난다

노점상의 만두 주위로 몰려든 더위

층마다 가격이 매겨지는 삶의 고개를 넘을 때

굽은 등은 어디쯤 온 것일까

그림자만으로 이루어지는 하루치 장사

점포 진열대마다 지나온 흔적들

남자가 뿜어낸 실이 졸음처럼 밀려온다

잘 팔리지 않는 평화

새벽 동대문에 가면 검은 벽을 타고 다니는 그림자

지게꾼 거미를 만날 수 있다

- 하명희, '거미의 상징'

어김없이, 거미는 하나의 혐오동물, 벌레로 취급되고 있다.

그러나 시인은 이런 혐오동물인 거미에 대해 '벌레'가 아니라 '지게꾼'이라는 새로운 약호를 부여한다. 시는 일상어에 가하는 조직폭력이라 하지 않는가. 그도 과연 거미처럼 어두운 곳에 살고, 온몸이 털로 뒤덮여 있으며, 발이 여덟 개나 되고, 주로 밤에 활동하며, 등이 납작하게 굽어 있는 '납거미' 같은 형상을 하고 있다.

그러나 그가 이렇게 생의 음지에서 납작하게 엎드려 고단한 삶을 살아가는 납거미와도 같은 존재에 불과한 노동약자로 보일지 모르지만, 그는 또한 평화시장을 떠받치는 숨은 조력자라는 이미지로 다가온다.

그리하여 그의 고단한 삶에 화자의 시선이 머무는 순간, 그는 비로소 존재의 의미를 띠고 미광微光을 발하기 시작한다. 여기, 지게꾼은 비록 열심히 일을 해도 좀처럼 삶이 개선되지 않고 있는 이 땅의 수많은 사회적 노동 약자로, 워킹 푸어로 살아가고 있지만, 우리의 삶의 기반을 이루는 근저에는 잘 보이지는 않지만 바로 이런 존재의 미미한 의미가 덧대어져 나 또한 존재하고 있다는 따뜻한 결속감solidarity과 강밀한 신뢰감을 부여받는다.

"비닐 고치 동여맨 옷가지들
지게에 얹으면 등껍질이 돋아난다
노점상의 만두 주위로 몰려든 더위
층마다 가격이 매겨지는 삶의 고개를 넘을 때
굽은 등은 어디쯤 온 것일까"

우리는 이렇게 시인이 새롭게 약호맺기encoding를 통해 의미를 부여한 기호대상에 대한 약호풀기decoding 과정을 통해 시인이 지게꾼을 애정 어린 시선으로 따듯하게 바라 볼 것을 넌지시 전하고자 하는 섬세한 감수성의 소유자임을 확인하게 된다. 그리하여 보라. 여기 하명희의 '거미'를. 상징의 힘이 여기에 있지 않은가. 예술은 결코 무익한 놀음이 아니지 않은가. 예술 고유의 '인간해방'에 기여하는 창조적 상상력의 힘, 나무아미타불의, 할렐루야의 기적이 예 있지 아니한가.

나는 그렇게 본다.

빵집이 다섯 개 있는 동네

그야말로 속물들의 전성시대, 속물은 어떻게 탄생하는가.

우리 동네엔 빵집이 다섯 개 있다

빠리바게뜨, 엠마

김창근 베이커리, 신라당, 뚜레주르

빠리바게뜨에서는 쿠폰을 주고

엠마는 간판이 크고

김창근 베이커리는 유통기한

다 된 빵을 덤으로 준다

신라당은 오래 돼서

뚜레주르는 친절이 지나쳐서

그래서

나는 빠리바게뜨에 가고

나도 모르게 엠마에도 간다

미장원 냄새가 싫어서 빠르게 지나치면

김창근 베이커리가 나온다

내가 어렸을 땐

학교에서 급식으로 옥수수빵을 주었는데

하면서 신라당을 가고

무심코 뚜레주르도 가게 된다

밥 먹기 싫어서 빵을 사고

애들한테도

간단하게 빵 먹어라 한다

우리 동네엔 교회가 여섯이다

형님은 고3 딸 때문에 새벽교회를 다니고

윤희 엄마는 병들어 복음교회를 가고

은영이는 성가대 지휘자라서 주말엔 없다

넌 뭘 믿고 교회에 안 나가냐고

겸손하라고

목사님 말씀을 들어보라며

내 귀에 테이프를 꽂아놓는다

우리 동네엔 빵집이 다섯

교회가 여섯 미장원이 일곱이다

사람들은 뛰듯이 걷고

누구나 다 파마를 염색을 하고

상가 입구에선 영생의 전도지를 돌린다

줄줄이 고깃집이 있고

김밥집이 있고

두 집 걸러 빵 냄새가 나서

안 살 수가 없다

그렇다

살 수밖에 없다

— 최정례, '빵집이 다섯 개 있는 동네'

학문은 진리 탐구를 전제로 한다. 그러기 위해서는 개념의 도구 막대가 필요하다.

여기,

소설에 나타난 인간의 욕망을 연구한 학자로 유명한 사람 중의 한 사람으로 르네 지라르가 있다. 그는 [낭만적 거짓과 소설적 진실]에서 이른바 '욕망의 삼각형 구조'라는 개념의 막대를 써서 현대인의 욕망의 구조를 효과적으로 분석하는데 성공하였다.

'삼각형의 구조'는 하나의 기호소로서, 요즘 말하는 롤 모델과 비슷하지만 엄격한 학문적 개념이라는 데 그 의의가 있다. 하나의 예를 보자. 세르반테스의 [돈키호테]를 잘 보면, 그는 방랑 기사가 되기 위해 갖은 우스꽝스러운 행태를 보이지만 이런 행태의 이면에는, 즉 그의 욕망의 구조를 잘 들여다보면 이런 행위는 그가 아마디스라는 전설의 기사가 되고 싶어하는 강렬한 충동에서, 간접적인 욕망에서 비롯되고 있는 것을 알 수 있다. 여기, 이 간접적인 욕망을 잘 분석하면 욕망하는 나와 욕망의 대상인 아마디스와 이를 통해 실현하려는 꿈이라는 삼각형이 형성됨을 본다.

즉 돈키호테의 욕망은 직접적인 주체의 욕망이 아니라 간접적인 욕망에 의해 모방된 것임을 알 수 있다.

플로베르의 [마담 보바리]도 마찬가지다. 이 소설의 여주인공 엠마 보바리는 파리 사교계의 여왕으로 군림하고 싶어한다. 하지만 이런 욕망은 그녀에게서 자발적으로 일어난 것이 아니라 사춘기 시절에 무분별하게 읽었던 삼류소설과 잡지들에 나오는 여주인공의 생활에서 암시받은 욕망이며, 결국 엠마의 욕망은 그 여자들을 모방하고자 하는 욕망의 욕망, 메타 욕망이다.

자, 이런 사실은 매우 중요한 사실을 일깨운다. 즉 우리는 자본의 꽃이라는 광고가 일상화된 현실에서 우리가 진정 필요에 의해 물건을 사고 소비하는 게 아니라, 즉 마르크스의 용어대로 한다면 '사용가치'에 의해서 물건을 구매하는 게 아니라 다른 사람들과의 욕망이라는 경쟁관계 즉, '교환가치'에 의해 상품을 소비하는 현상을 설명할 수 있는 틀을 얻는다.

이런 사실은 결과적으로 현대인의 욕망이란 게 진실한 욕망이 아니라 허구화된 욕망이자 가짜 욕망이고, 그것은 결국 이런 삶을 살 수밖에 없는 속물을 양산해 내는 근본적인 사회적 패러다임을 설명해 내는 데 기여한다. 즉 속물snob은 속물사회snobcracy의 필연적인 결과다.

21세기 포스트모던한 과잉생산 과잉소비사회, 우리는 지금 '상품'을 소비하고 있는 게 아니라 '기호'를 소비하고 있다. 여기, '빵'과 '말씀'은 이렇게 과잉생산되고, 그래서 과잉소비가 될 수밖에 없는 후기자본주의 속물사회의 욕망을 암시하는 코노테이션이다.

"자동차를 만드는 일보다 파는 일이 더 어렵게 되었을 때 비로소 인간자체가 인간에게 과학의 대상이 되었다."

— 쟝 보드리야르, [소비의 사회], 문예출판사

여기, 기본적으로 인간은 '욕망'의 동물이라는 것이 공학적 관심의 대상이 된다. 그러나 그 욕망은 죽음의 욕망에 다름 아니다. 노예의 서사이기 때문이다. 그 죽음의, 욕망의, 노예의 서사는 어떻게 시작되는가 보자.

빠리바게트, 엠마, 뚜레주르...를 통해 우리는 죽음의 서사는 먼저 '문화적 허영심'을, 가짜 욕망을 자극하는 데서 시작되고 있음을 본다. 엠마 보바리(플로베르, [마담 보바리])의 도시, 빠리는 소비와 낭만의 기호로 지탱되고 있음을 상징한다. 여기, 이 소비와 낭만이라는 문화적 허영이 바로 자존심이 강한 로코코한 빠리지앵들의 목에 가짜 진주목걸이를 선사한다. 마찬가지로 '당신은 다르다'는 차별화된 전략이 이런 문화적 허영심을 부추기는 흑주술 blackmagic으로 우리를 홀린다.

"빠리바게뜨에서는 쿠폰을 주고 엠마는 간판이 크고
김창근 베이커리는 유통기한
다 된 빵을 덤으로 준다 신라당은 오래 돼서
뚜레주르는 친절이 지나쳐서"

'그래서' ...'나도 모르게'... '무심코' 가게 되는 나는 부드러운 아빠, 다정한 엄마로, 속물사회의 일원으로 완성되어 간다.

속물사회는 또한 말씀이 넘치는 사회다. 성공에 들려 success-obsessed 교회에 가게 되고, 건강을 위해, 속물사회의 교양을 쌓기 위해서도 교회에 간다. 이렇게 속물사회에서는 기호가 획일화되어 있다. 누구나 다 사고, 누구나 다 가니 안 살 수도 없고 안 갈 수도 없다.

이렇게 사람들은 누구나 스스로 속물이 되어 세속적 성공을 누리고 풍요를 누리고 있다고 생각한다.

하지만 그 누구도 행복하다고, 풍요롭다고 말하지 않는다. 자발적이기 못하기 때문이다. 속물의 본질은 이렇게 그가 욕망의 포로가 되었다는 데 있다. [마담 보바리]의 엠마가 사춘기에 읽었던 삼류소설과 잡지의 여주인공을 닮고자 했던 가짜 욕망에 사로잡혔던 것처럼, 우리들 또한 그 누군가의 가짜 욕망에, 그 누군가의 문화적 허영심에, 그 누군가의 세속적 성공에 사로잡혀 있다.

"속물이란 자신의 개인적인 판단을 믿지 못하고 다른 사람들이 욕망하는 대상들만 욕망하는 존재다"

– 르네 지라르, [낭만적 거짓과 소설적 진실], 한길사

2014년, 지방 어느 고교에서 수능 만점자가 네 명이 나왔다. 놀라운 일이지 않은가. 더욱 놀라운 것은 그 네 명 모두가 의대로 진학하기로 했다는 사실이다. 닥치고 의대. 닥치고 법대...우리 사회는 지금 철모르는 예비 속물들처럼 닥치고 속물이 되겠다는 사람들로 속물천국이 되어버린 지 오래다.
너도 나도 죽어라 치킨 집을 열고, 피자집을 차리고, 커피하우스를 오픈하고, 너도 나도 망해라 성형외과, 피부과, 안과로 몰려가면 이 나라 기초학문의 소는 누가 키운단 말인가 아니, 시, 낭만, 사랑, 아름다움 같은 마음의 양식은 언제 쌓는단 말인가.

오호라, 풍자의 맛이 쓸쓸한 이유를 이제야 알겠거니...

일리아스

고대를 왜 '영웅서사시대'라 하는가. 대체 그 의미는 무엇인가.

> ……
>
> 헥토르여, 잊지 못할 자여! 내게 협의에 관해 말하지 마라.
>
> 마치 사자와 사람 사이에 맹약이 있을 수 없고
>
> 늑대와 양이 한 마을 한 이웃이 되지 못하고
>
> 시종일관 서로 적의를 품듯이, 꼭 그처럼
>
> 나와 그대는 친구가 될 수 없으며 우리 사이에
>
> 맹약이란 있을 수 없다. 둘 중에 한 사람이 쓰러져
>
> 자신의 피로 불굴의 전사 아레스를 배부르게 하기 전에는
>
> 그러니 그대는 온갖 무용을 생각하라. 지금이야말로
>
> 그대는 창수가 되고 대단한 전사가 되어야 한다.
>
> 더 이상 피할 길은 없다. 팔라스 아테네가 곧 내 창으로 곧 그대를 제압할 것이다. 그리하여 그대는 이제 그대가 미쳐 날뛰며 창으로 죽인 내 전우들의 모든 고통을 한꺼번에 보상하게 되리라.
>
> ……
>
> — 호메로스, [일리아스], 천병희 역

여기,

금칼처럼 빛나고 있는 [일리아스]의 한 대목을 보자. 그러면 우리는 야생 사자와도 같은 그리스의 맹장 아킬레스의 입을 통해 트로이의 용장, 헥토르의 죽음을 예고하고 있는, 그리하여 그리스 제국의 민족적 자존과 영광을 한껏 드높이고 있는 고대 영웅 서사시의 가장 극적이고 드라마틱한 한 장면을 마주하게 된다.

그런데, 여기서 우리는 헥토르의 죽음이 아테네 신에 의해 이미 예고(~할 것이다, ~하게 되리라)되어 있다는 것을 주목할 필요가 있다. 이 점은 아킬레스 또한 예외가 아니다. 이런 관점에서 볼 때, 고중세는 신에 의해 인간의 운명이 이미 예고되어진 시대로, 이런 시대적 내용을 담은 서사시는 근본적으로 신정론神正論이 될 수밖에 없었을 것임을 암시한다. 즉 인간은 주인공이 아니었다. 고중세시대, 대상에 사로잡힌 주관적 묘사, '비유'의 세계와 끝없이 이어지는 행동서사, 난데없는 '그리고'의 세계가 당시의 대표적인 양식이 될 수밖에 없었던 이유가 바로 여기에 있다. 다시 말해 대상을 미화하고 찬미하기에 여념이 없는, 따라서 주체인 내가 끼어들 여지가 없는 '주관적 묘사'와 '행동 서사'는 종속적이라는 고중세적 특징을 지닌 종놈의, 노예의 수사학인 이유가 여기에 있다.

이 시대가, '동일성'의 시대가 되었던 이유도 바로 여기에 있다. 루카치의 말([소설의 이론], 심설당)대로, "영웅 서사시의 주인공은 엄격하게 말해서, 개인이 아니다." 다시 말해 고중세는 그 중심에 '신'이 하나의 형이상학적 관념적 실체로서 일상을 규율, 통제하던 시대였다.

그런 시대적 상징이, 저 높은 아크로폴리스 언덕에 우뚝 선 전쟁의 여신 팔라스 아테네를 모셔 놓은, 그 유명한 파르테논 신전이다.

따라서 대상세계(자연, 신, 귀족, 영웅, 해적)를 찬양하기에 여념이 없었던 고대 영웅 서사시의 시대는 자신을 볼 수 없는 시대였다. 이에 대상을 하나의 대상으로 인식하지 모하고 대상에 맹목적으로 이끌려 다니던 시대는 말과 사물이 미신적으로 융합되었던 실재론의 시대였다

"신화는 시와 종교 사이의 공통분모를 나타낸다."
 - 르네 웰렉 . 오스틴 워렌, [문학의 이론], 문예출판사

이런 영웅들을 찬양하던 시인 중의 시인이었던 호메로스가 '육체적 결함의 소유자', 맹인이었다는 사실은 매우 상징적이다. 역으로 진실의 세계를 알고자 했던 오이디푸스가 왜 스스로 눈을 찔렀는지, 바다 요정, 세이렌의 비밀을 밝힌 오딧세우스가 왜 '미움을 받은 자'인지, 그리고 신화적 미몽의 세계질서를 물끄러미 '바라보기' 시작한 소크라테스가 왜 사형을 언도받았는지, 곧 '눈'의 세계가 '귀'의 세계에 의해 왜 핍박을 받았는지는 고중세 시대, 서사시의 기능이 무엇이었나를 말해주는 하나의 문화적 상징으로 다가온다.

거기, 바로 그곳에 마치 운명과도 같이 불가피하게 거짓신화(지배담론)와 이를 까발리고 전복시키려는 대항신화(대항담론)와의 어쩔 수 없는 불화와 타협 불가능한 대립이 놓여있기 때문이다.

나는 그렇게 본다.

나

자연과학이 하나의 바다라면, 인문과학은 천의 물결이다.

살펴보면 나는

나의 아버지의 아들이고

나의 아들의 아버지이고

나의 형의 동생이고

나의 동생의 형이고

나의 아내의 남편이고

나의 누이의 오빠고

나의 아저씨의 조카고

나의 조카의 아저씨고

나의 선생의 제자고

나의 제자의 선생이고

나의 나라의 납세자고

나의 마을의 예비군이고

나의 친구의 친구고

나의 적의 적이고

나의 의사의 환자고

나의 단골술집의 손님이고

나의 개의 주인이고

나의 집의 가장이다

그렇다면 나는

아들이고

아버지이고

동생이고

형이고

남편이고

오빠고

조카고

아저씨고

제자고

선생이고

납세자고

예비군이고

친구고

적이고

환자고

손님이고

주인이고

가장이지

오직 하나뿐인

나는 아니다

과연

아무도 모르고 있는

나는

무엇인가

그리고 지금 여기 있는

나는

누구인가

– 김광규, '나'

화자는 권고한다. 살펴보라고.

이는 '나'라는 존재가 진실이 망각된 채 간과되고 있으니 주의 깊게 관찰해 보라는 주문에 다름 아니다. 그리하여 여기, 화자의 주의 깊은 권고를 따라가다보면 우리는 '나'라는 존재가 다만 나이고 말뿐이라는 전래의 실재론적 대상이 아니라 다양한 삶의 국면과 맥락과 상황에서 구체적으로 살아있는 직물적인, 텍스트적 존재임을 확인해 볼 수 있다.

여기서 우리는 해체주의자 데리다([그라마톨로지], 민음사)의 '텍스트 외에는 아무것도 없다'는 선언을 떠올리게 된다. 그의 선언은 기존의 근대의 구성체를 무너뜨리고자 하는 해체 전략과 맞아떨어지면서 그가 왜 그토록 '차연差延'에 매달리고 있는지를 확인하는 열쇠를 제공한다.

'차연'은 '차이'와 '연기'의 준말로 데리다가 창안한 말이다. 다시 말해 '차연'에 따르면 인간의 언술행위는 끊임없이 소쉬르적 차이의 세계로 이끌리면서도 그 차이는 그러나 계속해서 연기될 뿐이라는 것이다. 인간은 실존적으로 끝없는 국면과 맥락과 상황에 기투하기 때문이다.

그리하여 나는 끊임없이 나를 드러내지 못한 채 다만 연기될 뿐이다. 이는 한편 무언가를 '본질적으로' 규정하려는 전통 형이상학의 뿌리 깊은 실재론에 대한 도발적 폐기의 의미를 지닌다. 그리하여 나는 다양한 국면과 맥락과 상황에 따라,

"나의 아버지의 아들이 되었다가, 아들의 아버지가 되고, 형의 동생이 되었다가 다시 동생의 형이 되고, 아내의 남편이 되었다가 다시 누이의 오빠가 되기도 하며, 아저씨의 조카가 되는가 하면 조카의 아버지가 되고, 선생의 제자인 줄 알았는데 어느새 제자의 선생이 되고, 나라의 납세자가 되었다가 마을의 예비군이 되는가 하면, 친구의 친구이며 동시에 적의 적이 되기도 하며, 의사의 환자가 되었다가도 어느새 단골술집의 손님으로 기어들기도 한다. 그리고 나는 다시 돌아와서 개에게는 주인이 되고 집에 와서는 가장이 된다."

이렇게 본다면 과연 화자의 말대로 '나는 누구인가'라고 묻지 않을 수 없다. 왜냐하면 나는 아들이고 아버지고 동생이고 형이고 남편이고 오빠고 조카고 아버지고 제자고 선생이고 납세자고 예비군이고 친구이자 적이고 환자인가 하면은 손님이고 주인이고 가장이니, 나의 실체는 가면처럼 밝혀지지 않고, 나의 본모습은 양파처럼 쉽게 그 실체를 드러내지 않는다. 나는 오직 하나뿐인 나가 아니기 때문이다.

이는 매우 중요한 진술이다. 왜냐하면 이런 '시적' 진술 속에는 그대로 근대 부르주아지의 정서, 즉 집요하게 근본적인 것을 알고 싶어 하는 소크라테스주의로 대표되는 자연과학적 인식론에 대한 니체적 반감([니체, [비극의 탄생])이 있기 때문이다. 부르주아지는 근본주의자다. 왜 그럴까. 근대 이후 권력을 움켜 쥔 부르주아지들이 근본에, 체언에, 순수음에, 자장면에, 소주에, 랑그에, 추상에, 서술에, 고정된 실체에, 대상에, 형태에, 하나에, 정관사에, 중심에, 말하기에, 가치에, 입체에, 초월에, 규성에, 개념에, 인간에, 주체에, 숫자에 뿌리처럼 악착같이 매달리고 있는 것은 무엇 때문일까. 그것은 바로 부르주아지의 세계가 현실을 벗어나 있다는데 그 기원이 있다.

다시 말해 '근본'의 세계는 초현실이고 관념이고 형이상학이고 선험과 전제의, 그러니까 연역적 세계인식을 대변한다. 현실을 벗어난 연역적 선험 전제의 형이상학적 세계는 높은 성에 솟아 있다. 부르주아가 감성보다 이성을 선호하고, 양반이 기氣보다는 이理의 세계를 추구하고, 부르주아 학자인 소쉬르가 실제음인 '빠롤'보다는 이상음인 '랑그'를 좋아하는 이유가 다 여기에 있을 터이다.

중요한 것은 이를 통해 확인할 수 있는 것이 무엇인가라는 점이다. 그것은 바로 자신들은 남과 다르다는 우월의식이자 차별의식이다. 곧 근본주의는 계급적 사고의 관념적 이데올로기 형태다. 그래서 현상의, 용언의, 현실음의, 짜장면의, 쏘주/쐬주의, 빠롤의, 구체의, 대화의, 생성의, 맥락의, 직물의, 다양체 리좀의, 부정관사의, 보조의, 보여주기의, 사실의, 평면의, 현실의, 지연의(~의), 사물의, 세계의, 객체의, 사태의 생생한 현실세계를 물끄러미 바라보고 중성적으로 거리를 유지하려고 하는 것이다.

그러나, 린네적인-'린네'는 다윈과 다르게 고정적인 관점에서 분류와 설명을 통해 모든 것을 근대적 질서 속에 편입시켰다-분류와 설명의, 중성적neutral 세계는 명사의, 죽음의 세계에 다름 아니다. 이런 설명과 분류를 통해 인간은 드디어 대상이자 사물, 하나의 형태a form로 분류되어 죽음의 가스실로, 운명의 세월호로 보내질 수도 있기 때문이다. '일면적'이냐 '다면적'이냐, 이것이 문제라고 볼 때, 이는 결국 어떻게 살 것인가라는 인생론의 문제이자 어떻게 볼 것인가라는 인식론의 문제와 맞닿아 있다.

나는 그렇게 본다.

칸나

비극은 어디서 오는가. 여기, 비극의 한 유형을 보자.

드럼통 반 잘라 엎어놓고 칸나는 여기서 노래를 하였소

초록 기타 하나 들고 동전통 앞에 놓고

가다 멈춰 듣는 이 없어도 언제나

발갛게 목이 부어 있는 칸나

그의 로드 매니저 낡은 여행용 가방은

처마 아래서 저렇게 비에 젖어 울고 있는데

그리고 칸나는 해질 녘이면 이곳 창가에 앉아

가끔씩 몽롱 한 잔씩을 마셨소

몸은 이미 저리 붉어

저녁노을로 타닥타닥 타고 있는데

박차가 달린 무거운 쇠구두를 신고 칸나는

세월의 말잔등을 때렸소

삼나무 숲이 휙휙 지나가버렸소

초록 기타가 히히힝, 하고 울었소

청춘도 진작에 담을 넘어 버렸소

삼류 인생들은 저렇게 처마 밑에 쭈그리고 앉아 초로(初老)를

맞는 법이오

여기 잠시 칸나가 있었소

이 드럼통 화분에 잠시 칸나가 있다 떠났소

아무도 모르게 하룻밤 노루의 피가 자고 간 칸나의 붉은 아침이

있었소

- 송찬호, '칸나'

다른 이름으로 바꾸어서 표현하기,

'대치'는 기호 생산 행위의 기본이다. 하여 우리는 여기, 시인이 붉고 아름다운 '칸나'를 통해 세월 속에 잊혀져 간 어느 소녀의 짧은 생을 다시 불러내고 있음을 본다. 그곳에서 칸나처럼 붉고 아름다운 소녀는 여전히 노래를 부르고 있다. 드럼통 반 잘라 엎어놓고 초록 기타 하나 들고 동전통 앞에 놓고 듣는 이 없어도 노래를 불렀다. 목이 발갛게 부어오르고 비가 내렸다. 더러 몽롱도 마시게 됐다. 그렇게 세월은 흘러갔다. 그러나 아무도 알아주지 않았다.

나는 이 시를 보면서 우리도 칸나처럼 무관심 속에 말없이 스러질 수 있음을 보았다. 그 누군가의 따뜻한 살가슴 속에서 보살핌을 받으며 아름답고 붉게 피어나지 모하고 무관심과 냉대 속에 방치된 채 '처마 밑에서 저렇게 비에 젖어 울'며 잊혀진다는 것에 대해, 잔혹한 죽음의 서사로서의 자본의 그악한 현실에 대해 생각해 보게 되었다. 그리하여 여기, 칸나는 결코 3인칭이 아니라는 것을, 칸나는 이 시대의 무수한 미생 풀꽃들의 다른 이름이라는 새로운 사실을 알게 되었다. 칸나는 개별자이자 보편자다.

붉은 상징의 칸나,

그녀의 비극은 무엇보다 너와 나는 별개라는 무관심의 소산임을 안다.

서문

글쓰기 생산의 기호 인식론적 기초

기호의 일반적인 특징

- 빈센트 반 고흐, '가지 잘린 버드나무'

고흐의 그림이 나를 매료시켰던 이유

자,

우선 여기 그림 한 점을 보겠습니다. 이 그림은 최근 발견되어 화제를 모았던 네덜란드 화가 빈센트 반 고흐Vincent van Gogh(1863~1890)의 초기작 '가지 잘린 버드나무'입니다. 나는 신문을 통해 처음 이 작품을 보고 당시 큰 충격에 빠졌습니다. 유추해 보건대, 지독한 가난과 처절한 고독에 시달리며 살아야 했던 그의 불우했던 젊은 날을 모티브로 한 것이라 짐작할 수 있습니다.

그러나 당시 이 작품을 보고 내가 무어라 말로 표현하기 어려운 예술적 감흥을-이것을 우리는 '미적 충격'이라 부를 수 있습니다-느꼈는데 나는 이 미적 충격의 성격을 띤 예술적 감흥을 무어라고 분석할 안목이 부족하였습니다. 그림에 대해서는 문외한인데다 초등학교 시절 물감 준비도 제대로 하지 못해 벌 받고 떨던 두려운 감정의 더께가 나를 항상 무거운 멍에처럼 짓누르고 있었기 때문입니다. 즉 그림은 나에게 짐이고 콤플렉스였던 것입니다.

그러던 내가 어느 때부터 이상하게도 시를 좋아하게 되고 문학, 예술에 대한 익애의 정서에 깊이 젖어 치유하기 어려운 단계에 이르고부터는 그림이 가까이 보이기 시작하는 것이었습니다. 시화일치詩畫一致라는 말이 있거니와, 시와 그림이라는 정물적 기호의 세계 형식이 갖는 공통된 무엇이 나를 움직이게 했는지도 모르것습니다.

아무튼 나는 그러면서 이 작품에도 크게 매료되어서는 도대체 이 작품이 쉽게 잊혀지지 않는 '그녀'처럼 나를 붙들고 놓지 않는 근거가 무엇인지 너무 궁금하였습니다. 그녀가 아름답다면 그것이 나를 매료시키고 잊지 못하게 하는 근거가 되는 것처럼, 이 그림이 나를 매료시키고 미적 충격에 빠뜨렸다면 여기에도 분명 아름다움이라고 하는 그 무엇이 있는 것입니다. 즉 미는 일단 아름다운 것입니다.

그러나 그녀가 아름다운 것처럼 이 작품이 그렇게도 아름답다면, 아름다움을 아름답게 하는 근본이 있어야 할 것입니다-이것을 우리는 미에 대한 체계적이고 정합적인 지식을 담고 있는 '미학aesthetics'으로 부르고 있습니다-미학은 무엇보다 미를, 아름다움을 그 대상으로

하는 학문입니다.

그러나 그 미의 대상이 지시하는 범주가 단순하게 아름답다는 미적 파토스만으로 규정되는 것은 아닐 것입니다. 어느 사회교육기관에서 겪은 일입니다. 주말에 일반 대중들을 상대로 '창의적 글쓰기'라는 이름을 걸고 글쓰기 수업을 했는데, 그날은 기형도 시를 설명한 다음 감상을 써서 발표하게 했습니다.

열무 삼십 단을 이고

시장에 간 우리 엄마

안 오시네, 해는 시든지 오래

나는 찬밥처럼 방에 담겨

아무리 천천히 숙제를 해도

엄마 안 오시네, 배추잎 같은 발소리 타박타박

안 들리네, 어둡고 무서워

금간 창 틈으로 고요히 빗소리

빈방에 혼자 엎드려 훌쩍거리던

아주 먼 옛날

지금도 내 눈시울을 뜨겁게 하는

그 시절, 유년의 윗목

— 기형도, '엄마 걱정' 전문

수강생 중에는 실업자, 직장인, 여교사도 있었습니다. 몇 차례의 발표가 이어지고 잠시 긴장이 흐르는 가운데, 드디어 그 여자가 발표할 차례가 되었습니다. 그런데 그 분이 도중에 조금씩 흔들리더니 갑자기 흐흑...하고 흐느끼기 시작하는 것이었습니다. 참 난감한 순간이기도 했고 놀라운 장면이기도 했습니다. 나중에야 안 사실이지만 엄마는 이미 고인이 되었고, 나를 낳아 오늘에 이르기까지 엄마가 끼친 큰 사랑을 다시 접하는 순간, 그만 자신도 모르게 눈시울이 뜨거워지게 되었다는 것이었습니다.

자, 여기서 우리는 과연 아름다움이라는 게 반드시 사전적인 범주로만 보아서는 안 된다는 것을 볼 수 있습니다. 때론 이렇게 슬픔도 아름다움이 될 수 있다는 거, 따라서 우리는 아름다움이라는 '미적 aesthetic' 범주를 너무 좁직하게만 볼 필요는 없습니다.

여기, 빈센트 반 고흐의 '가지 잘린 버드나무'도 마찬가지입니다. 그의 인생이 불우했다는 것은 포부나 재능은 있어도 도무지 좋은 때를 만나지 못했음을 의미합니다. 그래서였을까요, 그림 속에는 먹구름이 짙게 깔린 하늘 아래 연못 주변 오솔길을 누군가 희미하게 걸어오고 있습니다. 누군가는 틀림없이 자신의 분신doubleganger일 것입니다. 그런데 보다시피 캔버스를 압도하고 있는 것은 모가지가 잘려나간 버드나무의 형상입니다. 저 멀리 역사를 빠져나와 쓸쓸한 귀향길에 마주친 이 가지 잘린 몽동발이 나무에서 그는 분명 예술적 충동을, 참을 수 없는 강렬한 화의畫意를 느꼈음을 봅니다. 당시 나는 움베르토 에코Umberto Eco의 기호학 이론에 푹 빠져 있었는데-그는 기호는 '가짜fakes'라고 한 유명한 기호학자입니다-이상하게도 이건 가짜가 아니고 진짜처럼 느껴졌습니다.

자, 그렇다면 여기 블루톤의 색조를 지닌, 우울한 분위기를 발산하는 세기적인 화가의 작품에서 많은 사람들이 그 천재성을 확인하고 감탄사를 연발하는 이치는 대체 무엇입니까? 이것을 밝혀내야만 우리는 비로소 아름다움의 본질이 무엇인지, 미학의 신전 기둥을 하나 세울 수 있는 것입니다.

여기, 많은 사람들에게 감동의 도가니탕 맛을 느끼게 하고 눈물샘을 자극하게 하는 예술적 카타르시스는 '그림'과 '시'를 매체로 한 것입니다. 그림과 시, 이것은 모두 '기호sign'라는 공통점을 가지고 있습니다. 미국의 기호학자 퍼스Peirce의 말대로, 기호의 본질은 '대치substitution'에 있는 것입니다. 그리하여 자신의 감정을 다른 무엇으로 바꾸어 표현하는 거, 대치는 인간만이 지닌 고유의 예술적 표현 능력입니다. 동물 또는 어린 아이와 달리 인간은 시나 그림이라는 기호로 자신의 정서를 대신 표현하게 할 수 있습니다. 가령, 어린 아이는 배고프면 울고 말지만 성숙한 인간은 '언어'라는 간접적인 도구를 써서 자신의 의사를 전달할 수 있습니다. 이렇게 자신의 감정을 완곡하고 부드럽게 돌려 다르게 말 할 수 있다는 거, 다시말해 고흐가 '가지 잘린 버드나무'에 자신의 불후했던 시절을 그려넣고, 기형도가 '엄마 걱정'에 고독하게 보내야만 했던 유년시절을 담아냄으로써 즉 인간은 자신을 타자화시키고, 이 타자화된otherized 자신을 사유함으로써 감정을 맑고 투명하게 유지, 고양시킬 수 있는 미적 존재입니다.

인간은 기호-매개적 존재다

그림과 시는 이렇게 현실이 '색채'와 '언어'라는 기호로 대체된 '간접적인indirect' 미적 형성물입니다. 그러니 '가지 잘린 버드나무'에 실제 가지 잘린 버드나무가 있을 리 만무하고, '엄마 걱정'에도 엄마는 역시 등장하지 않습니다. 이렇게만 보면 예술은 현실세계가 아니고, 따라서 아무짝에도 쓸모없는 것이 되고 말지도 모릅니다. 그러나 지폐가 현물은 아니지만 현물을 대체한 수단으로 현실적으로 유용하게 기능하고 있는 것처럼, 그림과 시 또한 다른 기호 매체들 가령, 영화, 드라마, 만화, TV, 인터넷, 스마트 폰 등과 더불어 현실을 대체하는 도구로 매우 훌륭하게 기능하고 있습니다. 그러니까 기호는 일종의 '막대a stick' 같은 것입니다. 인간은 이처럼 기호 막대라는 도구를 통해 세상과 연결되어 있는 기호-매개적 존재입니다.

언어기호의 매개적 측면은 좋은 점이 있습니다. 백석 시인은 사랑하는 여인에게 '자야子夜'라는 멋스런 아호를 부여했습니다. 그리하여 애인은 자연인에서 '자야'로 다시 탄생하였습니다. 나도 사랑하는 애인에게 '리자liza'라는 멋스런 아호를 부여해 보았습니다. 그랬더니 애인이 좀 더 맑고 투명하고, 더 아름답게 다가왔습니다. 대상을 소유의 대상으로 본 것이 아니라 개념화, 타자화시켰기 때문입니다. 여기, 미학의 본질이 헤겔적인 용어로 '즉자적卽自的'인 것이 아니라 '대자적對自的'이라는 것을 볼 수 있습니다. 무릇 세상사가 그렇듯이 사랑도 덤비는 게 아닙니다. 그렇습니다. 나와 너 사이에 무언가 '텅빈 공터'같이 빈 공간이 있을 때 거기 비로소 참으로 아름다운 애정의 꽃이 피어나는 것입니다.

아내를 통해 보겠습니다. 아내는 '**용돈**' 하면 얼굴을 찡그리다가도 오늘 시내에서 중요한 약속이 있다며 '**품위유지비**' 하면 엷은 미소를 보이며 돈을 내줍니다. 신기한 일입니다. '**차비**'하면 시무룩하다가도 '**거마비**' 하면 또 아무 말 없이 돈을 내줍니다. 참 이상한 일이지 않습니까? 대체 용돈과 품위유지비, 차비와 거마비는 같은 언어인데 아내에게 왜 다르게 다가왔을까요?

문학작품의 사례를 들어보겠습니다.

독일의 문호 괴테Goethe는 그 자신이 말하고 있듯이, 젊은 날의 주체할 수 없는, 마치 '질풍노도'와도 같은 롯데lotte에 대한 죽고 못 사는, 미칠 듯한 사랑과 정열을 베르테르의 감정에 실어 편지 형식의 소설([젊은 베르테르의 슬픔])로 슬쩍 바꿔놓음으로써, 불안한 감정을 가까스로 다스릴 수 있었다고 합니다. 정사란 말이 있거니와 사랑도 심하면 치명적인 것입니다. 그는 거기서 말하고 있습니다.

"내 가슴은 스스로도 충분히 끓어오르고 있다. 내게 필요한 것은, 오히려 그것을 가라앉혀 주는 자장가이다. 그것은 내가 애독하는 호메로스 속에서 얼마든지 찾아볼 수 있다. 나는 얼마나 자주 끓어오르는 피를 자장가로 달랬는지 모른다."

그는 이렇게 노도처럼 끓어오르는 감정을 '호메로스Homeros'라는 대치물로 가라앉히고 달랬던 것입니다. 즉, 여기서 호메로스는 하나의 비유로서 자신의 감정을 달랬던 훌륭한 기호 막대였던 것입니다.

실로 중요한 것은 대치라고 하는 비유metaphor에 있는 것입니다. 저 유명한 플로베르Flaubert의 [마담 보바리](민음사)를 또 보겠습니다. 여기, 젊은 법무 서기 레옹과 사랑의 여신처럼 아름다운 엠마 보바리가 만나 연애행각을 벌이는 장면을 작가는 어떻게 처리했을까요.

"나리, 어디로 모실깝쇼?" 하고 마부가 물었다.
"아무데라도 좋아!" 하고 레옹은 엠마를 마차 안에 밀어넣으면서 말했다.
그리고, 무거운 마차는 달리기 시작했다.
마차는 그랑 퐁 거리를 내려가 아르 광장과 나폴레옹 강둑, 뇌프 다리를 건너질러 피에르 코르네이유 동상 앞에서 딱 멈추었다.
"계속 가요!" 하는 소리가 마차 안에서 들려왔다.
마차는 다시 달리기 시작하여 라파이예트 네거리를 지나서부터는 비탈길을 거침없이 달려내려간 다음 기차역 안으로 쑥 들어갔다.
"아니, 곧장 가요!" 하고 같은 목소리가 외쳤다.
마차는 철책 밖으로 나와서 가로수가 늘어선 산책로에 다다르자 키가 큰 느릅나무들 사이를 천천히 달렸다. 마부는 이마의 땀을 훔치고 가죽모자를 무릎 사이에 낀 채 마차를 샛길 밖의 물가 잔디밭 옆으로 몰고 갔다.
마차는 강을 끼고 마른 자갈이 깔린 예선도를 따라 섬들 저 너머 오와셀 쪽으로 한참 동안 달렸다
그러나 마차는 갑자기 한달음으로 내달아 카트르마르, 소트빌, 그랑드-쇼세, 엘뵈프 가를 가로질러 식물원 앞에서 세번째로 멈추었다.
"그냥 가라니까!" 하고 아까보다 더 거센 목소리가 성난 듯이 소리쳤다.

이건, 간통have an affairs에 대한 매우 격렬하고도 아름다운 비유가 아닐 수 없습니다. 이것은 물론 아름다운 비극이지만 대상을 통해 자

신의 감정을 객화시키는 거, 이것이 바로 아리스토텔레스([시학])가 말하고자 하는 감정의 정화, '카타르시스catharsis'이고, 헤겔([정신현상학])이 말하는 '外化외화'의 개념입니다. 즉 인간은 자신이 처한 고통이나 감정을 다른 것으로 전이시킴으로써 그 고통을 완화시키거나 감정을 순화시킬 수 있는 존재입니다. 성심리학자 프로이트([문명 속의 불만])는 최초의 성적 대상을 다른 것으로 바꾸어 제어할 수 있는 능력을 '승화sublimation'라고 했습니다.

미적 형성의 비밀은 사실을 가치화 하는 데 있다.

자, 바로 여기에 미적 언어로서의 기호의 비밀이 있는 것입니다. 바로 여기에, 현실과 예술, 사실과 가치, 다시 말해 물적 현실세계와 다른 미적 현실세계에 대한, 그리하여 고통을 치유하고 감정을 적절하게 제어할 수 있게 함으로써 우리의 삶을 고양시키는 어떤 미적 힘의 불가사의한arcane 열쇠가 있는 것입니다. 즉, 내가 고흐의 '가지 잘린 버드나무'에서 미적 충격을 느끼고 어느 여교사가 '엄마 걱정'을 대하고 눈시울이 뜨거웠던 놀라운 감동의 비밀이 여기에 있는 것입니다. 그것은 **'물적 반영'**만의 문제가 아닌 **'미적 형성'**의 문제라는 거, 그것은 또한 이렇게 사실을 가치화 하는데 있는 것이자 '돌려 말하기'라는 감정의 절제, 미적 교양의 세계에 다름 아닌 것입니다.

나도 뽀대나는 글을 생산할 수 있다

이와 관련하여, 나는 미술, 소설뿐만 아니라 시를 통한 글쓰기도 고통을 치유하고 감정을 적절하게 제어할 수 있는 의미 있는 계기가 될 거라 보고 있습니다. 글쓰기도 결국 언어의, 기호의 문제이고, 언어기호는 기본적으로 대치의 문제이니까요. 우리는 시에서 잘 조직된 언어의 질서를 볼 수 있을 뿐 아니라 '시어는 일상어에 가하는 조직폭력'이라는 러시아 형식주의자의 말처럼 창조적 파괴를 또한 볼 수 있습니다. 그리고 부엉이처럼 큰 눈을 뜨고 삶을 깊이있게 응시하는 시신詩神의 얼굴을 볼 수 있습니다.

명시를 하나의 글쓰기 대상으로, 텍스트로 보는 것은 특히 중요합니다. 무엇보다 문학 예술을 단순히 수용만 하던 단계에서 벗어나 적극적으로 감상함으로써 치유는 물론 **'자기형성'**에 도움이 되기 때문입니다. 우리는 그동안 시를 감상하는 과정에서 그것을 자신의 삶의 거울에 비추어 성찰하지 모하고 텍스트의 내용과 형식에만 초점을 두는 일방적인 학습에 너무 길들여져 왔습니다. 그러나 이런 학습방식은 우리들을 무기력하게inert 만들고 있습니다. 정작 중요한 '나'는, 나의 고요한 목소리는 빠졌기 때문입니다.

중요한 것은 개인적 자아, 서정적 존재라는 좁직한 우물에서 벗어나 '사회적 자아', '역사적 존재'로서 살아가는 것입니다. 또한 다양하고 복잡한 사회에서 능동적이고 창의적인 일처리를 위해서는 평소 자기 주도적이고, 자기결정적인 텍스트 생산방식에 익숙해질 필요가 있습니다. 더욱이 이 같은 방식은 '물적物的' 현실을 '미적美的' 태도로 바라보게 하는데 기여함으로써 타인과의 조화로운 관계를 이끄는 데도 도움이 될 수 있습니다. 예술은 비근한 일상에서 밑감을 취하다보니 빛나는 타자를 발견하는 아름다운 만남의 방식이기 때문입니다. 그리고 어떤 사람이나 일처리가 공정한지 아닌지, 시비를 가리고, 미추를 따지는 주의 깊은 심미적, 비판적 태도는 인간형성의 기본이지 않은가요.

그러나 현실은 어떻습니까.

우리사회에서는 지금 오로지 돈과 사익만을 추구하는 속물적 snobbish 삶의 양식이 지배적으로 작동하고 있습니다. 속물적 사고의 특징은 남이 하는 사고, 남이 하는 욕망에 맹목적으로 이끌려 가는 노예적 삶에 가까운 것입니다. Good life, 잘 사는 것에 대한 인식이 우리에게는 지나치게 물적 사고에 젖어 있는 것만을 말하는 듯합니다. 산책하는 것처럼 일상에서 한 발 뒤로 물러나, 보다 여유 있게-'저녁이 있는 삶'이라는 말처럼, '여유'는 이제 우리 시대의 삶의 양식을 대변하고 있는 문화소文化素가 되었습니다-자신을 물끄러미 돌아보는 가운데, '좋은 삶'이란 무엇인가에 대한 심미적 태도를 생활화 하는 '자은' 계기를 만들어 나갈 필요가 있습니다.

나의 경우를 보겠습니다. 다음 시는 어느 날 망원역을 지나다 채록한 전철 벽시입니다. 기다림, 텅 빈 시간, 바로 그곳에 시신詩神, 뮤즈가 다가왔습니다.

나뭇잎이
벌레 먹어서 예쁘다
귀족의 손처럼 상처 하나 없이 매끈한 것은
어쩐지 베풀 줄 모르는 손 같아서 밉다
떡갈나무 잎에 벌레구멍이 뚫려서
그 구멍으로 하늘이 보이는 것은 예쁘다
상처가 나서 예쁘다는 것이 잘못인 줄 안다
그러나 남을 먹여가며 살았다는 흔적은
별처럼 아름답다

- 이생진, '벌레 먹은 나뭇잎' 전문

이 시는 어떻게 써졌을까. 기호의 생산 과정을 일반화 해 보것습니다.

다른 사람들과 마찬가지로 시인도 어디를 가다가 주위에 떨어진 **'벌레 먹은 나뭇잎'**을 보았을 것입니다. 우리는 대개 그냥 지나치기 일쑤지만 시인의 눈길은 역시 다른 것인가 봅니다. 그는 여기 이 '벌레 먹은 나뭇잎'에서 갈라터진 어머니의 손길을, 희생의 가치를 발견하고는 이렇게 하나의 아름다운 가편佳篇을 낳았습니다.

나는 이 명시가 너무 마음에 들어 다음과 같은 짧은 평短評을 써 보았습니다.

이 시는 일상의 비근한 소재로도 얼마든지 훌륭한 시를 쓸 수 있다는 범례를 보여줬다. '예쁘다', '밉다', '아름답다' 등 친숙한 입말을 그대로 사용했다. 귀족 부인의 손처럼 예쁘고 도자기처럼 매끈하지는 못하지만 평민의 손처럼 투박하고 뚝배기처럼 다정하다. 갑자기 빈민의 성녀, 테레사 수녀의 굵은 주름과 커다란 손마디가 떠오른다.

시각 또한 참신하다. '벌레 먹어서 예쁘다'는 해석은 참 신선하다. 이러한 해석에서 새로운 의미가 발생한다. 의미는 차이다. 다르게 보기다. 일상에서 이 같은 행위는 중요하다. 그래야 삶이 빛나기 시작한다. 떡갈나무 잎에 뚫린 구멍으로 바라보는 하늘은 얼마나 크고 파란가. 잊혀진 동심을 소생하게 한다.

이 시는 김치처럼 친근한 소재에다 겉절이처럼 참신한 맛을 더하였다. 벌레 먹은 나뭇잎에 '희생의 가치'를 담았다. 구원은 이렇게 구체적이고 가까운 일상에 있다. 그리하여 여기, 소품小品과도 같이 미소한 작품에서 소박하지만 넉넉하고 건강한 눈길을 만난다는 것은 참으로 큰 기쁨이 아닐 수 없다.

여기, '벌레 먹은 나뭇잎'은 하나의 사실로서 '**물적 세계**'를 지시합니다. 그러나 시인에게 있어 이 사실은 다시 '희생의 가치'를 지닌 '**미적 세계**'로 다가왔습니다. 결국 하나의 작품은 배추와 김치처럼, 사실소와 가치소의 결합으로 탄생하는 것입니다. 이렇게 해서 탄생한 작품은 하나의 가치이자 하나의 사실로 다시 독자와 만나면서 새로운 의미의 옷을 입게 됩니다. 곧 독자에게 있어 작품은 단순한 사실이 아닙니다. 글쓴이가 쓴 '단평'처럼 새로운 '**창조 세계**'를 낳게 하는 작품은 하나의 문제적 **텍스트**가 되는 것입니다. 인간은 이렇게 텍스트를 활용함으로써 자기를 스스로 넘어서고 극복하는 창조적 존재입니다. 위에서 보았다시피, 기호는 기본적으로 '사실(소)'와 '가치(소)'로 되어 있습니다. 여기서 소素는 의미의 최소 단위로 가로값과 세로값으로 만들어지는 전자정보의 최소단위 '화소pixel'와 매우 유사합니다.

사실소事實素; 떡갈나무 잎이 벌레 먹어서 구멍이 뚫렸다.
가치소價値素; '벌레 먹은 나뭇잎'은 아름다운 희생의 손이다.
가치소價値素; '벌레 먹은 나뭇잎'은 소박하지만 넉넉하고 건강한 시다.

기호 생산의 기본 원리 = 사실(소)+가치(소)

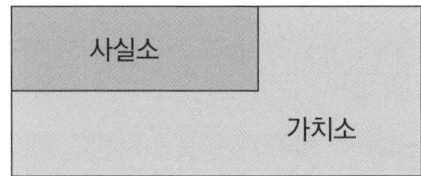

기호의 전개와 흐름

한 걸음 더 깊이있게 들어가 보겠습니다.

기호 생산의 기본 원리가 '사실소(무엇이 어떠하다)'와 '가치소(무엇은 무엇이다)'라는 문장소로 되어 있다는 것은 사실 절대주의와 가치 상대주의를 극복한 것입니다. 즉 사실소와 가치소의 결합은 사실과 가치를 전제로 한 것이고, 이를 비판한 결과로 나온 대안입니다. 따라서 나는 사실과 가치라는 전제가 어떤 성격의 것이고, 그것이 왜 문제가 되고 있으며, 그리하여 왜 이런 대안이 필요했던 것인지를 타당하게 설명할 것을 요구받고 있습니다.

자, 여기 매우 유니크하면서도 매혹적인 시가 한 편 있습니다.

여름방학 초등학교 교실들 조용하다
한 교실에는
7음계 '파'음이
죽은 풍금이 있다
그 교실에는
42년 전에 걸어놓은 태극기 액자가 있다
또 그 교실에는
그 시절
대담한 낙서가 남아 있다

김복사의 뷰망이 세일 크나

– 고은 시집, [순간의 꽃] 중에서

이 시는 사실절대주의와 가치상대주의의, 그러니까 말과 사물의 시적 긴장으로 가득 차 있는 작품입니다. 이 시에서 사실절대주의를, 사물을 상징하는 것은 '초등학교 교실들'입니다. '들'은 여기서 생명의 아우라를 지니고 있는 표지입니다. 여기, 초등학교 교실들이 조용하지만 그로테스크한 괴기적 분위기를 한껏 뿜어내고 있다는데 이 시가 결코 가볍지 않은 작품임을 볼 수 있습니다. 그것은 초등학교 교실에 놓인 죽은 풍금이, 태극기 액자가, 교실에 남아 있는 낙서가 화자를 압도하면서 하나의 '거대한' 이미지로 다가오기 때문입니다. 다시 말해 여기서 초등학교 교실들은 절대적인 심급으로 주체가 되어 있고, 화자는 객체로 밀려난 왜소한 타자로 설정되어 있는 것입니다.

그리하여,

"물의 요정, 사이렌siren이 노래하고 있다."

는 인식이 하나의 고대적 인식으로 자연신(물의 요정)이 주인공이었던 시절처럼, 여기

"김옥자의 유방이 제일 크다."

는 인식 또한 사물(=말)이 주체로서 기능하고 있는 것입니다.

그러나 다행히도 이 시는 단순하게 사물에 미신처럼 사로잡혀 있는 미망의 세계에 떨어지지 않고 있다는데 시적 가치가 있습니다. 즉 이 시는 또한 마치,

"물은 수소와 산소의 화학적 결합물이다."

라고 물을 하나의 원소元素라는 '압축적' 인식의 대상으로 객화시켜 놓은 것처럼,

"(김옥자의 유방이 제일 크다는) 낙서는 대담한 표현이다."

라고 '대담하다'며 거대한 세계를 개념적으로 '움축된' 지식으로 분류, 평가하여 저 무시무시한 괴물 같은 '사물'의 세계를 벗어나 '말'의 세계로 전이시킴으로써 대상을 '물끄러미' 내려다 볼 수 있게 된 것입니다. 마지막 시행을 별도의 연으로 처리하여 화자는 지금 말과 사물을 분리시켜 문자를 선禪하고 있는 것입니다.

이 시가 이렇게 시적 긴장을 유지하고 있는 가운데, 즉 물신의 세계에 미혹될 듯 하면서도 말과 사물의 그 '미신적 융합'의 세계에 매몰되지 않고 중심을 유지할 수 있었던 것도 바로 여기, '자의적 분리'라는 인식이 있었기 때문입니다.

역사는 말과 사물의, 사실과 가치의 길항의 역사다

이런 일련의 사실들을 일반화하면 우리는 매우 중요한 사실들을 알 수 있습니다. 즉 역사는 말과 사물, 사실과 가치의 길항拮抗의 역사라는 것입니다. '길항stand against'은 미꾸라지와 메기처럼 서로 버티고 있다는 것입니다. 즉 역사는 사실이 더 크게 작용한 시기가 있었는가 하면, 가치가 더 힘을 발휘한 시기가 있었습니다. 사실이 더 크게

작용한 시기는 고중세 시기로서, 말과 사물은 그 미신적 융합을 이룬 때였습니다. 가치가 더 힘을 발휘한 근대 시기는 말과 사물은 자의적 분리를 이룬 시대였습니다. 철학에서는 전자를 실재론實在論이라 하고 일원론一元論이라고도 합니다. 후자를 유명론唯名論이라 하고 이원론二元論이라고도 합니다. 다시 미학에서는 전자를 '리얼리즘'의 세계라 부르고, 후자를 '모더니즘'의 세계라 부르고 있습니다.

그러나 이제는 사실과 가치, 말과 사물의 '창조적 조합'이 필요한 때입니다.

자, 여기 말과 사물의 '창조적 조합'이 하나의 타당한 대안으로 인정받기 위해서는 고중세의 '미신적 융합'의 세계와 근대의 '자의적 분리'의 세계에 대한 지양된 인식이 필요합니다.

고중세는 말과 사물, 사실과 가치의 미신적 융합이 시대를 풍미하였다

먼저, 고중세부터 보겠습니다. 말과 사물이 미신적으로 융합된 시대를 대표하는 작품으로 우리는 저 유명한 호메로스의 대서사시 [일리아스]를 들 수 있습니다.

[일리아스]는 그리스의 맹장 아킬레스의 분노the wrath of Achilles를 다룬 영웅서사시입니다. 그는 왜 분하여 성을 냈을까요. 저 왕도마뱀 같은 그리스 연합군 사령관 아가멤논이 최고의 전사 아킬레스의 노획물인 브리세이스 미녀를 빼앗았기 때문입니다. 그리하여 그리스군이 트로이군 대장 헥토르에 의해 전멸하다시피 하기까지 아킬레스는 꼼

짝하지 않습니다. 아가멤논, 그 새끼가 미워서 전쟁이고 뭐고 고향에 가겠다는 심보였던 것입니다. 여기까지는 매우 이기적인 분노에 해당합니다. 그러다가 그리스 장수들이 죽어가고 부대의 최후방어선이 무너지려던 때 이를 보다 못한 아킬레스의 친구 파트로클로스가 아킬레스의 투구와 창, 갑옷을 입고 대리 출전합니다. 그러나 트로이의 명장 헥토르에게 죽게 되자 이에 분노한 아킬레스가 출전하게 되고 헥토르를 죽임으로써 친구의 원한을 갚고 트로이를 점령하게 되며, 그도 파리스에 의해 죽는다는 얘기입니다. 이렇게 보면 결국 아킬레스의 분노는 이타적인 분노가, 개인적인 분노에서 민족적인 분노가 되는 것입니다.

자, 여기 비극적인 전쟁영웅서사인 이 작품이 저 우뚝 선 설산 고봉처럼 우리의 주의를 끌고 서양문학의 기원이자 마르지 않는 수원으로 줄기차게 영향을 끼치고 있는 이유는 무엇일까요.

까놓고 말해서 이 작품은 국뽕 신화의 원조격인 작품입니다. 그러니까 그리스가 트로이라는 나라와 싸워 이긴 전쟁서사이고, 그 중심에 영웅 아킬레스가 있으며, 그는 자신이 뻔히 죽을 운명인줄 알면서도 친구의 원수를 죽이고 자신도 죽는다는 것이니, 이는 곧 명예를 위해서는 목숨을 초개같이 던져야 한다는 암시를 주고 있습니다. 그런데 작품 전편을 통해 확인할 수 있는 사실은 아킬레스를 비롯한 모든 인물들의 운명, 사건들의 시말이 신에 의해 예고되어 있다는 점입니다. 즉 [일리아스]는 모든 것은 신에 의해 정해졌다는 신정론神正論의 시적 신현인 셈입니다.

이런 여러 가지 요소와 특징들을 압축파일처럼 잘 보여주는 게 그 유명한 도입부입니다.

"노래하소서, 여신이여! 펠레우스의 아들 아킬레우스의 분노를,/아카이오이 족에게 헤아릴 수 없이 많은 고통을 가져다주었으며/ 숱한 영웅들의 굳센 혼백들을 하데스에게 보내고/그들 자신은 개들과 온갖 새들의 먹이가 되게 한/ 그 잔혹한 분노를! 인간들의 왕인 아트레우스의 아들과/ 고귀한 아킬레우스가 처음에 서로 다투고 갈라선 그날부터/ 이렇듯 제우스의 뜻은 이루어졌도다."

- 호메로스, [일리아스], 천병희 옮김

여기, 도입부는 하나의 기호로 많은 것을 암시하고 있습니다. 우선, '노래하소서' 라는 것을 통해 고대의 형식이 시가임을 단적으로 보여주고 있습니다. 고대 시가는 왜 노래일까요. 잘 알다시피, 노래(음악)는 사람들의 감정을 통일시켜 조화롭게 만드는데 기여합니다. 즉 노래는 동화와 조화의 언어입니다. 즉 부족 또는 생존공동체 단위로 삶이 유지되었던 고대국가에서 시(=노래)는 하나의 국가의 제도로서 중시되었던 것입니다. 이야기가 아닙니다. 이런 관점에서 보면 시는 고대 부족의 백과사전인 것입니다(에릭 A. 해블록, [플라톤 서설], 글항아리).

이런 노래를 관장하던 여신이 바로 하늘을 주관하는 제우스, 즉 최고 통치자의 딸들인 무사Musa여신들입니다. 오늘 음악music의 기원이 여기에 있습니다. 그런데 이 무사 여신들은 영감이나 창작의 딸이 아니라 '기억'의 딸이라는데, 즉 모방과 재현의 딸이라는데 그 중요한 역할이 있습니다. 따라서 무사의 핵심 역할은 창작이 아니라 보존입니다. 여기서 우리는 왜 고대철학의 완성자 아리스토텔레스([시학])가 '예술은 자연의 모방이다 Art is an imitation of nature'이라고 했는지 그 이유를 알 수 있습니다. 즉 무사들의 아버지가 제우스라는 사실은 무사들의 존재의미가 바로 도덕적인 질서의 유지에 있음을 암시합니다.

이 도덕적인 질서를 상징하는 현실적인 존재가 바로 고대시가의 영웅귀족들입니다. 곧 영웅귀족들은 집단을 대표하는 사람으로 엄격하게 말해서 개인이 아닙니다. 다시 말해 아킬레우스가 그리스를 대변하는 도덕적인 질서의 상징으로 그가 개인적인 분노를 넘어 자기 친구의 죽음에 분노하고 있다는 점, 바로 여기서 우리는 개인을 넘어 집단의 생존을 우선시 하는 고중세적 모럴을 보게 되는 것입니다.

여기, 집단사회를 움직이게 하는 힘이 자연이라는 신에게서 나왔다고 보는 것은 고대와 중세에 걸친 인식의 기본입니다. 곧 고중세 사회는 인간보다는 자연이 우세했던 사회이고, 이때의 자연은 신에 가까웠던 것입니다. 그리하여 제우스는 하늘을, 데메테르는 땅을, 포세이돈은 바다를 각각 주재하는 신을 상징하는 것입니다. 그러니 '모든 그리스 신화는 고대 아리안인의 자연숭배에서 발전한 것'이라던 엥겔스([가족, 사유재산, 국가의 기원])의 말처럼, 자연은 신으로 묘사되고 숭배를 받아왔던 것입니다. 물론 자연이 신으로 묘사되고 숭배의 대상이 될 수밖에 없었던 것은 자연이 당시 인간의 지식으로선 알 수 없는 괴물 같은 존재로 인식되어졌기 때문입니다.

호메로스는 특정 개인이 아니고, 시인 집단을 가리킨다

여기, 자연신들의 말씀을 전하는 임무를 부여받은 사람이 바로 고대의 호메로스로 상징되는 '시인'이었던 것입니다. 이는 호메로스 Homeros라는 말에서도 그 기원을 찾을 수 있습니다. 플라톤의 시론서 [이온Ion]에, '시인은 신의 사자였다'고 나와 있습니다. 제우스신의 사자였던 헤르메스hermes는 그리스 어원이 소원을 비는 '돌무더기'라는 뜻의 '헤르마herma'에서 비롯되었습니다. 그러니까 나그네의 안녕을 비는 돌무더기에서 발전하여 신의 말씀을 전하는 신전 돌기둥을 지키는 사제가 된 사람들이 바로 시인이었습니다. 실제로 그리스어 '헤르메이오스hermeios'는 델피 신전의 사제를 가리키는 말이었습니다. 여기서 전령사 헤럴드herald가 나오고, 여기서 호메로스homeros도 나온 것입니다. 다시 말해 호메로스는 사회의 안녕과, 질서유지, 문화전승을 그 존재 이유로 하는 하나의 제도로서의 사제집단을 가리키는 말이지 특정 개인을 지칭하는 말이 아님을 엿볼 수 있습니다. 이런 사제들이 권력의 수호자이자 문화의 전승자로서 문화 재생산의 위치를 점하고 있다는 거-주의하십시오, 창조자가 아닙니다-그리하여 그들이 노래를 하기 위해서는 먼저 제우스의 딸이자 시가와 기억의 여신, 무사Muse 여신을 부르게 되어 있는 것입니다. 바로 여기서 우리는 시는 영감의 산물이라고 했던 아리스토텔레스의 영감론-흔히 '그분이 오신다'는 말이 이것을 말하는 것입니다-에 기반한 고대문예론의 핵심이 왜 모방론mimesis일 수밖에 없는지를 봅니다.

동양의 시인詩人도 마찬가지입니다. '시詩'는 '모실시寺'와 '말씀언言'으로 결합된 형성문자입니다. 즉 시인은 권력자(제사장)를 모시면서 그의 말씀을 전하고 그에게 조언하는 위치에 있던 사제입니다. 제사를 담당했던 유가儒家라는 교육자 집단이 바로 여기에 해당합니다. '유儒'는 사람人과 비雨와 수염而으로 된 글자입니다. 여기, 비雨는 하늘天이 주재하는 것으로 천지신명의 소관입니다. 그리하여 농촌에서는 아직도 '비가 오신다' 하는 것입니다. 현실적으로 하늘은 군주입니다. 유가에서 비롯된 시인은 이렇게 군주 곁에서 기우제를 돕고 있는 사제들이었음을 알 수 있습니다. 여기서 우리는 왜 서양의 고대 시가 자연신의 말씀을 찬양하고 모방하는데 그치고 말았던 것처럼, 동양의 고대 시가 왜 제도종교인 유가의 도道를 실어 나르는 수단器에 불과했는지, 고대 동양의 문예관이 왜 재도론載道論일 수밖에 없는지를 엿볼 수 있습니다.

이렇게 서양의 모방론이든 동양의 재도론이든 그 출발점은 바로 자연(신=天)이라는 '사실'의 세계에서 비롯된 것입니다. 그리하여 영웅([일리아스])을 비롯 모든 인간의 운명이 자연이라는 신에 의해 결정되어진 사회, 그것은 신정론神正論의 사회였습니다. 그리하여 모든 송사의 첫머리에 "무사 여신이여!", "천지신명이시여!" 하고 무사여신과 천지신명이라는 자연(신)으로부터, 사실로부터 시작하는 이유가 여기에 있는 것입니다. 이 사실의 세계를 우리는 전통적으로 '**리얼리즘** realism' 또는 '**미메시스mimesis**'라 불러왔던 것입니다.

그러나 말(씀)의 실체성에 빠진 리얼리즘은 매우 도덕적이고 당위적인 고대적 세계였습니다. 리얼리즘은 '사물res'에 붙들려 있는 세계이고, 그만큼 강한 고정성과 실체성을 띠고 있습니다. 그것은 인간이 자연의 포로가 된 것처럼 말과 사물이 미신적으로 융합된 주관적인 묘사의, 시의, 연극의, 동일성의, 흉내내기의 세계형식이기 때문입니다. 그러니 짐승의 가죽을 쓰고 모방하던 데서 비극이 시작되었다는 것처럼 예술을 죽음에 이르게 하는 고대 수사학이 왜 찬양의 노래인 노예 수사학이자 종놈의 수사학일 수밖에 없는지 그 이유가 여기에 있습니다. 그리하여 우리는 또한 왜 고대수사학의 완성자 아리스토텔레스([수사학], 숲)가 이성logos과 감성pathos보다는 도덕적 품성ethos을 더 중시하였는지 확인할 수 있습니다.

근대는 말과 사물, 사실과 가치의 자의적 분리를 토대로 성립되었다

여기, 말과 사물의 그 미신적인 융합에 쐐기를 박기 위해서는 말(씀)의 허구성을 깨달아야 했습니다. 말(씀)의 허구성을 깨달은 최초의 사람은 호메로스의 '오디세우스'였습니다.

흔히들 서양문학은 시성 호메로스로부터 비롯되었다고 말하곤 합니다. 그의 [일리아스]로부터 시가, [오디세이아]로부터 소설이 시작되었다고 보기 때문입니다. 여기, 그가 또한 소설의 원조라는 게 중요합니다. 서사는 한마디로 나갔다 돌아오는 얘기입니다. [일리아스]가 트로이 전쟁을 노래한 시라면, [오디세이아]는 전쟁 후 집으로 돌아오는 '귀향'에 대한 소설입니다.

"들려주소서, 무사여신이여! 트로이아의 신성한 도시를 파괴한 뒤 많이도 떠돌아다녔던 임기응변에 능한 그 사람의 이야기를."

여기, [오디세이아]의 서두는 독자가 풀어야 할 몇 가지 암호를 감추고 있습니다.

첫째, 그 사람, 오디세우스는 왜 많이도 떠돌아다녀야 했나.
둘째, 그 사람은 과연 어떤 임기응변으로 떠돌이 신세를 면했나.
셋째, 이 작품이 이야기라는 것은 어떤 의미가 있나.

잘 알다시피, [오디세이아]의 주인공은 트로이 전쟁의 영웅 오디세우스입니다. 그는 정말이지 자신의 고향으로 돌아가고 싶었습니다. 거기엔 그가 사랑하는 아내 페넬로페와 아들 텔레마코스, 그리고 자신의 왕국, 이타카가 있기 때문입니다. 그러나 우리 인생이 그렇듯이 안락한 집으로 돌아오는 과정은 쉽지 않았습니다. 그래서 '오디세이 Odyssey'는 '인간의 고단한 삶의 과정과 여정'을 뜻하게 되었습니다. 바로 여기에, 고전의 고무줄 같이 질긴 생명력과 마르지 않은 샘으로서의 보편적 가치가 있는 것입니다.

자, 그럼 이제부터 하나씩 암호를 풀어가 보겠습니다.

오디세우스가 많이도 떠돌아다녔던 것은 집으로 돌아오는 길에 외눈박이 괴물 퀴클롭스 폴뤼페모스의 눈을 상하게 만들었기 때문입니다. 폴뤼페모스는 바다의 신 포세이돈의 아들입니다. 그래서 포세이돈의 노여움을 사 그의 귀향길이 꼬이게 된 것입니다. 배를 타고 귀향하다 풍랑을 만나 표류해서 그가 닿은 곳은 사람을 잡아먹는 무시무시한 섬이었습니다. 여기, 동료들이 잡아먹히는 위험한 순간에 그의 기지가 십분 발휘되는데, 그는 위기의 순간에도 매우 '침착하게' 대처했습니다. 먼저, 폴뤼페모스를 칭찬하고 포도주를 잔뜩 먹이면서 자신의 이름을 알려 주었습니다.

"나의 이름은 아무도 아니 My name is No-one"

이라고. 그러면서 말뚝을 불에 달궈 외눈을 힘 있게 찔렀습니다. 폴뤼페모스가 비명을 지르고 동료들을 부르자 동료들이 왜 불렀냐고 하기에 '아무도 아니'란 놈이 자기 눈을 찔렀다고 하니 동료들이 미친놈이라고 하고 돌아갔습니다. 이 틈을 이용해 양의 배 밑에 달라붙어 위험한 동굴을 빠져나가는 기지를 발휘했습니다.

이렇게 [오디세이아]는 기본적으로 그리스 해양민족의 모험과 기지로 가득 찬 이야기입니다. 중요한 것은 구전으로 전해 오던 그리스 해양민족의 다양한 옛이야기들을 매우 긴밀하고 짜임새 있으며, 디테일하면서도 생동감 있게 엮어놓았다는 점입니다. 다시 말해, [오디세이아]는 '재현'이라는 모방의 형식이 아니라 '재구'라는 창조의 기법을 잘 보여주고 있는 소설의 전형이라는 것입니다. 이런 점에서 볼 때, [오디세이아]는 비록 아직까지는 신의 운명에서 크게 벗어나지 못한 한계를 지니고는 있지만 인간이 점차 신의 세계를 벗어나 세계의 중심으로 부상하고 있는 시대의 형식을 보여준다고 하겠습니다. 즉 [오디세이아]는 이성logos의 언어로 되어 있다는 점입니다. 톡! 까놓고 말해서 [오디세이아]는 해적질로 먹고 살던 그리스인의 노략질 경험을 오디세우스라는 영웅에 얹어 풀어놓은 얘기라고 볼 수 있습니다.

[오디세이아]가 시가 아니라 소설이라는 것은 [오디세이아]가 '극적' 묘사가 아니라 세계의 본질을 밝히는 설명의, 서술의 형식을 지니고

있다는 것을 암시합니다. 다시 말해, [오디세이아]는 모험이라는 형식을 통해 세계의 본질을 밝히는 서사전략을 보여주고 있습니다. 세계의 본질은 은폐되어 있습니다. 이 은폐된 세계의 본질을 밝히기 위한 서사전략이 바로 설명exposition이고, 인과입니다. 즉 시간적 고리라는 인과를 통해 이 세계는 어떻게 상호 연관되어 있고 계기화 되어 있는지를 밝힐 수 있게 됨으로써 인간은 궁극적으로 이 세계의 본질에 접근할 수 있었으며, 그리하여 바다라는 괴물 같은 세계가 어떤 것인지 알게 되었고, 식민지를 정복하게 되고, 결과적으로 그리스 제국을 건설하게 되었던 힘도 여기에 있는 것입니다.

자, 그렇다면 대체 소설의 핵심을 이루고 있는 인과적 설명의 세계가 무엇인지 궁금하지 않을 수 없습니다.

유명한 사례(포스터, [소설의 이해] 참고)를 보겠습니다.

1. 왕이 죽었다. 왕비가 죽었다.
2. 왕이 죽었다. 왕비는 왕의 죽음에 대해 몹시 슬퍼하였다. 그녀는 그 슬픔을 이기지 모하고 시름시름 앓다가 끝내 죽고 말았다.

1은 서로 다른 별개의 문장으로 아무런 연쇄적인 반응을 일으키지 못합니다. 즉 두 문장은 매개단위 없이 다만 끝없는 '그리고and'로 이루어진 세계입니다. 이는 곧 인간이 대상세계를 정확하게 읽어내지 모한 맹목의 세계라는 증거입니다. 그러나 2는 왕의 죽음과 왕비의 죽음에 '의미-내적' 인과cause and effect 고리가 형성되면서 연쇄적 반응을 불러일으킵니다. 즉 '그래서so'의 세계는 의미-내적 인과적 고리를 통해 세계를 인식할 수 있는 세계로, 이 세계가 어떻게 돌아가고 작동하고 있는지 알게된다는 것입니다. 다시 말해 인과적으로 이 세계를 읽을 수 있다는 것은 그 세계에 사로잡히지 않고 이 세계의 현상을 '물끄러미' 바라보고 내가 스스로 사유를 진행할 수 있는 주체적 사고의 소유자가 되었다는 증거입니다.

2를 잘 보면 알 수 있듯이, 기지 정보는 약간의 이형, 변형을 거치지만 반드시 반복되어 나타납니다. 즉 '왕이 죽었다'는 묘사적 진술은 '왕의 죽음'으로 명사화 되어 객체화되고, 신정보의 주체인 '왕비'는 다시 '그녀'로 물러나 있고, '슬퍼하였다'는 서술동사 또한 '그 슬픔'으로 개념화되어 있습니다. 여기 동사, 형용사라는 일차적이고 평면적인 정보가 이차적이고 입체적으로, 명사의 형태로 굴절되어 있다는 것은 정보의 선후와 인과, 그리고 전제와 결론 간의 의미-내적 고리를 이해하는데 매우 중요한 기호들입니다. 정보의 고리가 서로 얽어져 있다는 것은 대상 세계의 진실을 알 수 있다는 것과 동일한 의미입니다. 아, 그래서 저 새끼가 저렇게 된 것이구나...그러면서 정보는 끊임없이 그 어딘가로, 즉 왕의 죽음에 이은 왕비의 죽음으로 흘러갑니다. 여기서 주인공들을 그 어딘가로 이끌고 가는 것은 작가 마음입니다. 중요한 것은 이게 신의 의지대로 이끌려가던 세계가 아니라는 겁니다. 즉 이제 플롯plot이라는 장치를 통해 이 세계를 이끌고 가는 서사적 운명의 주체는 '신'이 아니라 '인간'이 된 것입니다.

이렇게 운명의 주체가 신이 아니라 인간이기 위해서는 먼저 신이라는 대상이 가짜라는 것을 인식해야 합니다. 여기, [오디세이아]가 왜 인간의 위치를 밝히고 있는 위대한 서사인지를 증명하는 유명한 사례가 있습니다.

귀향 중에 요정nymph 키르케의 섬을 떠난 오디세우스는 다시 바다의 님프, 세이렌siren이 산'다는' 해역으로 들어섭니다. 여기서 '다는'은 검증되지 않은 신화의, 풍문의, 니몽의 세계를 말하는 것입니다. 세이렌의 노랫소리는 치명적인 매력이 있어서 한번 들으면 누구나 바다에 몸을 던진다고 합니다. 여기서 세이렌의 유혹은 곧 해양국가로 살아온 그리스 민족에게 바다의 위험을 암시하는 신화적 메시지로 이해할 필요가 있습니다. 그러나 그는 죽고 싶지 않았습니다. 그렇다고 또 세이렌의 절창을 들을 수 있는 절호의 기회를 놓치고 싶지도 않았습니다. 오디세우스는 부하들의 귀를 밀랍으로 틀어막고 자신을 돛대에 묶게 한 채 귀를 열어 두도록 했습니다. 이윽고 요정들의 미치도록 아름다운 노랫소리가 들려왔습니다. 그는 황홀경에 빠져 바다로 뛰어들려고 몸을 비틀어 발악했습니다. 귀를 막은 부하들은 세이렌의 노래도, 오디세우스의 절규도 듣지 못했습니다. 그러나 오디세우스는 그 마법의 선율을 뇌리에 간직한 채 살아남았습니다.

자, 여기 그 구체적인 장면을 보겠습니다.

"......
'자! 이리 오세요. 칭찬이 자자한 오디세우스여, 아카이오이족의 위대한 영광이여! 이곳에 배를 세우고 우리 두 자매의 목소리를 듣도록 하세요. 우리 입에서 나오는 감미롭게 울리는 목소리를 듣기 전에 검은 배를 타고 이 옆을 지나간 사람은 아직 아무도 없어요. 그 사람은 즐긴 다음 더 유식해져서 돌아가지요. 우리는 넓은 트로이아에서 아르고스인들과 트로이아인들이 신들의 뜻

허버트 제임스 드레이퍼 [율리시스와 세이렌]

에 따라 겪었던 모든 고통을 다 알고 있으며 풍요한 대지 위에서 일어나는 일은 무엇이든 다 알고 있으니까요'

그들이 고운 목소리로 이렇게 노래하자 내 마음은 듣고 싶어 했소. 그래서 나는 전우들에게 눈짓으로 풀어달라고 명령했으나 그들은 몸을 앞으로 구부리며 힘껏 노를 저었소. 그리고 페리메데스와 에우륄로코스가 당장 일어서더니 더 많은 밧줄로 나를 더욱 꽁꽁 묶었소. 우리가 배를 몰아 세이렌 옆을 지나가고 그들의 목소리와 노랫소리가 더 이상 들리지 않자 내 사랑하는 전우들은 지체 없이 내가 그들의 귀에다 발라준 밀랍을 뗐고 나도 밧줄에서 풀어주었소."

그러면서 이야기는 다음 대목으로 이어지고 있습니다.

"그러나 우리가 그 섬을 뒤로하자마자 나는 곧 물보라와 큰 너울을 보았고,

바다가 노호하는 큰 소리를 들었소……"

여기, 이 대목은 그야말로 신화적 미망을 깨는 기호로 가득합니다. '미망迷妄'은 사리에 눈이 어두워 실제로는 없는 것을 있는 것처럼 생각한다는 말입니다. '그러나'는 반전이자 전복을, '우리는'은 인식의 공동체를, '그'는 대상과의 거리두기를, '나'는 인식의 주체를, 무엇보다 '물보라'와 '큰 너울'과 '바다가 노호하는 큰 소리'는 그것이 결코 사이렌 요정들의 달콤한 노랫소리가 아님을, 그러니까 바다의 님프 세이렌이 산다는 이야기는 그야말로 미망에 불과한 거짓 신화 속임을 정확하게 본 것입니다. 그리하여 시의, 신화의 시대가 가고, 소설의, 철학의 시대가 오고 있음을, 미토스mythos의 세계가 가고 로고스logos의 세계가 다가오고 있음을 상징적으로 보여주고 있습니다. 이것이야말로 '무엇이 어떠하다/무엇이 어찌한다'는 형용사, 동사의 주관적 묘사, 행동서사의 시대가 가고 '무엇이 어찌하다/무엇은 무엇이다'는 개념서사, 설명의 세계가 다가왔음을 드러내는 단서가 아니고 무엇이겠습니까. 이것은 곧 대상을 '물끄러미' 대하고 있는 이성적 인식을 형식적으로 반영하고 있는 언어적 표지입니다. 그리하여 [오디세이아]는 '거대한' 세계로서의 시의, 신의, 동일성의 시대가 막을 내리고, '응축된' 세계로서의 소설의, 인간의, 차이의 시대가 왔음을 알리는 '미적 균열an aesthetic rift'을 상징하는 것입니다.

미국의 고전학자 스탠퍼드는 ([율리시즈 주제]) 오디세우스를 이런 행동으로 몰고 간 동기를 '지적 호기심'이라고 갈파했습니다. 그는 새로운 것을 만나면 그냥 지나치는 법이 없습니다. 선원들이 그렇게 말렸는데도 퀴클롭스의 소굴로 쳐들어가고야 맙니다. 그는 그 괴상한 괴물을 두 눈으로 직접 보아야만 직성이 풀리는 인간이었습니다. 즉 [일리아스]의 아킬레스가 그리스적 감성, 파토스pathos를 상징한다면, [오디세이아]의 오디세우스는 그리스적 이성, 로고스logos를 상징한다고 볼 수 있습니다. 다시 말해 트로이의 명장, 헥토르를 무찌른 아킬레스가 그리스적 영광을 상징하는 '민족'의 영웅이라면, 목숨을 걸고 미지의 세계를 알기 위해 도전하되 살아남아서 그 지식을 자기 것으로 만드는 능력을 보여준 오디세우스는 고전 문명을 이룩한 그리스인의 불굴의 정신을 상징하는 '문명'의 영웅이라고 볼 수 있습니다.

호메로스의 영웅서사시에 나타난 율리시스의 인격적 특징 중의 하나는 특별히 강조해야 할 필요가 있는데, 이것은 그의 다른 영웅들 중에서도 두드러진 개성을 이루는 것으로, 그것은 곧 '지성'이라는 내면적이고 도덕적인 모호함이다. 호메로스의 말대로, 지성은 감정을 절제할 줄 아는 자질이다.

One feature of Ulysses's personality in the Homeric poems will need special emphasis. This is the inherent ethical ambiguity of his distinctive characteristic among the Homeric heroes-which is intelligence. Intelligence, as Homer indicates, is a neutral quality.

– W B. STANFORD, [THE ULYSSES THEME]

소크라테스, 그는 진정 최초의 미학의 창시자다.

그리고 오디세우스로부터 시작된 미적 균열의 세계를 잘 보여준 사람이 바로 '문제적problematic' 철학자 소크라테스입니다.

역사에서 철학의 아버지 하면 소크라테스를 칩니다. 대체 그가 어떤 사람이길래 철학의 아버지가 되었을까요.

철학이라면 기본적으로 번잡한 일상사로부터 한 발짝 뒤로 물러나 있는 세계입니다. 일상사로부터 한 발짝 뒤로 물러나 있기 위해서는 심신이 한가해야 합니다. 여기, 그리스어로 '한가하다'는 말이 바로 스콜레schole입니다. 여기서 오늘의 '학교school'가 나온 것입니다. 중세의 스콜라schola도 여기서 나온 말입니다. 중세 초기 유럽의 학생들은 교회나 수도원에 딸린 '스콜라'에서 공부했습니다. '학파'를 뜻하는 프랑스어 에꼴ecole도, '학교'를 뜻하는 독일어 슐레schule도 모두 여기에 그 기원이 있습니다.

이런 철학도 사실은 경제적 안정의 결과입니다. 그리스 최초로 철학을 꽃피운 고장이 밀레토스라는, 오늘의 터키 서남부 해안지방으로 일찍이 해상무역으로 번영을 누렸기에 탈레스 등 한가해진 철학자들이 나타나 자연의 본질을 탐구하기 시작하면서 철학이라는 인류 최초의 정신적 개화가 가능하였던 것입니다.

소크라테스 철학도 이와 무관치 않습니다. 그는 그리스 해양제국이 최고의 번성을 누리던 시기를 막 지나 기울기 시작할 무렵에 태어난 시장agora의 철학자, 장똘뱅이 철학자, 부르주아 철학자였습니다. 아버지는 석공이고, 어머니는 산파였습니다. 요즘으로 보자면 아버지는 석재공장을, 어머니는 산부인과를 운영하는 집안이었습니다. 아주 잘 살았다고는 할 수 없지만 그리스 최고의 번성기를 막 지난 때였으니 신전 건축 등 일감이 많았을 것이고, 출산율도 높았던 시기였습니다.

그의 수제자 플라톤의 유작을 통해 유추해 보건대, 그는 무료 변론을 했고 매일같이 친구들의 저녁 야회, 디너쇼에 참석하고 있습니다. [향연]은 그 중의 대표적인 사례에 불과합니다. 그만큼 그는 여유 있고 한가한 철학자였다는 뜻입니다.

어디 그런가. 그림(뒷표지 참고)을 보겠습니다. 1655년 브로멘델이라는 화가가 그린 것으로, '소크라테스에게 찬물을 끼얹는 크산티페'라는 유명한 그림입니다. 이 그림이 유명한 이유는 그것이 철학자 소크라테스의 한가한, 건달적 일상을 너무도 훌륭하게 잘 그려냈기 때문입니다. 소크라테스, 그는 이렇게 번잡한 세상사로부터 한 발짝 뒤로 물러나 사물과 인간 등 만물의 본성을 탐구했던 '한가한' 인간이었습니다.

더구나 그는 그리스 최초의 이성철학자로서, '너 자신을 알라'고 외치며 다녔던 자로서, 그의 관심은 인간이었지 자연이 아니었습니다. "나는 자연에 대한 사색과는 전혀 관계가 없습니다."([플라톤, [소크라테스의 변명]). 그렇습니다. 그의 관심이 인간이었다는 거, 이것은 곧 그가 자연철학자가 아니라 이성철학자, 주체철학자였다는 명백한 증거입니다.

이런 그가 이웃집 여인에게, 그것도 저 수밀도처럼 농익은 탐스런 유방에 매료되어 마누라가 "정신차려라, 이 미친 남편아"하고 찬물을 쏟아 붇는 와중에도 하거나 말거나 천하태평으로 안짱다리에 팔베개까지 하고서 대상을 응시하고 있으니…마누라로서는 참으로 미칠 지경입니다. 이런 얼간이가 있나 이거겠지요.

그러나, 그는 결코 얼간이가 아니었습니다. 그는 세계 4대 성인 그룹에 당당하게 이름을 올린 자로서 종교적 시조가 아닌 자로서 유일하게 성인으로 불리는 사람입니다. 그런 그가 지금 한 여자에게 '집중'하고 있습니다. 모을 집集, 가운데 중中...그렇습니다. 철학은 우선 이렇게 정신을 한곳에 모으는 일입니다. 즉 그는 지금 '이 여자가, 아니 이 탐스런 유방이 왜 나를 이렇게 매혹시키고 있지, 아니 그보다 대체 매혹이라는 게 머지...'

나는 갑자기 '몰두沒頭'라는 말이 떠오릅니다. 빠질 몰, 머리 두...진드기란 놈이 그렇습니다. 어릴 적에 강아지 겨드랑이에 붙어있던 진드기란 놈, 그놈이 강아지 살을 파먹느라 어찌나 진득하게 살 속을 파고 들었는지 핀셋으로 조심스레 짚어내도 잘 빠지지 않고 버티다가 끝내 몸과 머리가 떨어져나간 진드기...

그렇습니다. 소크라테스는 참으로 진드기 같은 철학자가 아닐 수 없습니다. 핀셋 같은 마누라가 정신 차리라고 찬물을 퍼부어대도 끄덕하지 않고 자신의 할 일에 몰두하고 있으니 말입니다. 위천하자 불고 가사爲天下者 不顧家事인가요, 그는 참 죽음 이외에는 그 누구도 어찌할 수 없는 인물이었던 모양입니다.

그런 그는 지금 이웃집 여자의 유방을 응시하면서 미의 본질을 사유하고 있는 것입니다. 그러니 마누라가 대수이겠습니까. 그러나 여기, 이렇게 이미지에 빠진 어린이처럼 대상에 매몰되지 않고 하나의 대상, 오브제를 객관시켜서, 즉 한 발 뒤로 물러서서 '물끄러미' 바라보는 순간, 그렇습니다. 여기 이렇게 소크라테스가 미를 '미 그 자체'로 온전하게 바라보고 사유하기 시작하는 순간, 바로 그 순간에 인류 최초의 형이상학이라는 미학의 꽃이 화려하게 개화하기 시작했던 것입니다. 소크라테스, 그는 진정 철학의 아버지이자 미학의 시조입니다.

세계사는 또 하나의 문제사다.

하나의 대상이 미가 될 수 있었던 것은 이렇게 그 대상을 객화시켰기 때문입니다. 즉 대상에 미혹되지 않고 그 대상을 온전하게 바라볼 수 있을 때에, 움직이는 대상을 고정된 실체로, 명사로 대할 수 있을 때에 비로소 대상의 본질이 드러나는 것입니다. 시가, 묘사가, 형용사의, 동사의 세계라면 철학은 서술의, 명사의, 개념의 세계입니다. 이런 의미에서 볼 때, 소크라테스는 대상을 대상 그 자체로 볼 줄 아는 '미적 거리두기aesthetic distancing'라는 노트럴한 사유를 이끌어 낸 인류 최초의 철학적 선구자라 아니할 수 없습니다.

물론 그 이전에도 선구자가 없던 것은 아닙니다. 하나의 선구로서 지적 호기심에 가득찼던 오디세우스가 있었고, 신의 계통을 밝혀([신통기]) 세계의 질서를 정리한 시인 헤로도토스가 있었으며, 자연의 본질을 알고자 했던 탈레스, 헤라클레이토스 등 자연철학자들이 있었고, 그와 같은 시대 모든 역사의 비밀을 '탐구history'하고자 했던 헤로도토스도 있었습니다.

But what we should know about Socrates is the fact that he is a very 'problematic' philosopher.

그러나 우리가 소크라테스에 대해 알아야만 하는 것은, 그가 매우 '문제적인' 철학자였다는 사실입니다.

그는 철학사상 가장 문제적인 철학자였습니다. 그가 문제적이었다는 것은 단순히 이웃집 여자를 탐해서가 아닙니다. 그가 문제적이었던 가장 큰 이유는 그가 철학의 대명사였기 때문입니다. 철학의 본질은 질문에 있습니다. 철학의 역사상 그만큼 끈질기고 지독하게, 진드기처럼 진득하게 질문을 던진 철학자는 아마 없을 것입니다. 질문의 본질은 앎의 욕구를 충족시키는데 있습니다. 이건 일종의 서사적 본능 같은 것입니다. 인간에게는 모든 것을 근본적으로 알고 싶어 하는 본능적인 지적 욕구가 있습니다. 이런 의미에서 볼 때, 그는 최초의 전문적인 이야기꾼이었습니다.

이야기, 산문정신의 본질은 합리적 비판에 있습니다. 바로 여기에 문제적 철학자의 죽음이 예고되어 있다는 거, 이것은 대단히 중요한 문제입니다. 그렇지 않아도 평소 말이 많고 잘난 체하며 시건방을 떤다고 그를 시기한 친구들이 델포이 신전으로 몰려갔습니다. 아테네에서 가장 똑똑한 자가 누구인지 권위 있는 사제에게 물어본 결과, 소크라테스가 가장 똑똑하다는 신탁이 내렸습니다. 그러나 소크라테스 자신은 믿을 수 없었습니다. 그는 다만 자기가 아무것도 모른다는 것을 안다는, 이른바 '무지의 지'를 간직한 겸손한 철학자라고 생각했을 뿐입니다. 그러면서 그는 현자들을 찾아다녔습니다. 그러나 그는 금방 알아챘습니다. 그들은 정확하지 않다는 것을...

그는 항상 물었습니다. "당신은 진실을 말하고 있습니까?"

그러자 시인들은 크게 당황하였습니다. 왜냐하면 시인들은 당시 신전 주변을 맴도는 사제들로서 대부분이 맹인이었고 구전되는 신화와 서사시를 전수하는 맹목적인 전수자들이었지 창작자가 아니었습니다. 즉 그들이 음송하는 시가 진실인지와는 거리가 있던 것입니다. 그들이 신탁의 일을 보기도 했는데, 사실 신탁에서 내려진 말들은 권력자의 매수에 의한 담합의 결과라는 게 헤로도토스의 [역사]에 무수히 나옵니다. 거짓 신화mythologies가 이렇게 해서 등장하는 것입니다. 영어에 'delphic'이라는 말이 있습니다. '모호하다'는 뜻입니다. 이 말은 본래 델포이 신전에서 행해지는 신탁이 분명하지 않은데서 나온 말입니다. '너 자신을 알라'는 격언도 원래는 델포이 신전의 열주에 걸려 있던 말로 이것 또한 모호한 말입니다. 소크라테스는 이 말을 인간을 이해하는 모토로 재해석했습니다. 그리하여 그는 내면에 항상 '너는 누구냐?', '너는 무엇을 아느냐?' 하고 묻고는 이 물음을 아테네의 현자들에게도 적용해 보았던 것입니다.

그러나 그 어떤 현자들도 그 앞에서는 제대로 답변하지 못했습니다. 그가 궁극의, 그 누구도 답변할 수 없는 형이상학적 지식을 물었기 때문입니다. 그리하여 그는 어느새 아테네의 현자들-정치가, 학자, 시인-의 적이 되었습니다. 그런 그가 결국 그리스 신을 믿지 않고, 젊은 이들을 타락시켰다는 죄로 고발되었습니다. 여기서 우리는 이것이 결코 단순한 고발이 아니라는 것을 알 수 있습니다.

우선, 눈여겨 볼 것은 그를 고발한 사람이 정치가와 시인이었다는 점입니다-이것은 기본적으로 시와 정치, 그러니까 제정이 일치하던 시대를 말하고 있습니다-정치인의 입장에서 볼 때, 시인이 자신들의 정치적 메시지를 고분고분하게 어린이처럼 노래하는 순진한 사람들이라면, 소크라테스는 매사에 시시콜콜 따지고 덤벼드는 귀찮은 등에 같은 이야기꾼이었단 점입니다. 여기서 우리는 시와 소설, 노래와 이야기에는 그 하나로 메울 수 없는 어떤 인식의 간극이 있음을 간파하게 됩니다. 바로 여기서 우리는 세계사를 문체사로 볼 수 있는 하나의 극적인 갈등의 사례를 보고 있는 것입니다.

시와 소설, 노래와 이야기 또는 '묘사'와 '서술'이 문제가 되고 있는 것은 형식이라는 게 단순한 양식의, 스타일의 문제가 아니기 때문입니다. 루카치([영혼과 형식], 심설당)의 말대로, 형식은 하나의 세계관이고, 하나의 입장이며, 형식은 또한 그것이 생겨나는 바의 삶에 대해 갖는 일종의 태도표명입니다.

중간 정리를 해보자면, 고중세는 나보다 대상이 더 크게 보였던, '극적'으로 인식된 거대한 이미지의 세상이고, 근대는 대상보다 내가 더 크게 인식된, '서사적으로' 응축된 개념의 세계였습니다.

근대는 묘사와 서술의 자의적 분리에 기초해 있다.

자, 그리고 여기 사실과 가치, 묘사와 서술의 분리를 명료하고도 매혹적으로 잘 드러낸 작가로 우리는 그 유명한 [마담 보바리]의 작가 플로베르를 들 수 있습니다.

1, 우리가 자습실에서 공부를 하고 있으려니까 교장 선생님께서 어떤 평복 차림의 신입생과 큰 책상을 든 사환을 데리고 들어오셨다. 졸고 있던 아이들

이 깨어났고, 각자 정신없이 공부를 하다가 깜짝 놀랐다는 듯이 자리에서 일어났다.

  교장 선생님께서는 우리들에게 다시 자리에 앉으라고 손짓을 하셨다. 그리고 자습교사 쪽으로 돌아서서 "로제 씨"하고 나직이 말씀하셨다.

  "여기 이 학생을 좀 부탁해요. 중등반 2학년에 들어왔습니다. 하지만 학업과 품행을 보아서 양호하면 제 나이에 맞는 상급반으로 올려주지요"

2, 출입문 뒤 모퉁이에 서 있어서 눈에 잘 보이지도 않는 그 신입생은 열댓 살가량 되어 보이는 시골뜨기로, 키는 우리들 중 그 누구보다도 컸다. 머리를 이마 위로 가지런하게 잘라서 촌동네 성가단원 같았고 얌전하면서도 매우 거북해하는 표정이었다. 어깨가 넓은 것도 아니었는데 까만색 단추들을 단 녹색천의 정장 저고리는 겨드랑이께가 거북살스러운 모양이었고 소매끝 솔기 사이로는 언제나 맨살을 내놓고 지내 버릇해서 뻘개진 양 손목이 드러나 보였다. 멜빵에 당겨 덜렁 들린 누런 바지 밑으로 청색 긴 양말을 신은 두 다리가 나와 있었다. 그는 징을 박아서 튼튼해 보이기는 하나 제대로 닦지 않은 구두를 신고 있었다.

여기, 1은 묘사이고, 2는 서술입니다. 즉 1은 간접 제시이고, 2는 직접 서술입니다. 이렇게 묘사와 서술이 분리되어 있다는 것은 말과 사물이 미신적으로 융합되었던 고대와는 영 딴판인 것입니다. 고대시라면 단순하게 묘사로, 사실로 끝나고 말 것을 이어서 서술이, 가치가 등장하고 있습니다. 즉 근대 소설은 근대의 주역인 인간의 개입을 중시하는 양식인 만큼 서술이, 말하기가 중요한 형식으로 자리 잡고 있습니다. 그러면서 그는 단순한 학생이 아닌 하나의 '시골뜨기'로 평가되고 있습니다. 이때 부르주아 독자들은 작가의 분신인 서술자가 서술한 시골뜨기를 보면서 차별의식을, 아니 우월의식을 느낄 수 있다는 거, 더구나 자신의 분신과도 같은 아름다운 여신 엠마가 수도원에서 보았던 연애소설에 빠져 헤어 나오지 못하고 간통을 일삼다가 미끄러져 끝내 자살하고 마는 줄거리를 추체험하면서 한때 말과 사물의 그 미신적 융합에 빠지고 말았던 자신들의 경험을 간접화하고 객화시키면서, 즉 미숙한 어린아이가 철없던 시절에서 빠져나오는 것과 같이, 맹목적 사실이라는 마법의 세계에서 벗어날 수 있게 되는 것입니다. 바로 여기에 근대 부르주아 소설의 위상학을 엿볼 수 있는 것입니다.

소설은 근대 부르주아의 계몽 백과사전이다

여기, 사실과 가치, 묘사와 서술의 분리를 통해 우리가 확인할 수 있는 것은 모든 것은 인간이 만든 상대적 가치에 의해 린네적으로 분류되고 있다는 점입니다. 즉 모든 것은 명사적 판단의 대상인 지식으로 분류, 평가되면서 인간의 시야에 들어오게 됩니다. 그리하여 피정의항(신입생)은 인간이 형성해 만든 정의항(시골뜨기)보다 클 수 없는 세계인식, 이렇게 자연을 포함한 모든 대상은 부르주아가 '자의적으로' 만든 언어로 분류가능하다는 오만한 인식은 근대인식론의 기본입니다. 그리하여 "앎이야말로 소설의 유일한 모럴인 것이다"라는 밀란 쿤데라의 말([소설의 기술], 민음사)처럼, 소설의 독자는 [마담 보바리]를 읽으면서 '환상은 환멸을 가져온다'는 귀납적 지식을 얻게 되는 것입니다. 즉 소설은 근대 계몽적 부르주아 지식인들의 백과사전인 셈입니다.

그리하여 '물의 요정, 세이렌이 노래하고 있다'는 묘사는 '물은 수소와 산소의 화학적 결합물'이라는 서술로 대체되었습니다. 그러나 그 것은 매우 객관적인 지식임에도 불구하고 생명이 거세된 주관적이고 자의적인 가치판단입니다. 어쨌거나 이를 학문적으로 잘 정리한 언어학자가 근대 언어학의 태두 소쉬르입니다. 그는 유명한 [일반언어학 강의]에서 이렇게 말했습니다.

언어는 형태이지 실체가 아니다
language is a form not a substance

이건 대단히 혁명적인 선언입니다. 언어는 그동안 그 고대적 심급으로 실체적 성격을 지녀왔는데, 이는 하나의 신화에 불과하다는 것입니다. 즉 언어는 결코 실체로서 어떤 사실을 반영할 수 없고 자의적인 형태에 불과하다는 것입니다. 이는 언어에 자율성을 부여한 것입니다. 이걸 미학에 적용하면 '미적 자율성'이 되는 것이고, 문예사조 상으로는 '모더니즘moderism'이 되는 것입니다. 라틴어 '모데르누스modernus'는 새로운 것을 뜻하는 것으로, 모더니즘은 이렇게 기존의 언어관에 일대 혁명을 가져온 것입니다. 가령, 모더니스트 시인 엘리어트는

"사월은 가장 잔인한 달"('황무지')

이라고 해서 충격을 주고 있습니다. 이것은 '사월은 씨뿌리는 달'이라는 고중세의 농본적 리얼리즘보다는 근대의 도시적 모더니즘인 것입니다. 그러나 이건 매우 자의적인 표현으로 전율할만한 인식입니다. 부르주아 개인주의의 발로라 아니할 수 없는 이런 자유로운 사고에

우리가 매우 신선한 모던적 감각을 느끼는 것도 어느 정도는 사실입니다. 이것은 사실의 세계이기보다는 가치의, 해석의 세계에 가까운 것입니다.

모더니즘은 가치 상대주의에 기초해 있다

그러나 모더니즘의 세계인식은 자의적이고 주관적이라는 한계를 지니고 있습니다. 모더니즘 시가 자주 몽롱한 관념에 빠지고 난해하다는 비아냥을 견뎌야 하는 이유도 바로 여기, 자의적 주관성에 있는 것입니다. 사실에서 멀어지면 멀어질수록 언어는 그만큼 미로의 늪에 빠지게 되는 것입니다.

물론 묘사와 서술, 보여주기와 말하기, 곧 사실과 가치를 분리한 것은 말과 사물이 미신적으로 일치한다고 보던 고중세의 인식에 대한 근대의 명료한 과학적이고 노트럴한 인식의 결과입니다. 즉 근대 부르주아는 묘사적으로 보여주기 성격을 지닌 사실의 세계를 서술적인 말하기라는 가치로 물끄러미 내려다 볼 수 있는 위치에 선 우월한 자라는 인식이 자신들의 세계라는 것을 알 수 있었고, 이를 형식화한 양식이 바로 소설인 것입니다. 그리하여 소설은 근대의 경전이자 부르주아의 백과사전인 것입니다. 바로 여기에서 우리는 또한 왜 소설이 현실도피적인 요소를 지닌 역사적 형식인지를 알 수 있습니다. 즉 시가 집단의 기억을 일깨우면서 그들을 하나로 결합시키는 매우 '공리적인' 형식을 지닌 고대 부족의 양식이라면, 소설은 부르주아 개인의 고독과 현실도피 심리를 양식화한 매우 '관념적인' 양식인 것입니다. 즉 소설은 근대 이성의 형이상학입니다.

언어는 텍스트이지 실체도 형태도 아니다

자, 여기서 우리는 근대 이성(주체)철학의 비조이자 소설의 시조인 소크라테스가 왜 문제가 되고 있는지 볼 필요가 있습니다.

먼저, 최재목의 시 '늪'을 보겠습니다.

온갖 잡것들과 함께 지낸다, 슬픔에서도 물러나 기쁨에서도 물러나, 늪은 노래한다, 이 기막히고도 알 수 없는 일들이 물밑에서 아니 물위에서, 자라다 쓰러지고 쓰러지다 일어서서 노래하는 그 곳, 일렁거리다, 인간도, 벌레도, 미래도, 희망도 저 속에 잠들 것이다, 상처투성이 푸른 땅의 자궁, 개구리들의 모성母性이 보이고, 벌레들의 정액, 풀들의 교미가 보이고, 뼈와 흙과, 돌과 풀과, 사람과 함께 늪은 고뇌한다, 도시가 흘러 들어오고, 기술의 나사 튕겨 나오고 과학의 잔재들, 폐차들 쌓여 썩는다, 이성理性의 고름과 눈물, 퇴직한 인간들의 명패, 물은 온갖 쇠붙이에 달라붙어 살을 뜯어먹는다, 지극히 합리적인 그대들의 시간들, 우둔하고 흐리게 잊혀진다, 온갖 잡것들, 진보한다 그리고 퇴보한다, 아니다 그런 것은 없다, 이것도 저것도, 저것도 이것도 아니다, 아닌 것도 아니다, 또 아니다, 아닐까, 그럴까 하면서, 드디어 늪은 맑은 노래 흘러 보낸다, 우 우 우, 갈 숲의 건반을 두드리며 새들이 몰려올 때 낮아지거나 높아지거나 혹은 숨으면서 노래하는 늪, 풀들은 기억하고 있다 그 악보를, 자생하는 풀숲과 진흙의 발을 서로 딛고 오르내리는 물의 음계, 늪의 지성知性, 온몸을 부비며, 아름다운 화음和音으로 연대한 공생과 자치의 터

탈근대, 포스트모더니즘은 망치를 든 철학자 니체로부터, 그의 처녀작 [비극의 탄생]에서 태어났습니다. 이 망치를 든 근대철학의 전복자

니체가 망치를 내려 친 대상은 다름 아닌 거물철학자 소크라테스였습니다. 거물은 거물과 싸우는 것인가.

- 근대 철학의 전복자, 니체

여기, '주체의 죽음'이라고 말하는 탈근대 철학의, 특히 프랑스 철학자들의 은사, 니체를 보겠습니다. 니체...그의 밑에서 푸코, 데리다, 들뢰즈, 라캉 등 탈근대 철학이라는 수많은 개구리알들이 쏟아졌습니다. 그리하여 개굴! 개굴! 우리가 만일 합리적 이성이라 자임한다면 우리는 모두 소크라테스의 자손일테고, 우리가 또 만일 감성과 욕망, 그리고 서사적 의지를 중시하는 인간이라면 우리는 모두 니체의 에피고네들일 것입니다.

어디 그런가. 뜬 풀을 걷어 내고 작품 속을 들여다 보겠습니다.

우선, 제목부터. [비극의 탄생], 이 말은 그동안 비극이 죽어 있었다는 것을 전제합니다. 바로 소크라테스주의로 상징되는 과학적 세계에 의해 비극적 세계가 숨도 못 쉬고 있었음을 암시합니다. 최재목의 시, '늪'에서 인간, 벌레, 미래, 희망, 도시, 기술의 나사, 과학의 잔재들, 폐차들은 바로 소크라테스주의를 상징하는 이미지들입니다. 즉 소크라테스주의는 비극의 적대자입니다. 그렇다면 비극은 무엇인가. 여기서, 비극은 그리스의 디오니소스신으로 상징되는 신화의, 시의, 생명의, 통합의 세계를 암시합니다. 시에서 늪과 함께 고뇌하는 상처투성이 푸른 땅의 자궁, 개구리들의 모성母性, 벌레들의 정액, 풀들의 교미, 뼈와 흙과, 돌과 풀과, 사람이 모두 비극적 세계를 암시하는 기표들입니다. 즉 여기서, 비극은 소크라테스적 이성과 대립되는 그리스적 신화의 세계를 말합니다. 이성의 세계가 개별자를 대표한다면, 신화의 세계는 전체를 상징합니다. 곧 철학이 대상과의 균열을 나타낸다면, 시는 대상과의 합일을 드러내는 코노테이션입니다. 여기, 그리스적 신화가, 시가, 비극이 갖는 통합을 설파하는 그의 주장에는 계보학적으로 볼 때, 후일 푸코가 말하는([광기와 문명]) 디오니소스적 광기가 들어 있고, 들뢰즈가 말하는([천 개의 고원]) 영원회귀로서의 차이와 반복, 탈영토 개념이 예고되어 있습니다.

이 작품에서 근본적으로 주목되고 있는 것은 이성의 세계와 신화의 세계의 대결입니다. 여기, 신화의 세계가 시에 닿아 있다면, 이성의 세계는 소설에 닿아 있습니다.

"우리는 소크라테스가 유일한 문학장르로 어떤 것을 눈여겨 보았는지 알고 있다. 그것은 바로 이솝의 우화다."(14장)

즉 소크라테스의 세계는 고대 이야기인 우화, 오늘의 소설의 세계를 지향했다는 것입니다. 시가 동화同化의 언어, 비유를 통해 대상과의 만남을 말하는 고대적 양식이라면, 소설은 이화異化의 언어, 개념을 통해 대상을 찢으면서 하나의 개념적 영토를 배타적으로 설정하는 양식입니다. 즉 소설의 세계는 귀납적 일반화를 통해 현상을 일정한 분류와 차이의 세계로 인식하는 부르주아적 멘탈리티를 보여주는 근대의 양식입니다. 다시 말해 시, 비유가 전체를 구성한다면, 소설, 개념은 개별을 의식합니다.

이렇게 시와 소설의 세계 인식의 차이는 극단적으로 소크라테스-플라톤에 의해([국가]) 시인추방론으로 이어지기도 했습니다. 그는 말했습니다. "플라톤 대 호메로스, 이것이야말로 완전하고 진정한 적대관계이다-전자는 최선의 의지를 지닌 '저편 세계의 인간'이자 삶의 위대한 비방자이고, 후자는 뜻하지 않은 삶의 숭배자이자 금빛 자연이다."([도덕의 계보학])라고. 여기서 우리는 그를 통해 호메로스-소크라테스, 플라톤-니체로 이어지고 있는 서양의 거대한 지적 계보라는 지성의 산맥을 오르고 있는 것입니다. 그리하여 자연(전근대)에서 인간(근대), 다시 자연(탈근대)으로 회귀하는 새로운 문명적 전환의 코드를 확인할 수 있는 것입니다. 어찌되었든 그는 소크라테스로 상징되는 이성주의에 반기를 들었습니다. 소크라테스는 하나의 우상([우상의 황혼])이었다는 것입니다.

"우리 근대 세계는 알렉산드리아적 문명의 그물망에 걸려 있으며 최고의 지적 능력으로 무장하여 학문에 복무하는 이론적 인간을 이상형으로 간주한다. 그 원형이자 원조는 소크라테스다."(18장)

이런 소크라테스에 대해 니체는, 그를 "커다란 외눈을 한 퀴크롭스라는 괴물"에 비유하기도 하고, "독재적 합리주의자"라며 힐난하기도 하며, "비극적 세계관에 맞선 최고의 적대자"라며 그 대적 의식을 분명히 하고 있음을 볼 수 있습니다.

다시 위 시에서 볼 때, "이성理性의 고름과 눈물", "퇴직한 인간들의 명패", "물에 뜯어 먹히고 있는 온갖 쇠붙이들", "우둔하고 흐리게 잊혀지는 지극히 합리적인 그대들의 시간들", 그리고 "진보하기도 하나 퇴보하는 온갖 잡것들"이 이에 해당합니다.

이렇게 그는 근대의 이성적 세계에 대한 적대감을 분명히 드러내면서 소크라테스가 경멸해 마지않았던 신화의 세계를 다시 불러들입니다. 바로 거기에 그가 꿈꾸는 독일정신이, 비극이 갖는 위대한 힘으로서의 신화의 힘이 있다고 보았기 때문입니다. 바로 여기서 우리는 니체가 독일의 우익 민족주의에 기반한 나찌정권을 옹호했다는 혐의를 받는 이유를 봅니다. 다른 한편으로 보건대, 여기에는 또한 당시 사분오열되어 있던 독일의 내적 '통합'에 대한 지식인의 사회적 책임과 사명이라는 문맥을 생각해 볼 수 있습니다. 즉 그는 고대 희랍의 강물에서 독일정신의 부활이라는 희망을 길어 올렸다고 볼 수 있습니다.

"신화가 없었다면 모든 문명은 자신의 건강하고 창조적인 능력을 상실했을 것이니 신화를 갖춘 지평이 열리고서야 비로소 문명 전체는 통일성을 향해 움직일 수 있었다."(23장)

그렇다면 오늘 자연파괴라는 문명의 신음을 앓고 있는 우리들에게 니체가 던져주는 메시지는 무엇일까요.

"과학정신이라는 것이 소크라테스라는 인물을 통해 처음으로 세상에 드러난 신앙으로서 자연의 규명가능성에 대한 그리고 앎의 보편치유력에 대한 신앙이라고 이해하게 되었다."(17장)

즉, 우리는 '소크라테스주의'로 상징되는 고대 그리스 이래 서양철학에 면면히 이어오던 이성에 대한 비판을 통해 그동안 이성에 의해 짓눌려진 감성과 순수한 욕망, 그리고 심미적 의식이 회복될 수 있는 단초를 그에게서 봅니다. 그리하여 여기,

"드디어 늪은 맑은 노래 흘러 보낸다, 우 우 우, 갈 숲의 건반을 두드리며 새들이 몰려올 때 낮아지거나 높아지거나 혹은 숨으면서 노래하는 늪, 풀들은 기억하고 있다 그 악보를, 자생하는 풀숲과 진흙의 발을 서로 딛고 오르내리는 물의 음계, 늪의 지성知性, 온몸을 부비며, 아름다운 화음和音으로 연대한 공생과 자치의 터"

즉, 여기서 우리는 그 신화적 의인화를 통해, 늪의 정령이 맑은 노래를 흘려보내고 아름다운 생명의 모신이 살아 숨 쉬고 있는 '유기적 organic' 자연관을 마주합니다. 그리하여 다시 여기, 늪에는 근대의 시체, '이성의 고름과 눈물, 퇴직한 인간들의 명패'가 아니라 생명의 이미지들이 저마다 눈을 뜨고 '맑은 노래를 흘려보내고 있'습니다. 즉 늪은 단순한 기호가 아니라 새로운 의미를 담고 있는 기호입니다. 늪은 죽은 지시체, '물은 H20' 가 아니라 새로운 의미체, '물은 여신'입니다. 다시 말해 늪은 다종의 모체들이 생명의 첫눈을 뜨기 시작하

는 시원의 공간, 모든 생명체의 태반matrix입니다. 즉 모든 물상들은 늪의 이미지를 통해 재생합니다. 여기 이 시원적 상상력an originary imagination이라는 새로운 현상 속에서 새로운 만남, 새로운 의미가 탄생합니다. 바로 그곳에서 물의 음계가 오르내리며 노래하고 늪의 지성이 온몸을 부벼대기 시작합니다. 그리하여 이미지는 죽음의 법칙을 깨부숩니다. 이미지는 처녀입니다. 왜냐하면 탈근대철학의 비조 니체에 따르면, 근대 이성철학의 원조 소크라테스는 죽은 개에 지나지 않고, 다만 "소크라테스적 인간이 횡행하던 시대는 지나갔(20장)"기 때문입니다.

사실과 가치는 '별개'가 아니라 '결부'되어 있다

자, 이제야 비로소 우리는 사실은 가치를 돌아볼 필요가 있고, 가치 또한 사실을 돌아볼 필요가 있음을 보게 됩니다. 즉 사실도 완전한 것이라 볼 수 없고, 가치 또한 완전한 것이라 볼 수 없기 때문입니다. 그리하여 사실과 가치는 '별개'의 세계가 아니라 '결부'의 세계라는 새로운 인식이 필요합니다.

과연 그럴까요. 근대 철학을 종합한 칸트([순수이성비판])의 말을 보 것습니다.

"내용 없는 사상들은 공허하고, 개념들 없는 직관들은 맹목적이다."

이는 참으로 중요한 말입니다. '내용 없는 사상들은 공허하다'는 것은 프랑스의 합리주의, 가치 중심의 이성주의를 비판한 것이고, '개념들 없는 직관들은 맹목적이다'는 영국의 경험론, 사실 중심의 실증주의를 비판한 것입니다. 다시 말해 그는 당시 앞서가고 있는 두 선진국들의 철학을 박치기시켜서 독일적인 종합을 이루어낸 것입니다. 이것이야말로 철학적 쾌거가 아닐 수 없습니다. 이렇게 주어진 상황을 읽고 이를 재구, 통합하는 능력은 지금 우리에게 매우 중요한 덕목입니다.

이런 칸트([판단력비판])가 논리판단뿐 아니라 심미판단을 중시하고, '공통감common sense'을 말한 것을 눈여겨 볼 필요가 있습니다. 왜냐하면 바로 여기에 세계에 통하는 범용적 보편성이 문제되기 때문입니다. 특히, 전자매체의 등장과 함께 근대적 지식에서 해방되고 가상공간에서의 자유로운 사회적 소통이 더욱 중요해진 시대에 감성뿐만 아니라 공감이라는 심미적 요소가 중요한 이유가 여기에 있습니다.

이때, 중요한 것은 철학뿐만 아니라 기호의 생산도 사실만으로 될 수 없고, 마찬가지로 가치만으로도 이루어 질수 없다는 자각입니다. 밀가루와 빵의 관계처럼, 우리는 밀가루라는 사실만으로 만족할 수 없고, 또 그렇다고 밀가루라는 사실을 부정할 수도 없는 것입니다. 이런 일련의 사실들은 텍스트에 대한 새로운 인식을 갖게 합니다. 잘 알다시피, 텍스트text는 직물을 말합니다. 모든 것이 그렇듯이, 사실(씨줄)만으로도 안 되고 가치(날줄)만으로도 안 된다는 것은 우리 인간이 텍스트적인, 즉 직물적 존재라는 것이고, 이건 사실 매우 창의적인 것이기도 합니다. 그리하여 왜 지금 우리에게 저 고대적인 '미신적' 융합도 아니고 근대적인 '자의적' 분리도 아닌 '창조적' 조합이 필요한 지 알 수 있습니다.

이제까지 보았다시피, 시는 '무엇이 어떠하다'는 사실(소)만으로 된, 보여주기 중심의 고대적 형식입니다. 소설은 이 사실에 '그 무엇은 무엇이다'는 가치를 더한, 말하기 중심의 근대형식입니다. 그러나 시는 사실에, 묘사에 매몰된 모방의 리얼리즘에 갇혀 있고, 소설은 서술에 매몰된 굴절의 모더니즘에 묻혀 있습니다. 시는 너무 사실이라는 불멸의 '실체'에 매여 있고, 소설은 지나치게 가치라는 자의적인 '형태'에 사로잡혀 있습니다. 이것은 전래적으로 시가 고대 귀족의 형식이고, 소설이 근대 부르주아의 형식이라는 사실과 떼어놓을 수 없는 문제입니다.

기호의 생성과 '대중적' 글쓰기

언어가 불멸의 실체(아리스토텔레스)도 아니고 자의적인 형태(소쉬르)도 아니라면 언어는 과연 무엇인가. 나는 이것을 좀 섹시하게(?) 밝혀보려고 합니다.

우선, 하나의 언어가 불멸의 실체가 아니기 위해서는, 즉 언어가 현실을 떠난 형이상학적 실체가 아닌 현실적이고 구체적인 역사적 형성물이 되기 위해서는 우선, 언어는 사물 그 자체가 아니라 하나의 대체물이라는 언어에 대한 과학적 인식이 필요합니다. 또한 언어가 자의적인 형태가 아니기 위해서는 언어는 현실을 떠난 순수한 상태의 진공에서 존재하는 게 아니라 물리적 현실의 매개물이라는 합리적 사고가 필요합니다. 다시 말해 언어에는 당대를 살아가는 대중들의 생생한 삶이 반영된 역사의 '때'가 묻어 있게 마련이고, 시대의 '공기'가 숨 쉬고 있으며, 이데올로기적 '색깔'이 덧칠해져 있다고 보지 않을 수 없습니다.

여기, 하나의 언어가 그 어떤 것을 나타내는 '대체물'이자 '매개물'이 되기 위해서는 '사회적' 합의가 필수적입니다. 가령, 민주주의가 하나의 역사적 산물로 오랜 투쟁의 결과로 얻어 낸 사회적 합의체로 제도이자 이념이자 삶의 양식이 된 것처럼, 또한 정부에서 제아무리 '자장면'을 종용하고 권면하고 시험에 출제하는 등 갖은 강제수단을 다 써 보아도 그 언어를 실제로 운용하는 언중을 설득할 수 없다면 외면되고 마는 이치와 같습니다. 이를 통해 우리는 과연 언어가 하나의 텍스트로서, 씨줄과 날줄이 얽어진 하나의 사회적social 구성물임을 확인합니다.

여기, 내 이름 석자, '김상천金相天'만 하더라도 그렇습니다.

'김金'은 경주김씨를 본관으로 하는 나의 씨족적 유래를 드러내는 패밀리 네임familiy name, 성姓입니다. 이것은 과연 나를 구성하는 씨줄이라 할 수 있습니다. 벗어날 수 없는 나의 정체성의 한쪽입니다. 그러나 이것만이 전부가 아닙니다. 씨족적 단위가 하나의 집단을, 절대적 복종을 암시하는 권위적인 기호라면, 여기 '상천相天'이라는 이름은 하나의 개인으로서의 나의 정체성을 구성하는, 하나의 종족의 산물이자 동시에 새로운 나를 구성하는 대체물이자 매개물로서 퍼스널 네임personal name에 해당합니다. '즉' 나라는 존재는 집단과 개인이라는 씨줄과 날줄의 '사회적' 결합체로서 현실적으로 분명 '김상천'임에 틀림없습니다.

그러나 현실적으로 볼 때, '김상천'이라는 이름은 불변하는 실체도 아니고 고정된 형태도 아닙니다. 나는 다양한 국면과 상황에 직면하면서, '나'라는 존재는 하나의 씨줄과 날줄이 만나 이루어진 하나의 씨줄로 또 다른 국면과 상황이라는 날줄을 만나면서 나는 어디론가 끊임없이 흘러가고 있는 강물일 뿐입니다. 나는 성년이 되면서 스승님에게 '문중文仲'이라는 자字를 받았습니다. 전근대적인 발상이 깔린 제자 방식이었습니다. 그러다가 '돌쇠'라는 자칭 타칭의 호號를 갖게 되었습니다. 물불을 가리지 않고 저돌적으로 살아가야 했던 젊은 날의, 근대의 이미지가 박혀있습니다. 그러다가 어느 때인가부터 나의 호는 다시 '늘샘'이 되었습니다. 스스로 지었습니다. 변화된 사회에서 창의적이고 주도적으로 살아가기 위해서는 늘 샘솟는 아이디어가 중요하다는 포스트모던한 인식이 반영된 결과입니다.

이건 대단히 중요한 인식의 전환이자, 이런 인식의 래디칼한 전환을 가능하게 하는 것이 바로 해석이고 평가이자 하나의 공통된 의지의 세계이자 창조의 세계입니다.

"해석하기는 사물에 어떤 의미를 부여하는 힘을 결정하는 것이다. 평가하기는 사물에 어떤 가치를 부여하는 권력의지를 결정하는 것이다."

- 질 들뢰즈, [니체와 철학], 민음사

여기, 인간이 사실과 가치를 활용하여 창조적 정보지를 생산할 수 있다는 것은 인간이 매우 서사적인 존재임을 암시합니다.

나는 이야기한다, 고로 존재한다
I talk, therefore I am

우리 내부에는 '이야기'라는 오랜 인류의 서사적 문화유전자the genes of narrative culture가 살아 숨을 쉬고 있습니다. 인간은 이성적 동물이다. 사회적 존재다. 유희적 존재다 등등 다양한 정의가 있지만 사실은 인간은 이야기라는 매개를 통해 존재한다는 말에 불과합니다. 즉 인간은 언어적으로 소통하고, 이성적으로 사고하며, 사회적으로 친교를 맺고, 그리고 유희를 즐기기기 위해서는 언어라는 이야기로 된 게임의 법칙을 알아야 합니다. 이야기, 서사는 인간의 본질입니다. 그러니 인간을 말하고자 함에 있어서 이야기를 빼놓을 수는 없습니다. 프랑스의 문화기호학자 롤랑 바르트('이야기의 구조적 분석 입문', [구조주의와 문학비평], 홍성사)의 말대로, 이 세상의 이야기는 그 수를 헤아릴 수 없을 정도로 많습니다. 그리하여 이야기는 신화 속에 현전하기도 하고,...콩트 속에도 있고, 단편 소설 속에도 있고, 서사시 속에도 있고, 역사 속에도 있고, 일상적인 대화에도 있는 것입니다.

이야기!

우리는 지금 서사 혁명의 시대에 살고 있습니다. 박근혜의 절친 confidante 최순실의 태블릿 pc 연설문 대필 의혹이 제기되면서 시작된 광화문 촛불 혁명, 대통령의 탄핵과 구속, 새로운 대통령의 선출 등 나라 만들기nation building까지...이 전대미문의 엄청난 혁명의 불은 뉴스라는 미디어에서, '대통령의 연설문은 대필되었다'는 작은 이야기 폭탄, 서사(소)에서 시작된 것입니다.

서사, 이야기는 이제 일상이 되었습니다. 서사는 대중들이 살아가며 겪는 이야기, 투쟁서사가 되었으며, 대중들의 욕망과 갈망을 드러내는 서사기호가 되었고, 대중들의 꿈과 희망이 섞인 이데올로기 담론이 되었습니다. 내 인생도 중요했다며 '자전서사'를 쓰는가 하면, 마을 단위로 소식지를 내고 마을 만들기 계획서를 만드는 등 '마을서사'도 꿈틀거리고 있습니다. 즉 우리는 지금 온통 이야기라는 서사의 그물망에 갇혀 있다고 해도 과언이 아닌 세상에 살고 있는 것입니다.

이런 서사는 단순한 모방에 그치는 것도 아니고, 서사는 또한 자의적인 소동에 그치는 것만도 아닙니다. 서사는 현실을 재구하고 창조합니다. 즉 서사에는 구성력, 형성력이 있습니다. 대중들의 수다, 잡담, 쑥덕공론, 혹은 소문 등은 긍정이든 부정이든 현실을 재구, 창조하면서 역사의 강물은 그 어딘가로 흘러갑니다.

그리하여 서사는 하나의 가능성입니다. 가령,

으스스한 어느 겨울날이었다.
It was a bleak winter's day

이걸 어디로 끌고 갈지는 순전히 글쓴이의 맴입니다.

여기, 그 누군가가 던진 서사망에 갇히지 않고 이 서사적 현실을 주도하기 위해서는 나만의 '**서사전략**narrative strategy'이 필요합니다. 비근한 사례로 세계적인 커피 브랜드, 스타벅스를 들 수 있습니다. 스타벅스는 어떻게 만들어졌는가. 거기에 바로 현대의 서사로서의 스토리텔링이라는 연금술이 있습니다. 즉 스타벅스는 그리스 요정siren 신화와 멜빌의 [백경]에 나오는 침착하고 빈틈없으며, 용의주도한 일등 항해사 스타벅스와의 화학적인 이미지 결합에서 탄생했습니다. 바로, 여기에 이성음료로서의 커피가 현대 도시인들의 복잡하고 까다로운 망탈리티를 사로잡은 기호 생산의 비밀이 있는 것입니다.

요는 이렇게 주어진 자료를 바탕으로 새로운 가능세계를 직조해내는 서사회 능력이 중요하다는 것이고 서사화, 스토리텔링의 핵심은 바로 '**브렌딩**' 기법, **텍스트화** 능력에 있다는 것입니다. 중세의 연금술처럼 비금속을 금속으로 만드는 마법의 힘이 여기에 있는 것입니다. 가령, 맥주에 소주를 섞어 폭탄주를 만들어 마시고 요정과 스타벅스를 결합시키는 것처럼, 이것(사실)과 저것(가치)을 결부시키는 것입니다.

그리하여 우리는 지금 고대 '노예수사학'과 근대 '주체분류학'의 한계를 넘어 '대중서사학pop's narratology'의 탄생을 목전에 두고 있습니다.

지식인의 죽음과 목소리의 귀환

A voice, 목소리가 돌아오고 있습니다. 근대를 대변하는 지식인이 죽고 탈근대의 대중들이 목소리를 높이고 있습니다. 일인 시위에서 수만, 수백만의 대집회까지 지하에서 잠자고 있던 수맥이 용솟음치고 있습니다.

서발턴subaltern의 복귀는 지식인의 죽음을 전제하고 있습니다. 근대는 지식인들의, 계몽적 부르주아의 세계였습니다. 그들이 물적 권력을 얻고 정치적 권력까지 장악하고 얻어낸 것은 지식 권력이었습니다. 그리하여 모든 것은 그 잘난 부르주아적 인식에 따라 나무의 모양처럼 체계적으로 분석, 구분, 분류, 설명되었습니다. 모든 것이 하나의 위계hierarchy를 갖게 되고, 자리를 차지하게 된 것은 이렇게 부르주아적 질서로 설명되어졌기 때문이었습니다.

그러나 이와 동시에 물이 갖고 있는 그 원시적 생명체로서의 고대적 의미와 그 생명이 환기시키고 있는 아름다운 삶에 대한 미적 가치는 볼 수 없게 되었습니다. 다시 말해 분류라는 린네적 체계로 설명가능한 근대세계는 죽음의 서사였지 생명의 서사가 아니었습니다.

그리하여 들뢰즈와 가타리([천 개의 고원])가 '나무라면 진절머리가 난다'며 죽음의 서사로서의 근대적 인식에 염증을 느끼고 반발했던 이유도 여기에 있습니다. 분류 가능하고 설명가능한, 그리하여 지배 가능한 인식체계는 상인들의, 전당포 노파의 수리 체계이기 때문입니다. 근대의 사제, 선생이 학생을 지배하는 방법은 간단합니다.

"야, 너 빵점짜리 이리 나와!"

이런 그들에게 새소리가 들릴 리 만무하고 미소 짓고 있는 꽃이 보일 리가 없을 것이며, 고통에 신음하고 있는 소리를 어찌 들을 수 있것습니까. 다만 숫자에 일희일비하는 물질의 노예만을 확인할 수 있을 뿐입니다.

그리하여 근대인은 이제 정신도 물질도 파산한 신세가 되었습니다. 무엇보다 그 관계가 일방적이기 때문입니다. 설명은 규정입니다. 너는 무엇이고 나는 무엇이고...이는 자연을 지배하기 시작한 근대 부르주아의 승리이자 죽음을 예비해 놓고 있습니다. 대상을 하나의 움직일 수 없는 실체로, 명사로 가두어 놓았기 때문입니다.

그리하여 [마담 보바리]에서 '시골뜨기'로 묘사, 구분, 분류, 설명되어진 샤를 보바리는 필연적으로 불행을 맞을 수밖에 없다는 식으로 모든 것이 설명 가능해진 세계는 부르주아적 질서를 대변하는 인식체계를 보여주고 있고, 이런 부르주아적 인식체계를 잘 보여주는 게 근대 어법이고 엄숙주의이고 완곡어법입니다. 그리하여 근대의 상징폭력을 휘두르고 있는 학교에서 언어는 반드시 표준어법을 따라야 하고,

조용히 해라 keep silent
입 다물고 dont speak your thought
웃어선 안 돼 should not laugh

는 것은 비단 중세수도원의 근엄한 사제([장미의 이름]에 나오는 호르헤 신부)만의 얘기가 아닙니다. 완곡어법 또한 마찬가집니다. 고문을 물리적 폭력이라 가르치고, 이혼을 화해 불가능한 가치의 충돌로, 사유화를 민영화로 가르치고 있는 현실은 그대로 학교가 왜 가치를 제도화시키는 근대의 자의적 지식의 권력인지를 실감케 합니다.

지식인의 특성 중의 하나는 노트럴하다는 점입니다. 그는 흥분하지 않습니다. 감정의 절제, 이건 지식인의 주요 덕목입니다. 바로 여기에 근대의 비인간성, 지식인의 죽음이 예고되어 있습니다.

그렇다면 지금은 어떤가.

그동안 약자들은 찍소리 한번 제대로 못 내고 살아왔습니다. 영웅들의 전성시대에는 그들의 위세에 눌려 살아야 했고, 지식인들이 판치던 시대에는 그들이 권력에 주눅이 들어 살아야만 했습니다. 그리하여 아들을 낳으면 누구나 판사, 검사를 키우는 게 가장 큰 자식농사였습니다. 그러니 닥치고 법대는 우리 시대의 관행처럼 여겨져왔습니

다.

그러나 현실은 어떻게 되었는가. 그 잘난 근대적 인식체계 위에 서 있는 법은 정의는커녕 더 이상 생명과도 미와도 관련이 없는 다만 부르주아 재벌의 이익을 위해 기능하는 그악한 권력의 시녀로 전락하였을 뿐입니다.

다시 말해 우리는 오늘 국가의 주인이 결코 몇몇 특수 엘리트가 아니라는 결론을 얻습니다. 비단 국가만이 아닙니다. 이제 세계의 주인은 영웅도 아니고, 지식인도 아니며 자신의 삶을 스스로 형성해 나가는 이 땅의 무수한 풀꽃들입니다.

그리하여 자신이 스스로 주인공이고 역사의 신부라는 자각을 지닌 풀꽃들은 자신들의 언어로, 일상어로, 입말로 이야기합니다. 노래하지 않고 서술하지 않고 이야기합니다.

1, 아이는 비명을 지르며 울어댔다
2, 아이는 비명을 지르며 울어댔어

자, 여기 1의 서술자는 대상을 다만 냉혹하게 '관찰'하고 있습니다. 이게 바로 죽음의 시선이고 죽음의 서사입니다. 노트럴한 이성의 논리에 따르고 있기 때문입니다. 그러나 2는 어떤가. 2에는 대상을 하나의 회상체로서 호명하고 있습니다. 바로 여기에 따스한 본래 인간의 목소리가 피어나고 있습니다. 이야기는 감정, 파토스의 사원입니다.

그리하여 불의한 일상에서 겪으며 터져나오는 이야기는 자연스럽게 투쟁서사가 되고 있고, 마을서사가 되고 있으며, 하나의 자전서사이자 모두의 집단서사가 되고 있습니다. 그리하여 이야기는 우리시대의 문법이 되었습니다. 이야기의 편재성이 여기에 있습니다.

"텍스트, 텍스트, 사방이 텍스트다. 도시의 아파트에서, 시골의 농가들에서, 거리에서, 기차 안에서……나는 듣는다……나는 점점 커다란 귀가 된다. 다른 사람들의 이야기를 하나도 빼놓지 않고 모두 담으려는 커다란 귀, 나는 목소리를 '읽는다'."

- 스베틀라나 알렉시예비치,[전쟁은 여자의 얼굴을 하지 않았다], 문학동네

여기, 다성악 같은 글쓰기로 수많은 약자들(전쟁의 고통을 겪은 여자들)의 목소리를 기록해 온 그에게 노벨문학상이 주어졌다는 것은 그동안 주류 문학으로, 하나의 정전canon으로 인식되어져온 근대의 장편소설이, 이 장편소설을 통해 부르주아의 멘탈리티를 대변해 왔던 근대의 주류 형식이 '에세이essay'라는 새로운 시대의 형식으로 변하고 있음을 상징하고 있습니다. 아닌 게 아니라 교보문고에서 이 책은 소설이 아니라 에세이로 분류되어 있습니다.

바야흐로 인류는 이제 시, 소설의 시대를 넘어 영웅도 아니고 지식인도 아닌 보통 사람들이 주인공인 '대중적' 에세이 시대로 가고 있습니다. 그리하여 맹목적인 찬사도 아니고 일방적인 서술도 아닌 상호주체들의 다성적 대화가 중요해진 시대, 지금 핫이슈는 너와 나, 우리들의 '고유한indigenous' 목소리입니다. 여기, 풀꽃대중들의 씨줄(사실),

날줄(가치)이라는 다양한 목소리들이 상호매개가 되어 거대한 역사의 강물이 만들어 지고 있습니다.

그리하여 누구나 쉽게 데이터를 생산하고 공유하는 대중서사시대, 바야흐로 우리는 지금 생활비평, 대중비평 시대를 맞이하고 있습니다.(졸저, [텍스트는 젖줄이다], 소명출판, 2014) 우리는 그동안 작가, 기자, 지식인들의 전유물이던 문자를 누구나 자유롭게 쓰는 대중적 표현 민주주의를 경험하고 있습니다. '천재'로 상징되는 근대의 인간(주체, 이성)은 죽었습니다. '민주화 기술'이라는 말처럼 인터넷, 스마트폰의 보급으로 대중민주주의시대가 화려하게 개막되었습니다.

사실 민주주의에서 방관자는 없는 것입니다.
In fact, no bystanders in a democracy

그러나 우리들이 데이터를 생산하고 공유하는 방식에는 좀 문제가 있습니다. 우리는 좀 소비성이 강한 표현 경향을 보이고 있습니다. 이에 일회성 수다로, 잡담으로, 댓글로만 그치고 말 게 아니라 보다 적극적으로 가치를 생산하는 자기 주도적이고, 자기 결정적 삶의 방식으로 바꿀 필요가 있습니다. 칼 마르크스Karl Marx([경제학-철학 수고])의 말대로, "인간은 대상적 세계의 가공에서 비로소 자신을 현실적인 하나의 유적 존재"로서 확인하기 때문입니다.

여기 저기서 '치유'와 '극복'을 이야기 합니다. 치유와 극복에는 다양한 방법이 있을 수 있습니다. 그러나 글쓰기(명시+단편)만한 치유도 없을 거라 봅니다. 처음에는 쉽지 않겠지만 도전해 보십시오. 사실 좀 부끄러운 얘기지만 이 **'명시단평'**도 처음에는 연애편지에서 시작되었습니다. 사랑하는 이에게 무언가 뽀대나고 멋있게 쓰고 싶은데 마땅한 말이 떠오르지 않아 시도해 본다는 게 그만 명시를 던져놓고 몇 마디 지껄여 본 게 고작이었습니다. 그 첫 작품이 바로 보들레르 Baudelaire의 명시 '우울'이었습니다. 뜻밖에도 시적 치유가 되었다는 놀라운 반응이었습니다. 여기서 용기를 내어 이렇게 사고(?)를 치고 말았던 것입니다.

다시, 괴테의 말이 생각나는군요. "나는 내가 경험하지 않은 것은 한 줄도 쓰지 않았다. 그러나 단 한 줄의 문장도 체험한 것 그대로 쓰지는 않았다." 현실과 예술의 관계에 대한 기호의 본질을 생각해 보게 하는 말입니다. 경험현실이 하나의 내용으로 사실을 이룬다면, 이를 어떻게 표현할 것인가는 하나의 예술형식의, 가치의 문제가 되겠지요.

자야 여사의 연인, 시인 백석이 있습니다. 그는 **'남신의주 유동 박시봉방'**이라는 시에서 일제 식민시대, 아내도 집도 모두 잃고 부모와 가족과도 멀리 떨어져, 아무 데도 의지할 곳 없는 한없이 외로운 존재인 자신의 참담한 처지와 심경, 그리고 그러한 현실적 상황을 극복하고자 하는 정신적 의지를 다음과 같이 표현했습니다.

……
이렇게 하여 여러 날이 지나는 동안에,
내 어지러운 마음에는 슬픔이며, 한탄이며, 가라앉을 것은 차츰 앙금이 되어 가라앉고,

외로운 생각만이 드는 때쯤 해서는,

더러 나줏손*에 쌀랑쌀랑 싸락눈이 와서 문창을 치기도 하는 것인데,

나는 이런 저녁에는 화로를 더욱 다가 끼며, 무릎을 꿇어 보며,

어느 먼 산 뒷옆에 바우섶에 따로 외로이 서서,

어두워 오는데 하이야니 눈을 맞을, 그 마른 잎새에는,

쌀랑쌀랑 소리도 나며 눈을 맞을,

그 드물다는 굳고 정한 갈매나무라는 나무를 생각하는 것이었다.

*나줏손 : 저녁 무렵

ㅋ '굳고 정한 갈매나무'라니…

이게 시인만의 세계일까요. 언젠가 지하철에서 진귀한 경험을 한 적이 있습니다. 젊었을 적엔 틀림없이 호호한 미인이었을 할머니가 정감어린 반주에 맞춰 '목포의 눈물'을 부르고 지나가는데 어찌나 처량하고 불쌍하고 아름답던지…말 못할 사연이 있었는지 소리에는 깊고 은근한 맛이 실려 있었습니다. 잠시 뒤 너 나 없이 벌떼같이 몰려가 동전, 지전을 주었고, 더러는 배춧잎을 주는 분도 있었습니다. 순식간에 벌어진 일이었습니다.

고흐는 자신의 불우한 시절을 '가지 잘린 버드나무'로 표현했습니다. 백석은 새롭게 살아가겠다는 생의 의지를 '**굳고 정한 갈매나무**'라는 구체적 이미지로, 그리고 안타깝게도 앵벌이에 나선 지하철의 어느 할머니는 자신의 설운 인생을 '**정감 넘치는 노래**'에 실어 감동을 주

고 있습니다. 이런 사실들은 모두 시적 교양의 세계가 매우 절실하고, 자연스런 일이며 술을 감성음료라 하고 커피를 이성음료라 한다면, 누구나 다음처럼 자신이 처한 현재의 감정을 은근하고 '세련되게re-fined' 표현할 수 있음을 증명합니다.

"오늘, 기분도 그렇고 감성음료 한 잔 어때?"
"이바여, 바쁘시지 않으면, 이성음료 한 잔 어때여?"

첫 술에 배부를 수는 없으리라 봅니다. 그러나 취중醉中에 진정발眞情發이라 했습니다. 누구라도 그러하듯이, 때론 고달픈 인생도 술 한 잔 기울이다보면 뱃속에 감춰둔 진실한 얘기가 아무 거리낌 없이 고통과 함께 술술 흘러나오게 되는 것입니다. 연애할 때의 감정도 이와 비슷하겠지요. 자, 그렇다면 이제부터는 시와 연애한다는 심정으로 우선, 자신의 감정을 한번 솔직 토크 해 보십시오. 톡! 톡!

그리고 여기, 늘샘이 쓴 [**누구나 읽고 쓰며, 즐기는 명시단평**]을 재미있게, 때론 아프게 읽고 감상하면서 슬프고도 아름다운 깊은 인생의 맛이 어떠한지... 고통도 보기에 따라서는 얼마나 아름다울 수 있는지... 등을 체험하는 가운데 이 그악한 자본의 터널을 지나는 '미적 탈주'가 되기를 바래봅니다.

미란 대체 무엇이었던가.
요약컨대, 미는 '깊은' 눈을 뜨는 일입니다. 이로써 미에 대한 천고의 비밀이 풀렸습니다!

부
록

임화, 그는 조선학을 일군 발군의 문화인이었다

임화, 그는 조선학을 일군 발군의 문화인이었다

카프KAPF의 서기장이자 '조선문학가동맹'의 실질적 주도자였던 임화! 그는 네 거리의, 낭만의 시인이었으며, '조선학'을 일군 발군의 문화인이었습니다.

네가 지금 간다면 어디를 간단 말이냐?
그러면, 내 사랑하는 젊은 동무,
너, 내 사랑하는 오직 하나뿐인 누이동생 순이,
너의 사랑하는 그 귀중한 사내,
근로하는 모든 여자의 연인……
그 청년인 용감한 사내가 어디서 온단 말이냐?

눈바람 찬 불쌍한 도시 종로 복판에 순이야!
너와 나는 지나간 꽃피는 봄에 사랑하는 한 어머니를
눈물 나는 가난 속에 여의였지!
그리하여 이 믿지 못할 얼굴 하얀 오빠를 염려하고,
오빠는 가냘픈 너를 근심하는,
서글프고 가난한 그 날 속에서도,
순이야, 너는 마음을 맡길 믿음성 있는 이곳 청년을 가졌었고,
내 사랑하는 동무는……
청년의 연인 근로하는 여자, 너를 가졌었다.

겨울날 찬 눈보라가 유리창에 우는 아픈 그 시절,
기계 소리에 맞춰 흩어지는 우리들의 참새 너희들의 콧노래와
언 눈길을 걷는 발자욱 소리와 더불어 가슴속으로 스며드는

청년과 너의 따뜻한 귓속 다정한 웃음으로
우리들의 청춘은 참말로 꽃다웠고,
언 밤이 주림보다도 쓰리게
가난한 청춘을 울리는 날,
어머니가 되어 우리를 따뜻한 품속에서 안아주던 것은
오직 하나 거리에서 만나, 거리에서 헤어지며,
골목 뒤에서 중얼대고 일터에서 충성되던
꺼질 줄 모르는 청춘의 정열 그것이었다.
비할 데 없는 괴로움 가운데서도
얼마나 큰 즐거움이 우리의 머리 위에 빛났더냐?

그러나 이 가장 귀중한 너 나의 사이에서
한 청년은 대체 어디로 갔느냐?
어찌 된 일이냐?
순이야, 이것은……
너도 잘 알고 나도 잘 아는 멀쩡한 사실이 아니냐?
보아라! 어느 누가 참말로 도적놈이냐?
이 눈물 나는 가난한 젊은 날이 가진
불쌍한 즐거움을 노리는 마음하고,
그 조그만, 참말로 풍선보다 엷은 숨을 안 깨치려는 간지런 마음하고,
말하여 보아라, 이곳에 가득 찬 고마운 젊은이들아!

순이야, 누이야!
근로하는 청년, 용감한 사내의 연인아!
생각해보아라, 오늘은 네 귀중한 청년인 용감한 사내가
젊은 날을 부지런한 일에 보내던 그 여윈 손가락으로

지금은 굳은 벽돌담에다 달력을 그리겠구나!
또 이거 봐라, 어서.
이 사내도 네 커다란 오빠를……
남은 것이라고는 때묻은 넥타이 하나뿐이 아니냐!
오오, 눈보라는 '튜럭'처럼 길거리를 휘몰아간다.
자 좋다, 바로 종로 네거리가 예 아니냐!
어서 너와 나는 번개처럼 두 손을 잡고,
내일을 위하여 저 골목으로 들어가자,
네 사내를 위하여,
또 근로하는 모든 여자의 연인을 위하여……
이것이 너와 나의 행복된 청춘이 아니냐?

        – 임화, '네 거리의 순이'

이건 예전에 보던 시의 형식이 아닙니다.

임화! 하면, 저는 우선 시가 떠오릅니다. 그를 따라다니는 많은 수식어, 가령 비운의 혁명가, 영화 배우, 문예비평가 등이 있지만 그는 무엇보다 〈현해탄〉의 시인이었고, '네거리'의 시인이었습니다. 해금 이후, 처음 그의 시집을 펼쳤을 때 '네거리의 순이'라는 단편서사시 (혹은 서정적 선동시)를 읽고는 가슴이 마구 쿵쾅거리고 주체하기 힘든 페이소스에 휩싸이던 그 겨울의, 눈이 가슴팍까지 내렸던 깊은 밤이 생각납니다.

그는 '다시 네거리에서'를 썼고, 해방을 맞아 '9월 12일'이라는 감격적인 참회시를 썼는데, 이 시의 부제가 '1945년, 또 다시 네거리에서'였습니다. 굳이 정신분석학자 라캉을 예로 들지 않더라도 우리는 여기서 하나의 무의식처럼 그의 시에 반복적으로 출몰하면서 저류로 기능해오고 있는 시적 인식의 구조episteme로서의 '네거리'를 보게 되는 것입니다.

특정 언어에 대한 경사는 작가의 특정한 문제 의식을 반영합니다. 임화도 마찬가집니다. '네거리'에 대한 경사는 식민지 조선 청년의 남다른 자아의식을 대변하고 있습니다.

"오오 그리운 고향의 거리여! 여기는 종로 네거리,
나는 왔다, 멀리 낙산 밑 오막살이를 나와 오직
네가 네가 보고 싶은 마음에……"
― 다시 네거리에서

감탄사의 연발, 감성어의 빈번한 사용 등만을 통해 볼 때, 이는 분명 김동석의 지적([부르주아의 인간상] '시와 행동'-임화론)대로 센티멘탈리즘이라고 할 수 있습니다.

그러나 여기서 우리는 이를 단순하게 선전선동이라는 마르크시즘의 도구적 리얼리즘에 교과서적으로 대응할 논리를 느끼지 않습니다. 다시 말해 이런 낭만적이고 센티멘탈한 성격을 지닌 시가 일반적으로 말하고 있는 복고적-그러니까 귀족석 취미를 반영하고 있는, 중세 봉건시대로 돌아가자는 의미로서의-낭만주의가 아니라 진보적 의미를 지닌 혁명적, 전투적 낭만주의임을 주목해야 합니다. 즉 낭만은 과거로 돌아가려는 그것이 있지만 미래로 나아가자는 그것도 있음을 주목할 필요가 있습니다.

그리하여 여기, 그리운 고향의 거리로서의 종로 네거리에 내가 온 것은 바로 그곳에 보고 싶은 네가 있기 때문입니다. 즉 여기에서 네거리는 희망의 거리이자, 순이로 상징되는 '푸른 꽃'이 피어날 거리로서의 아름다운 미래의 거리인 것입니다. 그는 '낭만적 정신의 현실적 구조'([문학의 논리])에서 말하기를,

"그러므로 진실한 낭만적 정신-역사주의적 입장에서 인류사회를 광대한 미래로 인도하는 정신이 없이는 진정한 사실주의 또한 불가능한 것이다."

이런 주장은 그의 창작이론을 그대로 보여주고 있거니와, 여기서 분명하게 볼 수 있는 것은 그가 시를 통해 말하고자 하는 것이 리얼리즘의 이상이고, 이런 이상을 실현하기 위한 하나의 대안으로 '진실한 낭만성'을 들고 있다는 점입니다. 이런 관점에서 볼 때, 김동석의 주장은 매우 도식적인 평가입니다.

무론 그의 시가 아직은 젊은 날의 흥분과 격정을 여과시키지 못한 부분이 있는 것은 어느 정도 사실입니다. 또 그것이 선전선동이라는 방법적 고민으로 들고 나온 어설픈 대안의 일종일 수도 있습니다. 중요한 점은 낭만적 경향의 이런 시가 결코 옛날로 돌아가자는 식의 앤티크한 발상에서 나온 것도 아니요, 또한 젊은 날의 미숙한 감상의 분비물인 센치한 작품만도 아니라는 사실입니다. 임화, 그에게 있어서 낭만은 '진정한'에 의미가 두어진 그것이었지, 노발리스 식으로, 과거로

향하는 죽음의 예술이 아니었습니다(루카치, [영혼과 형식] '낭만주의 삶의 철학에 대하여').

임화, 그는 거리의, 그것도 식민지 거리의 낭만주의 시인이었습니다. 이는 곧 그가 뭔가를 저지를 수 있는 외로운 고검, 진정한 문화건달이었음을 암시합니다. 식민치하에서, 정상적인 학제를 마치지 모한 그는 실제로 무산자들의 동지, 프로레타리아 룸펜이었습니다. 역사는 카프의 결성과 해체기에 '네거리의 순이'를 비롯한 낭만적 경향의 시가 쓰여졌음을 보여주고 있습니다. 즉 서정적 격정시라고 볼 수 있는 임화의 시는 마치 다다이즘적 경향을 노정하고 있는 그의 초기시가 식민지 조선의 폭발성과 같은 혁명적 상황에 부합한 예술방식(케빈 마이클 스미스, '임화의 다다이즘 시에 나타난 프로레타리아 전위', 제10회 임화문학 심포지움 자료)인 것처럼, 3.1운동으로 이뤄낸 민족해방적 역량의 고취와 만주사변, 태평양 전쟁 등 일제의 전체주의화로 치닫는 당대적 꿈과 좌절의 산물인 것입니다. 임화의 청동기는 이렇게 '네거리'로 상징되는 낭만주의와 함께 피고 졌다고 볼 수 있습니다.

임화,

그러나 그는 골방의 시인이 아니라 네거리의, 광장의 시인이자 탁월한 현실주의 문화인이었습니다.

거리의 프로레타리아 룸펜, 낭만주의 시인을 구한 것은 출판사 설립(1939년)이었습니다. 집도 절도 없는 그에게 재정적 지원을 해준 이는 당시 영화인 최남주였습니다. 그에게도 이제 정식으로 직장이 생긴 것입니다. 그의 나이 서른 무렵이었습니다.

자, 여기서 우리가 주목해야 할 것은 무엇일까요? 아니 뭐 전 카프 서기장이자 당대의 이름있던 문화인-요즘말로 '셀럽'이라고 합니다만-인 그가 출판사, 학예사學藝社의 경영자가 되었다는 게 무슨 대단한 문화사적 의미가 있는 건지 고개를 돌릴 지도 모릅니다.

그러나 우리는 '그 자체가 하나의 문학사' (임화문학예술전집 편찬위원회 편, [문학사] 간행사, 소명출판)라는 평가에서 볼 수 있듯이, 임화 문학 제2기라 볼 수 있을 이 시기에 '조선학朝鮮學'이 화려하게 꽃피고 있다는 사실을 주목할 필요가 있습니다.

여기, '조선학'은 '조선심朝鮮心'과는 다른 의미를 지니고 있습니다. '조선심'이 카프를 견제하기 위해 만든 최남선(동광사) 중심의 국민문학파의 이념적 지향을 보여주고 있는 보수적 문학집단의 신조credos였다면, 그리하여 '전통시조 부활' 등 복고적 태도에서 벗어나지 모하고, 따라서 전체주의 일제의 야만적 폭거가 점점 그 강도를 더해가는 일제 말기에 아무런 소득도 없이 역사의 공동묘지에 묻히고 말았다면, '조선학'으로 대변되고 있는 카프 계열의 우리 것에 대한 대응은 대자적 자각이라는 시대현실에 대한 정신의 자기 확립과 관련되어 문학사적으로 매우 중요하고, 그것은 그대로 근대 문학, 주로 소설에 대한 새로운 인식으로 나아갔던 것입니다.

시가 전통적으로 고대 귀족들의 여흥이자 오락으로 기능해 왔다는 점, 이와 달리 소설은 근대 부르주아지의 시민서사시로 인식되고 있는 점을 염두 해 두고 볼 때, 이는 문학사적 이상의 의미를 지니고 있는 것입니다. 즉 시가 자족적이고 소설이 자각적이라는, 헤겔의 말을 따라 시가 즉자적 언어의식의 소산이라면, 소설은 대자적 언어의식의 산물인 것입니다. 그리하여 그의 관심은 서정적 죽음이 아닌 서사적 비전에 가 있었던 것입니다. 그리하여 그가 홍명희의 [임꺽정]을 중세적 잔재라 여기면서 비판하고 있는-임규찬은 '홍명희와 임화'에서 니체의 주장을 빌려 이런 성격을 지닌 소설을 '골동품적 방식'이라고 했다-이유가 여기에 있고, 자신의 시에 서사성을 가미하여 당시 조선의 무산 대중에게 다가가고자 했던 형식 실험 또한 여기에 있던 것입니다. Narrative, 서사는 형성이고 꿈과 욕망이 꿈틀거리는 '미래동사'의 세계이기 때문입니다.

그리하여 당시의 조선일보에 '신문학사新文學史' 연재를 필두로 다음 서지에서 볼 수 있는 바대로 여기서 우리는 암흑 속에서도 빛나고 있는 야광주처럼, 일제의 최후적 발악 속에서 우리의 정신이 오롯하게 그 빛나는 원석으로서의 문화적 긍지를 지니게 되었음을 엿볼 수 있습니다.

임화는 외우 김태준 등과 학예사를 통해 1939년부터 1941년 1월까지 '조선문고朝鮮文庫'를 펴냅니다. 바로 여기, 우리 것 찾기로서의 조선학의 화려한 창조적 부활이 자리하고 있는 것입니다.

자, 그 화려한 조선학 도서목록을 보섰습니다.

김태준 해제(解題)의 ≪원본춘향전≫,

김천택(金天澤)의 ≪청구영언≫,
이응수(李應洙) 편주의 ≪상해김립시집 詳解金笠詩集≫,
김태준 교주(校註)의 ≪고려가사≫,
신구현(申龜鉉) 역주의 ≪역대조선여류시가집≫,
임화(林和)가 엮은 ≪역대조선시인선집≫,
김남천(金南天)의 단편집 ≪소년행 少年行≫,
이효석(李孝石)의 단편집 ≪해바라기≫,
임화 편선(編選)의 ≪조선민요편선≫,
김재철(金在喆)의 ≪조선연극사≫,
김태준의 ≪증보조선소설사≫,
채만식(蔡萬植)의 ≪채만식단편집≫,
유진오(俞鎭午)의 ≪유진오단편집≫,
이기영(李箕永)의 ≪이기영단편집≫,
김기림(金起林)의 시집 ≪태양의 풍속≫,
서인식(徐寅植)의 평론집 ≪역사와 문화≫,
박태원(朴泰遠)의 ≪박태원단편집≫,
안회남(安懷南)의 ≪안회남단편집≫,
이태준(李泰俊)의 ≪이태준단편집≫,
임학수(林學洙) 역편의 ≪현대영시선≫
임화(林和)의 평론집 ≪문학의 논리≫

등이었습니다.

보다시피, 길지 아니한 동안 학예사에서 발간한 서지들을 분석해 보건대, 시 소설 연극 평론 등 문학의 전분야에 걸쳐 당대 최고 수준을 보여주고 있을 뿐만 아니라, 시와 소설이 그 중심 위치를 차지하고, 이런 가운데 단연 우리의 주목을 끄는 것은 [원본 춘향전]이 학예사의 첫 번 째 책으로, 1-1로 나왔다는 점입니다. 다시말해 임화, 그가 김태준과 함께 펴낸 이 책은 우선 '춘향가'가 아니라는 사실입니다.

자, 그렇다면 여기 '춘향가'에 대한 대결의식의 소산이라고 해석될 [춘향전]의 형식이 지닌 시대적 의미가 무엇인지 좀 톺아 보것습니다.

1, 각 읍 수령이 들어온다. 겸영장 운봉영감, 승지당사 순천부사, 연치높은 곡성원님, 인물좋은 순창군수, 기생치리 담양부사, 자리로사 옥과현감, 부채치리 남평현령, 무사한 광주목사, 사면에 들어올 제,

– 판소리 '춘향가'

2, 근읍 수령들이 모여든다. 운봉 영장, 구례, 곡성, 순창, 옥과, 진안, 장수 원님이 차례로 모여든다.

– 소설, [춘향전]

1, 2는 내용면에서는 큰 차이가 없습니다. 즉 두 글 모두 수령들의 연회 도착 장면을 다루고 있습니다. 그러나 잘 보면 알 수 있는 일이지만 두 작품은 대상을 바라보는 인식과 태도 면에서 상당한 낙차를 보이고 있습니다. 다시 말해 시가의 일종인 1이 가까운 거리에서 대상을 세부묘사하면서 상대 중심으로 분위기를 맞추면서 감성적으로 흥을 돋우고 있는 운문의, 시의, 동화同化의 형식이라면, 산문의 일종인 2는 먼 거리에서 대상을 개괄설명(*'들'은 복수태입니다)하면서 나를 중심으로 차분하고 냉정하게 사태를 예의주시하는 이성적 태도를 견

지하고 있는 산문의, 소설의, 이화異化의 형식임을 알 수 있습니다. 1이 주정적이라면, 2는 주지적입니다.

다시, 1이 따라 부르기에 좋은 극적 형식을 지니고 있다면, 2는 조용히 읽기에 알맞은 완만한 서술 형식을 지니고 있습니다. 1이 블랙홀처럼 중심으로 휘말려 들어가는 구심적求心的 성격을 지니고 있는 고대의 부족 형식이라면, 2는 독수리처럼 대상들을 먼발치에서 바라보는 원심적遠心的 특징을 지닌 근대의 시민적 형식입니다. 다시 말해 1이 '상대' 중심의 노래, 시라면 2는 '나' 중심의 말하기, 소설입니다.

결과적으로 볼 때, 1의 '수령'은 행위의 주체로 다가오지만, 2의 '수령들'은 인식의 대상으로 물러납니다. 바로 여기에 객체와 주체의 역전이 자리하고, 고중세적 귀족 양식인 시와 근대적 시민 양식인 소설이 자리바꿈하는 일대 역전의 형식이 펼쳐지는 것입니다. 요컨대, 1은 나보다 대상이 더 크게 보였던, '극적'으로 부각된 거대한 이미지의 세계라면, 2는 대상보다 내가 더 크게 인식된, '서사적으로' 응축된 개념의 세계라고 볼 수 있습니다.

그리하여 여기,

근대 시민서사인 소설에 대한 이런 인식은 조선 최초의 소설사인 김태준의 [조선소설사]에서 화려한 꽃을 피웠습니다. 서구에 루카치의 [소설의 이론]이 있고, 중국에 루신의 [중국소설사략]이 있다면, 우리에게는 김태준의 [조선소설사]가 자리하는 것입니다. [조선소설사]이 위치는 이것만이 아닙니다. 그것은 무엇보다 문화적 독립이자 정체성의 승리인 것입니다. 우리도 이렇게 유구한 조선만의 소설사가 있다는 것은 우리의 역사가 앞으로도 면면히 이어질 것이라는 문화적 자부심과 긍지, 일제에 대한 민족적 저항을 암시하는 것입니다. (이용범, '김태준 초기이력의 재구성과 '조선학'의 새로운 맥락들', [민족문학사연구 통권제59호])

이렇게 문학사적으로 큰 의미를 지닌 [조선소설사]의 백미가 바로 '춘향전의 근대적 의미'라는 데에, 즉 [춘향전]이 "봉건적 구세력에 대립적 의식"을 보여주는 작품이라는 것이고, 이런 봉건적 대립 의식이 언어를 비롯한 인간과학human science의 힘에서 비롯되고 있다는 데에 그 두드러진 의미가 있습니다.

이런 사실은 어떤 의미가 있는 것일까요...

여기서 우리는 일본의 근대화가 무엇보다도 서양의 사상과 인식체계를 새로운 개념을 통해 자기언어화(마루야마 마사오/가토 슈이치, [번역과 일본의 근대], 이산) 한데서, 다시 말해 근대의 언어혁명에서 비롯되었다는 사실을 볼 필요가 있습니다.

"민주주의民主主義를 비롯 추상抽象, 문화文化, 절대絶對, 자본資本, 국민國民, 고전古典, 헌법憲法, 지식知識, 경제經濟, 민족民族, 철학哲學, 이성理性, 비평批評, 해방解放, 시장市場, 방법方法, 자연自然, 공화共和, 이론理論, 사상思想, 시간時間, 세계世界 등..."

오늘 우리가 내 것처럼 사용하고 있는 이 모든 개념어들이 사실은 일본의 손을 거친 근대어들입니다. 다시 말해 일본이 근대화 과정에서 만들어 낸 신조어들은 현실을 바라보는 이념 형태를 일본화한 개념이지 결코 우리가 바라본 이념형태를 현실화 한 우리말이 아닙니다. 이런 신조어들도 사실은 중국의 고전에 기반을 두고 있습니다. 그러나 그들은 이를 재구하여 근대적 현실을 읽는 개념 도구로 재창조함으로써 중국을 밀어내고 아시아를 벗어나 세계를 바라보는 눈을 뜨게 되었던 것입니다.

나는 여기서, 관행과 통념의 가죽을 벗기는 과감한 발본拔本의 칼이 필요하다고 말하고 싶은 충동을 느낍니다. 즉 우리는 지금 애써 글꼴의 독립(박용규, [조선어학회 항일투쟁사], 한글학회)은 이뤄냈지만 그 사유와 정신의 독립에는 훨씬 미치지 못하고 있는 실정에 처해 있습니다. 사유와 정신의 독립이 없는 사막에서 어떻게 문화의 꽃을 피울 수 있고, 사상의 열매를 맺을 수 있겄는가 하는 말입니다.

조선 후기, 잠시나마 문화의 꽃을 피웠던 진경시대眞景時代를 봅니다. 그러나 그런 시대도 사실은 농업과 상업의 변화라는 물적 혁신과 우리 것에 대한 문화적 자긍심, 언어적 자립이 있고서야 가능했습니다. 이는 정조 당시 '문체반정文體反正'이라는 시대의 역풍에도 불구하고 유장하게 흘러넘친 우리말글에 기반한 '조선적 리얼리즘'이, '조선학'이 있고서야 가능했던 것으로, 우리의 현실을 우리말글이라는 개념어로 읽어낸 판소리계 소설 [춘향전]은 이런 조선적 리얼리즘의 총화였습니다.

"춘향이 주찬을 갖추어 은근히 드리니, 갖은 음식 풍성한지라. 팔모접시, 대

모반, 큰 양푼에 갈비찜, 작은 양푼에 제육무침, 맵시 있는 송편이며, 먹기 좋은 꿀설기, 보기 좋은 화전이며, 송기떡, 조악고여서 받쳐 놓고 푸른 배,누른 배며, 깎은 생밤, 작은 곶감이로다. 봉전복, 소 염통산적, 소 양볶음이며, 꽥꽥 푸드덕 꿩다리, 영계찜 곁들여 놓고, 청포도, 흑포도, 머루, 다래, 유자, 감자, 사과, 석류, 참외, 수박, 개암, 비자, 초장, 겨자, 생청을 틈틈이 끼어 놓고 온갖 술병을 옆에 놓았다. 꽃 그린 왜화병, 노란 유리병, 푸른 바다 위의 거북병, 목 긴 거위병에, 이태백의 포도주, 도연명의 국화주, 마고선녀의 천일주, 산중처사의 송엽주며, 일년주, 백화주, 이감고, 감홍로, 자소주, 황소주를 앵무잔에 가득 부어 이 도령께 전할 적에……"

여기, 가히 국민문학을 넘어 세계에 내놓을 고전 [춘향전]에서 우리가 보게 되는 것은 단순히 소설적 흥미만도 아니요, 문학적 성취만도 아니요, 바로 이런 흥미와 성취를 가능하게 하는 언어의 맛을 보는 데에 진정 구경적究竟的 재미가 있는 것입니다. 여기, 우리 생활의 단면을 명백하게 보여주는 풍요한 물명物名을 통해 우리가 분명하게 확인할 수 있는 사실은 이것이 바로 당대 신흥세력을 이루는 중인들의, 요즘말로 해서 부르주아들의 일상 물목物目들을 나열한 우리말 백과사전을 통해, 거기서 "의식기완衣食器玩의 호사를 다한 시민들의 손에 의해 근대적 소유관계의 맹아를 보게 되는 것이요 이러한 의식기완도 다소 종래보다 개량된 기계로 다소 상품적 전제하에 가공하는 수공업의 맹아도 보게(김태준, [증보조선소설사])" 되었다는 점입니다. 다시 말해, 전근대적 세계에 대한 근대적 자각은 사실 물질로부터의 독립이요, 이를 반영한 언어의 독립이라는 사실을 볼 때, [춘향전]을 통해 우리가 확인하게 되는 사실은 중국에 기반을 둔 중화적 세계라는 '관념적' 언어도 아니고, 일제의 근대 이데올로기에 감염된 '전체주의적'

언어도 아닌 당대 조선의 물적 현실을 의식적으로 반영한 '조선적' 언어라는 점입니다.

생각해 보건대,

정말이지 우리에게는 언어의 독립을 넘어 '사유a thought'의 독립을 이루어내야 하는 문제가 시급합니다. 그러나 우리는 지금 그 어떤 문화적 자긍심과 이를 뒷받침하는 언어의 독립을 이루고 있는지 묻지 않을 수 없습니다. '이식문화론'(임화)은 안타깝게도 유통기한이 끝나지 않았습니다. 우리에게는 아직도 우리의 눈으로 본 현실, 우리의 말글로 된 개념의 막대, 우리의 말글로 만든 언어적 툴tool이 부족합니다. 실로 낯이 뜨거운 일이 아닐 수 없습니다.

자,

여기서 우리는 새삼 임화에 주목할 필요를 느끼게 되는 것입니다. 그는 그가 서기장으로 있던 카프가 강제 해산(1934)된 이후, '역사적 반성의 요망', '조선신문학사론 서설', '개설신문학사' 등 일련의 중후한 문학사론 기술을 통해 동료 김태준의 선구적 업적에 이어 조선학을 정립하는데 명백하게 기여한 발군의 문화사가였습니다.

이것은 어떻게 가능했던 것이었는지 보겠습니다.

그가 서기장으로 있던 학예사學藝社에서 다시 펴낸 김태준의 [증보조선소설사] 서문에는 다음과 같은 임화의 말이 있습니다. "이 책에 대해서는 나로서도 일가—家의 생각이 있었고, 나 역시 이러한 영역에서 제 학문적 희망을 이루어보겠다는 생각을 지녀 왔"다고 했습니다.

이런 사실은 임화, 그가 프로문학 운동가이자 카프의 서기장이기 전에 우리 문화에 대한 '일가의 생각'이 있었을 정도로 평소 조선 문화에 대한 깊은 예술적 소양과 학문적 기반을 갖추고 있었음을 보여줍니다. 이것이 현실이 되어 나타난 계기를 준 것이 카프의 강제 해산이었습니다. 카프의 해체를 친일 행위의 일종으로 보는 김윤식의 '악의적' 견해([임화연구])도 있지만, 사실 카프의 해산은 중국침략과 태평양전쟁으로 치달았던 일제의 최후 발악이라는 문맥에서 볼 필요가 있습니다. 그 전제에 신간회의 해체(1931)가 놓이고, 카프 해체(1934)가 이어지는 것입니다. 즉 일제의 발악에 의해 국내에서 더 이상의 반일, 항일적 제스처가 불가능한 상황이 되었던 것이지 그가 친일을 해서 강제로 해산시킨 것이 아니라는 것입니다. 그는 마침 또 오랜 지병이던 결핵으로 마산에 요양치료차 가 있던 시기이기도 했습니다.

위기는 곧 기회라는 말이 있습니다. 앞으로 나아갈 길이 더 이상 보이지 않던 시기, 이럴 때 사람은 대개 뒤를 돌아보기 마련인데 신간회의 수장이던 홍명희가 감옥에서 [임꺽정]을 집필했던 것처럼, 임화도 이때 조선학에 대한 일생일대의 학문적 모험을 감행하게 된 것입니다.

그러나 현실은 반드시 그렇지만도 않았습니다. 어떤 이들은 '순수'니 뭐니 해가면서 교묘한 호신책으로 백기 투항의 자세를 취한 것을 보면 말입니다.

임화의 경우, 비록 소극적 저항일망정 역사에 귀의했던 것은 매우 중요한 의의가 있습니다. 그것은 무엇인가, 시에서, 연극에서, 영화에서, 즉 모방에서 벗어나 자신의 삶을 살기 시작했다는 것입니다. 카프 해산 이후, 저널리즘을 통한 문학 평론이 쏟아지고 조선학의 쾌거인 [개설신문학사]가 쓰여졌다는 것은 우리의 '정체성'에 대한 심각한 위협이 지속되고 있는 현실에서 통사를 바라는 민족의 염원에 부응한 것으로서, 그의 말대로 하나의 '대담한 기도'로, 그 자체로 큰 의미가 있는 것입니다.

여기, [개설신문학사]를 가로지르는 명제는 '조선의 근대문학사는 이식문학사'라는 것입니다. 이에 대해 김현과 김윤식은 공저([한국문학사])에서 '악명 높은 이식문학사'라고 비판의 날을 세우고 있습니다.

그리하여 그들은 '한국문학은 주변문학을 벗어나야 한다'는 주장을 내세웠습니다. 그러나 이건, 하나의 당위로서 우리가 앞으로 만들어 나가야 할 지향점을 말하는 것이지 사실로서의 역사가 아닙니다. 여기에는 벌써 임화의 '이식문학사'에 대한 견제와 이에 대한 숨길 수 없는 콤플렉스가 숨어 있거니와 그들은 당위와 사실을 혼동한 것입니다.

분명히 말하건대, 김현과 김윤식은 임화 콤플렉스에서 한 치도 벗어나지 못한 것입니다. 왜 그러냐 하면, '이식문학론'으로 대표되는 임화의 문학사론은 좀 더 논의가 필요하지만 우리의 근대문학사가 서구와 일본의 영향 없이 독자적인 발전을 했다는 두 평론가의 근대민족주의 문학관이 객관성을 결여하고 국가권력에 지나치게 기대고 있는 국수주의 문학관은 아닌지 성찰이 필요하기 때문입니다. 다시 말해 한글 유산만을 근대문학으로 보자는 춘원과, 춘원의 주장을 소급해서 영, 정조 시기를 근대문학의 기점으로 보자는 그들의 의견은 자생적 자본주의의 맹아라는 실학적 연구 업적을 적극 반영하는 등 매우 주체적이고 근대적인 시각을 지니고 있는 듯이 보이지만 전통단절이라는 근대문학관의 옹졸한 한계를 그대로 드러내고 있는 부르주아 문학관이 아닌지…

오히려 한글 유산뿐만 아니라 박지원 등 한문 유산도 조선의 문학으로 보아야 한다는 임화의 주장이 얼마나 유연하고 종합적인 사고인지…이런 부분을 하나만 보아도 그들이 얼마나 임화 콤플렉스에 들려 있었고, 이를 극복하려고 그가 이루어놓은 과학적이고 진보적인 소중한 유산을 송두리째 버리려 했는지 나는 그들이 애써 지은 거작인 [한국문학사]를 거듭 읽으며 여러번 쓴 맛을 삼켜야 했음을 고백합니다. 거기, 이론의 출발점에 하나의 동통疼痛처럼 임화가 계속해서 등장하고 있다는 것은 역으로 그만큼 그의 작품이 뛰어나다는 반증인 셈입니다.

가히, 세계에 내놓을 비평가가 부재한 부박한 한국문학 풍토에서 임화는 그 간단치 않은 족적과 중후장미*한 비평의 세계숲을 선사하고 있습니다. 1930,40년대 그는 민족문화운동의 사북의 자리에 있던 자였습니다. 즉 [문학의 논리], [개설신문학사] 등 걸작 원고들을 조선일보 등 당대 최고의 일간지에 연재했던 그는 문화계의 명사요, 일급비평가였을 뿐 아니라 당대 최고의 문학사가였습니다. 이런 임화에 대해 딴지를 걸고 애써 그 역사적 의미를 평가절하시키려는 의도가 분명했던 김현, 김윤식은 임화의 [개설신문학사]를 매도하기를 서슴지 않았습니다.

*중후장미重厚壯美 : 늘샘의 조어로, 논지가 엄숙하고 깊이가 있으며 문체 또한 장중하고 아름답다는 말입니다.

what matters,

중요한 것은 일본의 근대문예가 서구의 근대문예를 모방, 이식해서 발전시킨 것처럼, 우리의 근대문예 또한 일본의 근대문예를 모방, 이식해서 발전시킨 문화였다는 것은 부정할 수 없는 역사적 사실이라는 점입니다.

더욱 중요한 사실은 임화는 이를 '이식문학사移植文學史'라는 언어의 조리개로 사실적이고 객관적이며, 진보적으로 읽어냈다는 것입니다.

더구나 그는 이를 극복하기 위해 [원본 춘향전]을 발굴하고, [조선소설사]를 증보 재간했으며, [개설신문학사]를 대담하게 기술하는 등 비상한 노력을 쏟아부어 조선학의 초석을 놓는데 결정적인 역할을 했다는 점입니다.

자, 함 보십시오.

독일이 자랑하는 세계적인 철학자 칸트Kant, 헤겔Hegel, 니체Nietzsche, 마르크스Marx의 공적은 무엇보다 그들이 자국어로 사유하고, 자국어로 학문을 했다는 데 있습니다. 괴테Goethe도 마찬가지입니다. '괴테사전'이라는 말이 있거니와 그는 독일의 문화적 자존심을 상징합니다. 독일의 철학과 사상, 문화가 세계무대에 등장하고 세계사상과 문화를 이끌고 갈 수 있었던 것은 바로 '독일어'라는 문화와 사상의 유전자로서의 도저한 '정신과학intellectual sciences'의 유산이 있었기 때문입니다.

마찬가지로,

우리에게 이런 정신과학으로서의 문학적 유산legacy을 남긴 사람 중의 하나로 나는 시인보다 조선학을 일군 발군의 문화인으로서의 임화를 평가하고자 합니다.

끝.

해설 : 조재훈

그러나 또는 발견의 시학

조 재 훈
시인·문학박사·공주대 명예교수

1. 들어가며

이 책은 세 부분으로 짜여져 있다. 앞 부분은 서론격으로 시 쓰기의 인식론적 기초이고, 그 다음은 본론으로 시편 48수가 비교적 짧은 평과 함께 실려 있다. 마지막은 치열하게 살다간 임화의 문학에 대한 글이다. 저자의 문학관을 알 수 있는 자료다. 짜임이 그런 대로 갖춘 성의 있게 만들어진 책임을 대뜸 알 수 있다.

앞서 서론 격인 글은 '글쓰기 생산의 기호인식론적 기초'라고 되어 있어 어렵게 느껴지지만 쉽고 재미있으며 감동적인 안내의 글이다. 뮌헨에서 나온 두툼한 부피의 고흐 전집을 자랑스럽게 소장하고 있는 필자도 처음 보는 고흐의 그림 '가지 잘린 버드나무'가 페이지를 열자마자 나타났다. 어두운 얕은 하늘과 하늘보다 넓은 황량한 땅 그 중심에 부드러움을 자랑하는 버드나무가 중도막에서 딱 부러진 채 왼쪽으로 기울어 있는, 그러나 단단하게 서 있는 그런 그림이었다. 고흐의 비타협의 고독과 좌절이 절절이 배어나 있었다. 저자는 '지독한 가난과 처절한 고독에 시달리며 살아야 했던 그의 불우했던 젊은 날을 모티브로 한' 작품이라고 짐작하면서 '미적 충격에 빠지게 되었고 마침내 그것도 잊히지 않는 고뇌가 되어 예술창작의 한 원천으로 자리잡았다'라고 했다. 그가 말하는 미의 '인식론적 기초'는 바로 이런 것이다.

그런 것을 입증하기 위해서 기형도의 가난과 좌절의 시를 예로 들었고 또한 독일 괴테의 조금은 호강스러운 로테를 향한 불꽃같은 사랑을 들었으며, 심지어는 플로베르의「마담 보바리」에 나오는 엠마의 허영에 찬 뜨거운 연애 행각을 들었다. 그런 행위를 통해 얻는 카타르시스(아리스토텔레스), 외화(外化)(헤겔), 승화(프로이트)를 통해 우리네 삶을 한 차원 높은 세계로 고양시키는 '미적 힘의 불가사의'가 예술(시) 존재의 근거라고 판단하고 있다.

그가 오늘날 황금만능의 스노비즘을 혐오하면서 그것을 극복하는 방법으로 시가 절실히 요구됨을 누구보다 절절한 목소리로 말한 이 저서를 세상에 내놓은 이유다.

이러한 주장을 강화하기 위해 저자는 폭넓은 독서량을 과시해 준다. 칼 마르크스, 헤겔, 보들레르, 니체 등이 등장한다. 저서의 전편을 통독해 보면 가타리, 들뢰즈, 데리다, 바흐찐, 루카치, 사르트르, 하이데거, 라캉, 르네 지라르, 소쉬르 등 수없는 서구 지성인들이 원용되고 있어 그의 독서량에 놀라게 된다.(이 문제는 뒤에 가서 잠깐 다시 언급하게 될 것이다.)

이러한 전제하에 이 저서의 본론격인 시 48수를 전광석화 식의 날카로움으로 순례한다. 4부로 나뉘어 각 부마다 12수가 소속되어 있는데 무슨 뚜렷한 준거는 드러나지 않는다. 평소에 눈 여겨 두었던 작품들을 선택한 느낌을 준다. 한국시가 대부분을 차지하며 그것들은 거의 젊의 층의 것이다. 때로는 정몽주, 조식의 짧은 한시도 있다. 젊은 층의 것이라 해도 널리 알리어진 이른바 유명시인으로부터 잘 알려지지 않은 신인에까지 이르는데 선자의 의지와 고집이 보인다. 그밖에 외국의 시가 취급되어 있다. 칠레의 네루다. 영국의 쉘리, 불란서의 보들레르, 독일의 브레히트 심지어는 그리스의 호메로스, 헤시오도스 등의 작품이 실려있을 뿐 아니라 이백, 조조의 것도 있다. 모든 작품의 비평(단평)을 해설한다는 것은 지면이 제한되었을 뿐 아니라, 지루할 듯 싶어 각부마다 3~4수씩 임의대로 골라 가볍게 훑어보도록 하겠다.

2. 비평의 해설

먼저 그의 비교적 짧은 비평에 대해서 알아둘 필요가 있다. 요약하면 대충 세 층위가 된다. 첫 번째, 시에 직핍하는 독창성이다. 이것은 그의 글에 자주 드러나는 '그러나'와 숨은 '그러나'의 결과물이다. 부정의 접속부사는 앞의 서술이나 사항을 거부하는 강력한 장치다. 견고한 거부를 통하여 사물의 진면목에 도달하는 길을 찾고 있다. 때로는 그것이 선문자 비슷한 것으로 나타나기도 한다. 그의 해설에 보이는 무수한 「그러나」는 그런 참 찾기의 결과다. 그러한 어투는 뒷부분에 가면서 "나는 그렇게 본다"는 말로 바뀐다.

둘째, 발견이다. 일상의 때 묻은 벽을 뚫고 사물(대상)의 핵과 만나는 것은 놀람이다. 경이의 발견은 좋은 시의 타고난 길이며, 그것을 아는 것은 좋은 향수자-비평가(독자)의 임무이다. 예사롭게 방치된 것에서 깊은 이미지와 의미를 찾아내는 그 싱싱한 힘 그것을 저자의 비평에서 본다.

셋째, 저자는 삶과 세계의 이상을 추구하는 뜨거운 정신의 소유자다. 시의 미세한 형식적 기교를 무신경하게 보는 것은 그 때문이다. 물론 시의 섬세한 여러 차원의 구조에 대하여 민감한 것은 비평가의 당위적인 미덕이지만 이 저자는 그런 것보다 시와 시인의 철학성, 그 정신에 더 방점을 두고 있다.

넷째, 시어로서의 특수성에 대한 투철한 신념이다. 입말의 공동체 의식, 모국어의 살아있는 역사성, 언어의 무력감 등에 민감하며 또 그런 것에의 투철한 자각이다.

위와 같은 사항을 포괄적으로 염두에 두고 그의 평설을 보아야만 제대로 그의 안(속)을 엿볼 수 있다. 그러한데도 불구하고 때로는 사물에 대한 유연성이 부족하다는 느낌을 갖게 된다. 고집스러운 주장 때문이다. 위에 든 것들을 포괄적으로 이해하면서 수용해야 할 이유가 여기에 있다.

【제1부】

■ 엄마 걱정 – 기형도

평자는 기형도의 시에 대한 관심이 깊다. 서론에 든 것까지 합치면 이 저서에 세 작품을 언급하고 있는 셈이다. 그의 불우한 생애와 요절, 그리고 궁핍과 좌절에 대한 연민이 작용하기 때문이리라.

이 시는 시적 화자의 어머니에 대한 유년 시절의 '걱정'을 평범한 듯하지만 아프게 드러내 준다. 평자는 이렇게 분석한다.

"해는 시들어 날이 어둡고 빗소리까지 고요한데, 방이 비어 있다. …"

… 빈 방이라는 막막한 사물 공간이 나를 압도하는 순간, 인간이 경험하는 것은 '불안'과 '공포'다, 과연 불안과 공포라는 정서는 "… 안 오시네, … 엄마 안 오시네, … 안 들리네 …" 라는 단편적 주조음의 반복적 색체를 띠고 이 시 특유의 괴기적이면서 고립적 분위기를 형성하고 있다.

'괴기적'이라는 지적은 좀 적절하지 않게 보이지만, 꽤 치밀하게 '빈 방에 혼자 엎드려 훌쩍거리던' 그 세상의 고통에 면역이 되지 않은 유년의 슬픔을 뛰어나게 분석해 낸다. 이 비평의 끝부분은 그의 탁월한 감수성과 비평안을 엿보게 한다.

■ 장진주(將進酒) - 이백

그대 보지 못하였는가
황하의 물이 하늘로부터 내려와
바다로 치달아 다시 돌아오지 않는 것을
그대 보지 못하였는가
고대광실 밝은 거울을 비추며 백발을 슬퍼하는데
아침저녁 검은 머리 해저물녘 눈빛처럼 희어지는 것을 (하략)

이태백은 술과 달로 유명한 방랑의 시인이다. 악부제의 칠언고시인 이 시에서 세상에 대한 비분강개와 어디에도 매이지 않는 호방한 기백을 잘 드러내고 있다. 왜 편자는 이 시를 1부에 넣었을까? 소인배가 들끓는 계산 속의 속물에 대한 비판과 저항 때문일지 싶다.

사실 이 시는 호탕해 보이지만 처량한 허무감으로 마무리되어 있다. 그러나 평자는 시 속에 "하늘이 나를 태어나게 하심에 쓸모가 있었음이려니"라 한 구절을 취하여 희망을 발견한다. 그는 말한다. '돈이사 흩어지면 다시 돌아오기도 하는 것이려니… 좁직하게 호도 속 같은 삶을 살아가는 인생들에게 여기, 이백의 언어는 참으로 단단한 호도 껍질을 깰 만한 금칼에 견줄만 하지 않은가'라고. 끝에 다음처럼 그는 큰스님이 소리쳐 부처님 말씀하듯〈할〉을 한다. '사자가 한번 울부짖으니 여우의 골이 찢어지도다. 할!'

■ 유덕선, - 모과나무 아래서

유덕선은 신인이다. 때 묻지 않은 풋풋한 서정으로 자연의 순수와 만나는 시인이다. 그의 시에는 그늘이 없다. 밝고 아름답다.

잎진 나무에 드러난 못난 얼굴
떨어진 잎과 함께 훌쩍 떠났으면
그 몰골 모르고 지났을텐데

가을이 가고 겨울이 오는 어느 날 우두커니 바라보다가 두고 온 고향의 엄마와 장독대 빈 항아리를 그리워하는 마음에 젖는다. 저자는 이렇게 말한다.

가을도 아니고 겨울도 아닌, 오늘도 아니고 내일도 아닌 세계, 거기는 경계의, 머뭇거림이 지나가는 자리, (중략) 바로 거기에 우두커니처럼 아니, 바보처럼 모과는 못난 얼굴을 하고 무슨 미련을 지닌 넋처럼 제 몰골을 드러내고 있다.

바보도 같고 빈 항아리 같은 너(모과-필자)를 보고,

아흐, 나는 비로소 미련을 털고 겨울바람을 맞을 채비를 하고, 저 깊은 경계 너머로 다시 들어갈 수 있는 것이니……

그는 이렇게 단호하게 핵심을 드러낸다. 글쎄 지나친 말일까, [금강경오해]에서 야부(冶父)의 송(頌)을 만나는 느낌이다.

■ 봄비 – 정몽주

짧은 시다. 절구.

봄비 보슬보슬 들더니
밤새 토닥토닥 빗소리
눈 녹아 시냇물 넘실거리고
새싹도 꽤나 돋아나겠지

선죽교에서 피살된 그. 이조의 역신이지만 조선시대 문묘에 배향된

조선 성리학의 비조. 그의 이 시를 두고 저자는 누가 있어 이렇게 몇 마디 시어로 봄비 내리는 정경을 생동하게 표현할 수 있단 말인가, 라고 하면서 '생명의 약동을 예견하는 대목에서, 정치적 시사'를 엿보게 하는 예견을 발견한다. 그 벅찬 느낌을 백제가요 정읍가 후렴 '아흐, 다롱디리'를 읊은 다음, '경중정의 맛이라니 - 누가 있어 무심한 봄비에 이렇게 많은 뜻을 쟁일 수 있단 말인가, 시의 꽃은 이렇게 시간으로도, 아니 그 어떤 이데올로기의 칼로도 버힐 수 없나니 문향의 강고함이란 바로 이런 것이지 않은가' 이렇게 감동하고 있다. 「봄비」의 한 현상에서 길고 긴 실꾸러미를 풀어내는 것이 좋은 시인이며 또한 뛰어난 시의 향수자가 아닌가!

【제2부】

■ 그날 – 이성복

평자는 이성복의 「그날」을 읽고 평설을 시작한다. '그날은 잊을 수 없는, 아니 잊어서는 안 될 불망(不忘)의 날이다. 엄마 생신, 아버지 기일, 애놈들 생일…8·29, 3·1, 8·15, 6·25, 4·19, 5·16, 4·16…아아 잊으랴 우리 어찌 그날을…'

그날 태연한 나무들 날아오르는 것은 다 새가 아니었다
(중략)
그날 몇 건의 교통사고로 몇 사람이 죽었고, 그날 시내 술집과 여관은 여전히 붐볐지만 아무도 그날의 신음소리를 듣지 못했다. 모두 병들었는데 아무도 아프지 않았다.

'그날'은 '어느 날'이 아니다. 고유명사의 날이다. 그 '그날'의 연속이 우리 시대의 모습이다. '그날'은 그리하여 이내 망각되는 그날이 된다.

이성복은 그 무감각을 날카롭게 풍자하고 있다. 평자는 시인의 이름을 힘 있게 호명한다. '시인 이성복' 그리고 이렇게 묻는다. '그는 이렇게 이성이 마비된 사회에서 아무도 아프거나 신음하지 않는다. (중략) 그리하여 그는 묻는다. 〈뒹구는 돌은 언제 잠 깨는가〉라고'. 평자가 앞에서 열거한 바 숫자가 주는 날짜의 사건들을 하나하나 풀어가는 것은 독자의 몫이다. 역사와 시간을 보는 평자의 눈이 예사롭지 않다.

■ 와송 – 하재일

와송은 瓦松이다. 오래된 개와(기와)에서 나는 버섯류의 식물이다. 갯바람 센 무인도에서도 자라는 모양이다. 그 미세한 와송을 시인 하재일은 이렇게 노래했다.

바람에 실려온 적은 흙속에서 살아남다 보니
덜 먹고 조금씩 싸면서
죽지 않고 견딘 덕에 온몸 가득 독을 품게 되었는데

어느 날 뭍에서 건너온 사냥꾼에게 뽑혀
무절제한 세상 밖으로 뿌리째 붙들려 나가
이 악물고 쌓은 독이 무서운 암치료에 쓰이게 될 줄이야

사람도 위태로운 바지랑대 끝에서

남모르게 독기를 품고 버티고 살아남아야
일생을 걸었던 꿈이 세상에 필요한 약으로 쓰일 수 있다.

이 시가 갖는 알레고리는 여러 현상에 두루 적용할 수 있다. 다양한 내포를 이 시는 사람에 따라 또는 사정에 따라 보여준다.

평자는 감동 어린 어조로 이렇게 말한다. '우리는 시인이 얼마나 미소한 약자의, 마이너의 세계에 큰 관심을 기울이고 있는지를 안다. 이렇게 시인이 미소한 풀처럼 나약하고 힘없는 지하 세계에서 그러나 바로 거기에 〈약한 놈도 쓸모가 있다〉는 〈은칼〉을 꺼내드는 순간, 아니 원석으로 묻혀있는 〈금칼〉을 캐내는 순간 우리는 비로소 이 시인이 위대한 사랑을 간직한 시인임을 주목한다.'

시인의 약자에 대한 사랑을 날카롭게 지적하면서 흥분하는 평자의 태도에서 우리는 또한 감동을 받게 된다. 이 시에서 하나 아쉽다면 할 이야기가 더 숨어 여백으로 처리되었으면 하는 것이다.

■ 우크라이나에서 온 여자 - 임성용

우크라이나에서 노동자로 온 소수민족의 러시아계 여인, 마흔 중반을 넘은 여인, 이름은 율리아,

염색 공장이 밀집한 능안공단 아랫말
빈 사를 개조한 집으로 세를 들어온 그녀는
큰 가방 두 개를 끌고 나타날 때부터 실업자였다.

이것은 다문화의 문제가 아니다. 자본이 보여주는 인간의 착취요 비인간화의 극치를 보여주는 비극이다. 평자는 시적 수사를 과감히 버리면서 현실의 비극을 보여주는 이 시 앞에서 흥분을 감추지 못하고 있다.

보라, 갈수록 깡패자본주의, 매춘자본주의가 되어가는 지구촌 시대, 글로벌 노동시장에서 몸조차 팔 수 없는 국제 미아, 갈보가 어떻게 흔적도 없이 스러지는지, 디아스포라의 비극을 핍진하게 형상화한 임성용의 시가 보여준 '원초적 사실주의'의 진정한 힘이 무엇인지를 …

현실의 이러한 비극을 날카롭게 보여주는 평자의 안목을 누가 신뢰하지 않을 수 있겠는가!

■ 남신의주 유동 박시봉 방 – 백석

기형도의 시 못지않게 평자는 백석의 시를 이 2부에서 세 편이나 담고 있다. 이것은 그 가운데 하나다.

근자 백석이 우리 시단에 준 위력은 놀랍다. 그러한 현상을 어떻게 해석해야 할까? 일부의 모더니스트는 아나크로니즘이라고 비웃을 수도 있을 것이다. 진보론자들은 복고 취향의 퇴영적 태도라고 평가절하할 수도 있을 것이다. 그럼에도 지속적으로 그의 시가 놀라운 확장을 거듭한 데에는 그럴만한 이유가 있을 것이다. 첫째는 빠른 시대의 변천에 따른 인간의 실향의식에서 오는 유년적 유토피아에의 부활이다. 빠른 속도로 도시화되고 서구화 되는 이른바 문명의 소용돌이에서 하나의 피난처 또는 구원의 오아시스로 여기게 된 것일 수도 있다. 둘째는 해방 이후 특히 6·25 이후 자꾸만 상실되어 가는 외래어화 한 모국어의 타락, 도시화로 인한 인정을 중심에 둔 농본사회의 붕괴 등에 대한 본능적 반성이 백석 편애의 기저에 있다고 할 수도 있다. 한국적 정서를 바탕에 둔 소월이나 영랑 등의 수용을 비교해 볼 때 그 원인이 분명하게 드러나리라고 본다.

백석의 시 가운데서도 여기에 제시한 이 시를 좋아하는 독자가 매우 많다. 그것은 사람(주로 남성)이 갖는 원천적 유랑의식에다가 일제 강점기의 핍박에 따른 도피와 밀접한 관계를 갖는 것이 아닌가 싶다.

시의 화자(백석)는 고향 함경도를 떠나 이국(중국)과 경계한 평안북도 남쪽 신의주 유동이라는 마을의 허물어진 방 한 칸을 얻어 임시로 살게 된다. 집주인은 목수인 박시봉. 방은 일본인이 편지에 쓰는 집주인 주소이다. 그러니까 임시로 쥔을 붙였으니 주인집 쪽(방향)이라는 말이다. 일찍이 2세기 동한(東漢)의 저명한 학자 정현(鄭玄)은 方을 방(房)이라고 한 바도 있다. 그러니까 그 주소 아래로 '백석 귀하'가 놓인다.

그 백석의 주거 공간을 이 시는 보여준다. 이 말 많은 작품을 평자는 자기 나름으로 그 가치소(그가 추구하는 작품의 종착점이다)을 추구한다. 그 도착점을 향해 평자는 숨가쁘게 〈그러나〉를 거듭한다. 자기 나름의 참을 찾기 위한 부정의 발로다. 독자들은 주의 깊게 읽으면서 부정을 거듭하여 도달하는 그 역정에 동참해야 한다. 해설이 없이도 재미난 그 터널을 통과하라. 그것이 바로 공부이므로.

【제3부】

■ 어느날 고궁을 나오면서 – 김수영

김수영도 평자에게 다른 어느 시인보다 호감의 대상이다. 낡은 현실에 대한 저항의 힘과 그것을 드러내는 언어의 직선적 활달함 때문이다. 낡은 것에 집착하는 속물근성에의 치열한 공격은 대담하다.

제목이 갖는 '어느 날 고궁을 나오면서'의 '고궁'이 갖는 함의는 자못 암시하는 바 크다. 시작부터 '고궁'을 이탈하면서 자아의 속물성을 공격한다.

왜 나는 조그마한 일에만 분개하는가
저 왕궁 대신에 왕궁의 음탕 대신에
오십원짜리 갈비가 기름덩이만 나왔다고 분개하고
옹졸하게 분개하고 설렁탕집 돼지 같은 주인년한테 욕을 하고
옹졸하게 욕을 하고

시는 이렇게 거침없이 시작된다. 비평가는 말한다. '자신이 점점 소시민이, 프티 부르즈아가 되어가고 있다고 자학하고… 자신이 점점 옹졸하게 소심해지고 있다고 반성하고, 또 자신이 좀스런 이기심에 짖어 점점 더 작아지고 있다고 극단적으로 내몰고 있다'고.
이 말에 이어 또 〈그러나〉가 출현한다. 바로 여기가 누구의 말도 아닌 비평가의 진짜 언술이다. '그가 그렇게 자신을 치열하게 반성하고 날카롭게 성찰하고 있지만 기실 부당한 권력에 대한 채찍에 더 가깝다.

그러니 이건 참 아이러니 아닌가'라고. 그리하여 '설렁탕집 돼지 같은 주인년'의 대목을 '통쾌한 자유 펀치'라고 말한다.

또한 비평가가 주목하고 있는 것은 혁명적으로 잡다한 일상어, 속어, 비어 등이 자유롭게 폭발하듯 구사되고 있다는 점이다. 이것은 전통적인 시들의 말장난에 가까운 수사적 취향에 대한 도전으로 계급의식에 근거한 것으로 볼 수도 있을 것이다. 아어(雅語)에 대비되는 속어, 비어 등에서 아름다움을 찾는다는 점에서 탁월한 근대의식의 진보성을 소유한 비평가라고 할 수 있다.

김수영의 이 시의 비평 끝부분에 있는 예시와 비평을 보고 놀라는 사람이 있을 것이다. 이것은 한마디로 말하여, 위선을 공격하는 위악의 시다. 긴 일제강점기 끝의 광복이 주는 환희와는 달리 나라의 정치, 경제, 사회, 문화 등은 똑바로 가지 못하고 타락과 부패로 일로매진했다. 그 결과 민족상잔의 6·25를 겪고도 반성 없이 나라는 더욱 나락에 떨어지게 되었다. 그 몸부림이 전후 50년대가 끝나자 4·19혁명으로 나타났다. 그러나 그러한 시련에도 민족적 자각은 철저하지 못 했다. 지배 권력은 그 권력의 유지와 확장에 여념이 없었다. 양심 있는 지식인 특히 문학인은 그 타락과 부패에 치열하게 저항함으로써 활로를 제시해야 했다. 그러나 유미주의자나 현실에 영합하는 자들이 활개를 쳤다. 이때 양심의 선두에서 항거한 시인의 대표적인 사람이 바로 김수영이었던 것이다.

그의 시 「눈」, 「폭포」 등에서 보듯 지적 수사를 비웃으며 폭포처럼 분노로 풍자했다. 사후 발표된 「풀」에서 시의 민중성과 예술성을 만나게 되는 것은 우연한 일이 아니다. 어쨌든 시대정신으로서의 양심에 투철한 그리하여 위선에 대항한 위악의 길을 택하지 않을 수 없는 저간의 사정에 아픔과 슬픔을 갖게 된다. 살아있는 김수영의 시정신을 높이 평가하는 것도 그 때문이다.

■ 이 가을에는 - 김남주

5·18 광주민주항쟁의 뜨거운 정신 한가운데 우뚝 선 시인이다. 민족과 민중 주체의 자유와 평등을 위해 싸운 불멸의 전사다. 그를 생각할 적마다 체 게바라를 떠올리는 것은 무엇 때문일까. 그의 정의는 강고했다. 시와 삶이 분리되지 않았다.

이 시를 두고 너무 쉽고 말이 많다고 헐뜯는 것은 잘못이다. 절절한 시대 아픔을 민중의 언어로 드러내 주고 있기 때문이다. 화자는 오라에 묶여 이 좋은 가을 전라도 어느 감옥으로 압송되어 가고 있다. 들판에서 일 하는 아버지의 논, 어머니의 밭을 지난다. 착취만 당하다 분연히 일어서 동학전투를 벌인 황룡강을 지나며 오늘의 현실과 오버랩시킨다. 이 높고 푸른 조국의 하늘 아래 푸른 죄수복 입은 죄수가 되어 차에 실려 지나간다.

이 책의 비평가 늘샘은 말한다. '나는 그를 말할 자신이 없다. 내세울 것 없는 남루한 삶이 차마 부끄럽기 때문'이라고. 그러나 그는 거듭 말한다. '개인적 진실을 넘어서 역사적 진실에 합류하는 그의 전복적 소외의식을 누가 거부할 수 있단 말인가 … 과연 중요한 것은 〈그러나〉다.'라고.

그러나 나를 태운 차는 멈추지 않고
들판을 가로질러 역사의 강을 건넌다.
갑오농민들이 관군과 크게 싸웠다는 황룡강을
여기서 이기고 양반과 부호들을 이기고
장성 갈재를 넘어 전주성을 넘보았다는
옛 쌈터의 고개를 나도 넘는다

말과 행동이 하나였던 짧은 생애의 불꽃같았던 시인-김남주, 그를 그는 가슴 속 깊이 기린다.

■ 단가행 – 조조

17쪽이나 되는 많은 분량을 조조와 그의 단가행에 관해 쓰고 있다. 이것은 비평가의 대학 시절 전공이 한문학이었다는 사실과 무관하지 않을 터이다. 그러나 그것보다 더 중요한 것은 조조는 간웅이라는 유가적 견해의 관습을 부수고 그의 살아있는 현실주의(리얼리즘)를 높이 평가하고 있다는 사실이다. 「삼국지연의」에서 보여준 조조는 지략이 뛰어난 간웅이다. 그러나 그의 삶과 문학은 진솔하다. 그것을 이야기하기 위해 평자는 다각도로 살펴보고 있다. 어찌 보면 반조조에 대한 공격적 변호로도 보인다. 그러나 조조의 특히 그의 문학에 관한 평가가 중국에서도 높은 점을 생각할 때 그만의 독특한 견해는 아니다.

위진 남북조는 혼란한 사회이면서도 개방적인 문화의 꽃을 피운 개성의 시대로 평가받는다. 불교, 도교 등의 그리고 다재다능한 사상가, 문인들이 출현하여 문화의 꽃을 활짝 피웠던 것이다. 그런데 문학의 경우는 중국 특유의 전통일 수 있지만, 언어생활과 유리된 문자 언어의 격식과 수사에 구속되어 있었다. 그것이 문(紋)으로 정착되면서 실생활과는 먼 것으로 전락했다. 4·6변려문은 그 대표적 예라 할 수 있다.

이것에 정면으로 반격한 것이 조조와 그의 두 아들 조비, 조식의 삼부자다. 이들이 중심이 된 문학을 '건안문학'이라고 이르는 것은 다 아는 바다. 나약한 귀족적, 비사실적 형식의 미를 배척하고 강한 작가 정신을 강조하였고 이를 일러 후세인들은 풍골(風骨)이라 칭했다. 이 풍골은 시가의 허세와 사치의 허약성을 비판할 때 늘 등장하곤 했다. 말하자면 리얼리즘의 정신인데 기나긴 중국문학사의 중요한 대목에서 항상 논의되곤 했음을 우리는 잘 알고 있다.

평자는 그러한 조조의 리얼리즘이 갖는 철저한 정신에 동조하고 있다. 따라서 지배층의 지배관념인 재도(載道)의 문학관이 배격된다.

비분강개 하여 노래를 불러보지만
근심은 잊을 수가 없구나
이 근심을 어떻게 풀어낼까
오직 두강의 술이 있을 뿐

술이 등장하는 남성의 호기가 생동감 있게 나타나는가 하면 다음과 같은 감상적인 인간미와 예지를 자연스럽게 드러내기도 한다.

달이 밝아 별이 드문데
까막까치 남으로 돌아가네

나무를 세 바퀴나 돌았지만
어느 가지에 의지하겠나
산은 높은 것을 마다하지 않고
바다는 깊은 것을 마다하지 않는 법

평자가 조조의 시에 매력을 느끼고 누누이 그것을 예찬하는 것은 무엇에 기인하는 것일까? 아마 그것은 오늘날 우리 대부분의 시가 난해한 비현실적 관념과 섬약한 언어유희에 빠져 있기 때문이지 싶다.

■ 서풍의 노래 - 쉘리

쉘리는 19C초 영국이 낳은 걸출한 낭만파 시인의 한 사람이다. 바이런, 키이츠 등의 시인 등과 한 세기를 낭만주의의 돌풍으로 장식했다. 바이런의 관능적 유랑성, 키이츠의 도피적 섬약성 등과는 달리 쉘리는 남성적 강건과 저항성을 보여주었다. 옥스퍼드대학을 다닐 때 「무신론의 필요성」이라는 작은 부피의 인쇄물을 내어 퇴학 당하기도 했다. 또한 코러스의 오드(Ode)로 구성된 「프로메테우스의 해방」을 쓰기도 했다. 매우 남성적이며 낭만적인 그의 시정신은 이상주의를 바탕으로 했다. 말년에 발표한 「서풍의 노래」(서풍부)는 그 대표적인 작품이다. 그는 유명한 그의 논저 「시의 옹호」에서 시인을 예언자라 했고 또한 입법자라고도 했다. 무저항적 저항의 이상주의자 함석헌 선생이 생전에 애송한 시이기도 하다.

오, 거센 서풍이여 그대 겨울의 숨결이여
눈에 보이지 않는 그대로부터 죽은 잎사귀들은

쫓기네, 마치 마법사에 쫓기는 유령인 양

이렇게 남성적 에너지가 넘치는 대륙성의 호흡은 줄기차게 5부나 길게 이어진다. 이 작품을 세계적으로 유명하게 한 것은 이 긴 시의 끝 연이다.

예언의 나팔이 되어라! 오 서풍이여
겨울이 오면 어이 봄이 멀겠는가?
겨울이 오면 봄이 어이 멀겠는가?

전투적 낭만성이 사람의 절망을 몰아낸다. 거센 겨울 서쪽에서 불어오는 하늬바람, 차가운 겨울바람은 희망과 기쁨의 봄을 가져오는 힘이 된다. 이 시는 전부 5개의 절, 한 절마다 다섯 개의 연(stanza), 그중 네 개 연 3행(line), 마지막 1연은 2행으로 되어 있다. 윗 연은 전 5절 중 마지막 5번째의 다섯 번째 연이다. 그러니까 이 시의 마지막이 된다.

참고로 그 원문은 이렇다.

The trumpet of a prophecy! O Wind,
If Winter comes, can Spring be far behind?

이 시에 대한 저자(비평가)의 생각이 어떠한 것인지 아는 것은 의미 있는 일이다. 조조의 풍골사상과의 관련성도 생각해 볼 일이다. 본인(비평가)이 로맨티스트라고 누누이 강조하면서 '낭만주의자가 된다는 것은 현실주의자(리얼리스트-해설자)가 된다는 것'이라는 말의 뜻하는 바, 역설의 의미를 깊이 있게 찾아 주었으면 한다.

【제4부】

■ 시- 김영한

비평가는 비평의 첫머리에 '오래전 어느 노동 잡지에 실린 시'라고 했다. 어쩌면 시단과는 무관한 이른바 무명의 시인(독자)이 쓴 작품인지 모른다. 누구나 진정성을 담고 있어 그렇게 예견하고 읽게 된다. 진짜 시는 무슨 휘황찬란하거나 우리와 먼 곳에 있는 것이 아니라 생활이다. 생활 중에서도 노동자의 고달픈 여백이다. 그런 메시지를 내포하고 있다.

시는
자운영 피던 봄날
아지랑이 적시고 고향 등지고
전자 조립공 벌써 삼 년
잔업 마친 영숙이가
모두들 곯아떨어진 기숙사 구석에서
하얗게 들여다 보는
빛바랜 가족사진이다.

3연중 첫 연이다. 고향 떠난 지 세 해가 되는 처녀 '영숙'이 잔업 마치고 돌아와 피로에 지쳐 잠에 떨어진 동료들 한 구석에서 잠들지 못한 채 보고 또 보아 하얗게 빛바랜 고향의 가난한 가족사진-바로 이것이 시라는 것이다.

둘째 연은 도시에 와 외곽으로 밀려나 구로동에서 술 팔고 몸 파는 '미스정'이 화장실에서 남몰래 꺼내 읽고 또 읽는 가난한 고향 어머니의 딸 걱정 가득 찬 편지다. 시는 그렇게 3연에 오면, 대성철공소 선반공 김 씨의 가족을 향한 헌신으로서의 가볍기 짝이 없는 노란색(어쩌면 그의 얼굴 색깔 같은) 월급봉투로 끝난다.

도시화와 산업사회로 말미암아 도시 빈민층이 된 노동의 소외자 계층은 비인간화의 빈곤에 시달린다. 가난한 시골의 가족사진, 고향 어머니의 편지, 얼마 안 되는 턱없이 얇은 봉급 그런 것들이 시로 대치된다. 그러니까 진짜 시는 이런 것이라는 선언이 된다. 시의 제목 '시'는 그것을 말해준다. 쉽게 읽히면서 가슴이 찐해지는 것은 비단 해설자만이 아닐 것이다.

평자는 이 시를 통해 시 양식의 담지가 갖는 독점성을 비판한다. 평범한 일상사가 시가 되어야 한다는 주장이다. 그 평범은 노동을 근저로 한다. 그러나 평범한 일상사가 시가 되기 위해서는 단순한 현실의 복사가 아니라 '밀도 있는 결정체'가 되어야 한다고 주장한다. 그러나 시인은 결코 특별한 자가 아니다. 모두가 시인이 될 수 있다는 게 그(비평가)의 주장이다. 글의 밑에 그는 〈나는 그렇게 본다〉고 덧붙이고 있다. 제4부의 평석에서 자주 만날 수 있는 이 말에는 자기만의 발견, 자기만의 놀람 그런 '자기만'을 의식한다는 독창성이 저변에 깔려 있다.

■ 님의 침묵 – 한용운

너무나 널리 알려진 이른바 유명한 시의 하나다. 많은 연구자의 많은 연구가 있어 독창적인 견해를 만난다는 것은 기대하기 어렵다. 시도 세상의 모든 예술처럼 무한히 문이 열려 있다. 사람(얼마나 복잡하고 다양한 존재인가)에 따라 시대(얼마나 많은 시간의 지속과 그 양상이 명멸하는가), 공간(공간이 형성하는 의식주의 근거는 또 서로 얼마나 다른가) 등등에 따라 문이 각각 다르다. 의미의 생성이라 할까 그것은 무한급수에 가깝다. 그러한 점에서 보편성을 추구할 필요가 있으나 그것은 바람일 뿐이다. 이렇게 보면 언어 예술로서의 시를 보는 시각은 무책임이 될 정도로 무한하다.

그러나, 의식(독자)의 다른 의식(작품)을 만나는 행위는 기본이기 때문에 그 사이에서 그 나름의 의미작용이 일어나고 감동, 재미 등의 결과를 얻게 된다. 이 저서의 비평가는 무엇이 다를까? 그가 불교사상의 탐구에 공력을 보여준 바를 알고 있어서 그 범주에서 이해하려니 했다. 그러나 여기에서는 그게 아니었다. 문체였다. 이 시가 보여주는 문체의 정신을 그는 꿰뚫고 있었다.

그는 말한다. '시대는 인생론과 인식론, 문체론의 일치를 요구'한다고. 만해가 살던 시대는 전통적인 정형시, 민요조 서정시, 신경쇠약증의 창백한 언어 등이 지배하고 있었다. 그는 그 틀을 완전히 부수고 산문시체, 그것도 경어투의 입말을 구사했다. 그러한 사실을 이렇게 말하고 있다.

그러나 한용운은 벌써 문체부터 달랐다. 그는 산문적인 호흡으로 자신이 처한 상황(님은 갔습니다)을 차분하고 냉정하게 인식의 거리 저편으로 위치시키며 자신을 외화시킬 줄 아는 성숙한 태도를 지니고 있었다. 산문적인 어조를 바탕으로 한 대중적이고(연애시) 친근한 구어적 문체를 구사하고 있다는 것은 주관적인 직정에 매몰되지 않고 시적 형식 속에 이성의 환기를 줌과 동시에 그 이성적인 환기의 대상이 자신만이 아니라 이 땅의 다수 민중들이라는 소수집단에로의 길, 고통만이 희망이 될 수 있다는 역설적 해방의 길을 예비하고 있기 때문이다. 다시 말해 한용운의 혁신은 우선 문체의 대중적 혁신으로부터 왔다.

이러한 문체론적 인식은 시대의 흐름에 따른 변천의 양상을 종합적으로 치밀하게 검토할 것을 요구한다. 곧 문체의 정신과 시대와의 정신, 상호 참투적 관계성, 영향의 문제 등 검토해야 할 사항이 적지 않게 기다리고 있다.

3. 저자·문학관·기타

급한 부탁을 받아 바삐 쓰는 글이지만, 글쓴이에 관하여 조금이라도 말하는 것이 이 저서의 이해를 위해 도움이 되리라 생각한다. 특히 이 글은 해설이 아닌가.

저자 김상천(金相天), 아마 소리에 따라 '常泉'으로 바꾸고 그것을 다시 우리말 뜻으로 바꾸어 '늘샘'이라고 부르는 것이라 이해한다. 이것은 순 내 개인의 생각이어서 틀리는 것일 수도 있다.

공주사범대 한문교육과를 다니면서 중국 고대 철학과 문학을 공부해 그쪽에 밝다. 송명의 이학이나 우리나라 유학에 관해서도 관심이 많은 것으로 알고 있다. 서양의 문학에 관해서도 적지 않은 독서의 편력을 한 바 있고 또 하고 있다. '독서광'이라 해도 지나치지 않는다. 지금은 서울에 있으면서 시도 쓰고 평론도 쓰고 있다. 시는 일찍이 1980년대 『삶의 문학』이라는 문학지에 시를 발표하기 시작하였고 근자에는 『창작과 비평』지 등에 평론을 발표하였다. 경향신문 등에 칼럼도 썼으며 그 밖에 '뉴스페이퍼' 등 인터넷 지면에 글을 발표하여 독자들의 주목을 끈 바 있다. 『텍스트는 젖줄이다』라는 저서는 국가의 현상모집에서 저술상을 받아 2년 전엔가 출간된 것으로 호평리에 읽히고 있는 중이다.

대학 시절 그는 필자와 학연이 있다. 80년대 말 그는 부전공 그런 것과는 관계없이 내 강의를 들었다. 현대시론, 현대비평론, 세계문예사조사 등의 이름을 가진 강좌였다. 가끔 날카로운 질문을 하곤 했다. 아주 진지한 학구파였다. 내가 지도교수로 있던 불청(佛靑)이라는 종교 서클에서도 가끔 얼굴을 마주쳐서 친숙하게 느껴졌다. 그는 졸업 후에도 가끔 찾아와 근황을 알리곤 했는데, 대단한 학구열을 그대로 가지고 있었다.

새로운 것을 찾으려는 탐구력으로 보아서는 학자였고, 뜨겁고 정의감이 강한 감수성으로 보면 시인이었다. 그는 혹독한 가난 속에서도 시인으로, 문예비평가로 살아가고 있다. 문학평론가가 아니고 문예비평가를 그는 완강하게 고집한다. 문학과 문예에 관해서는 Literaturwissenschaft로서의 일역에서 출발하는 관습이 아직 남아 있어 '문예학'이라 칭해 오고 있다. 실은 '문학지식학' 또는 '문학학'이 올바른 번역일 터인데 관습상 그렇게 쓰이고 있는 실정이다. 의미의 내포가 예술을 포괄하거나 그 자체가 예술이거나 그렇게 바뀌어 얼버무려 보는데 저자는 굳이 문예비평을 포괄적 개념으로 보다 애호하고 있다.

그의 문학관은 딱 부러지게 개념화하거나 범주화하기 어렵다. 그러나 그는 매사에 분명하고 성급하다. 언어에 관한 문제에 있어 더욱 그러하다. 사물과 기호로서의 언어의 관계에 대한 천착은 역사적으로 다양하다.

다음은 이 저서의 〈일러두기〉에 있는 글이다. 〈일러두기〉는 범례를 일컫는 말로 가벼운 사전 지시사항쯤 된다. 그러나 여기에서는 아주 무겁다.

사실, 근대표준어법은 획일적이라는 한계를 지니고 있습니다. 일종의 폭력입니다. 나에게는 나의 색깔에 어울리는 나만의 어법이 필요합니다. 그 누구도 마찬가지입니다. 기본적으로 스타일의 문제이기 때문입니다. 근대 언어는 이상음이라는 한계도 지니고 있습니다. 다시 말해 나의 언어관이 나의 '목소리'와 '현실음'에 기초한 것임을 참고했으면 좋겠습니다.

이 말은 요즘 인터넷의 '고유어'(개인의 창조어)를 염두에 둔 듯도 하지만 사실은 언어에의 불신을 바탕으로 한 말이다. 표쥰어법이 획일적이어서 그것을 내가 갖는 내밀한 내용(마음?느낌)을 담아낼 수 없다는 것이다.(그것을 그는 스타일의 문제로 파악하고 있는 것이다.) 규약의 언어는 '이상음'이라는 박제된 랑그뿐이어서 실체를 그대로 드러내기 어려워 내 나름의 말-현실에 의존하겠다고 선고한다. 그것은 마치 말라르메의 언어관과도 유사하고 언어 적대의 불교적 언어관과도 가깝다. 다시 말하면 사회적 계약으로서의 기호를 포기하겠다는 것이다. 이것은 비평가보다는 창작가 특히 시인에 걸맞는 말이다.

이 말의 뿌리에는 '조선얼'을 담은 '조선적 언어'가 있다. 이 저서 권말의 임화를 논하는 글에서 그는 이렇게 말한다.

사유와 정신의 독립이 없는 사막에서 어떻게 문화의 꽃을 피울 수 있고 사상의 열매를 맺을 수 있는가

일본의 개화기에 추상적인 개념어로서의 서구어로 번역한 수많은 그 명사들을 우리가 도입해 사용하고 있는데, 그것은 우리의 사유와 정신에 위배된다는 논리다. 춘향이나 [춘향전]등의 토박이말을 되살려 언어적 자립이 이루어질 때 진정한 조선학(朝鮮學)이 건립된다는 것이다. 거기에는 김태준의 입김이 들어 있다. 그러면서 그는 임화의 그 유명한 '이식문화론'(移植文化論)을 들어 '안타깝게도 그 유통기한이 끝나지 않았다'고 탄식한다. 그러니까 언어의 독립 없이 문화의 주체적 독립이 없다는 말이다. 이럴 때 '이식문화론'은 사대주의적 사관이라는 비난에서 어느 정도 벗어날 수 있을는지 모른다. 그러면서 자국어로 사유하고 자국어로 학문을 했다는 칸트, 헤겔, 니체, 마르크스의 공적을 치켜세운다.

그의 또 다른 문학 지향은 서사다. 서사는 신화나 전설을 기원으로 하는 집단 구어문학이다. 서사학에 관한 관심과 애정은 끈질기다. 그의 글에 빈번이 등장하는 용어 중에 하나가 바로 '서사'이다. 이것은 문화 공동체를 이상으로 삼는 그의 세계관에 말미암는다. 시는 장르상 개인적이지만 그 출발은 노래다. 노래는 집단의 민요이며 민요의 가락은 그 집단의 주술이나 역사를 담는다.

시는 귀족문학으로 바뀌고, 점차 문학은 다수 민중들의 양식인 서사로 바뀐다. 저자가 현실이나 민중을 중시하는 근거 중의 하나도 여기에 있는 듯하다. 전파를 매개로 하는 다중의 언어생활 시대의 도래가 그것을 밑받침해 준다.

4. 나가며

세상의 물음에는 정답이 없는 법이다. 다만 가설이 있을 뿐이다. 어떠한 것이든 하나의 물음은 무한수의 스펙트럼을 갖는다. 그것에 대한 견해는 입장에 따라 각각이며 그것은 수 없이 생성된다.

시는 정답을 찾으려 할 때 사라진다. 그냥 있는 그대로 자연 속에 피어 있는 꽃과도 같다. 그러나 언어로 표현되는 이상 소통과 감동은 숙명적으로 수반하며 그것은 객관화를 필요로 할 때가 많다. 시론은 이때 시와 다른 차원에서 비롯된다. 따진다는, 논리라는, 보편성이라는 잣대가 그것이다. 이것이 모순임을 알지만 공유의 범주와 차이를 확인하는 관습이 '배움' 또는 '가르침'이라는 제도로 흡수된다.

이곳에서 필자의 역할은 〈해설〉이다. 〈해설〉은 원전이 있어 그것을 알기 쉽고 그러나 정확하게 또 재미있게 안내를 하는 일이다. 이 일을 맡기 전에 저자가 책을 낸다기에 조금이라도 도울 생각으로 거절하지 않았는데, 쓰고 나니 마음이 개운치 못하다.

처음에는 열이나 아홉쯤의 토픽을 만들어 그것을 중심으로 이 저서의 선택된 시들을 재편집해서 서술할까, 아니면 저자의 문학관을 추출하는 심도 있는 글로 할까, 망설였다. 그러나 어려운 논문 식 글이 될 것 같아 앞에서 한 대로 처음부터 끝까지 저자의 비평을 쉽게 소개하면서 때로는 필자의 견해를 가볍게 곁들이는 식으로 맘을 먹게 되었다. 쓰다 보니 너무 양이 많게 느껴져 1부에서 4부까지 각 부별로 3~4편을 골라 썼다. 2편을 골라 쓴 곳도 있다. 유명한 시인의 작품들은 이미 논의가 많이 되었다고 보아 거의 제외하였다. 그 점 안타깝게 생각하며 널리 양해를 구한다.

하나 덧붙이고 싶은 것은 외국 문헌의 활용 문제다. 이것은 비단 이 저서에만 국한 되는 것은 아니다. 이 저서는 본격적인 논문이 아니고 단평 형식의 비평서이기 때문에 반드시 적용되지는 않는다. 인용하는 학자는 인용서를 전체적으로 소화하는 독서가 우선적으로 요구된다는 점이다. 잘못하면(거의 그렇지만) 현학적 과시로 비쳐질 수도 있다.

필자는 학창시절 좀 일찍이 김기림의 『문장론신강』과 최재서의 『문학원론』을 읽은 적이 있다. 두 저서가 주는 참신한 학문적 깊이 앞에서 감동과 좌절을 느꼈다. 새로움은 전자가 더했는데 I. A. 리처즈의 이론과 그 각주가 원문대로 챕터 끝에 있었다. 중학 말기라 그런지 산만하게 느껴졌다. 매우 참신함에도 무엇인지 논리의 혼돈을 가져왔다. 그러나 뒤의 것은 달랐다. 본문 가운데 역어를 놓고 원문은 권말에 따로 모아 놓았던 것이다. 저자의 그 인용서에 대한 이해에 신뢰가 갔다. 필자는 훗날 그 차이의 의미를 깨닫게 되었다. 이것은 아직껏 나에게 하나의 교훈으로 남아 있다.

속편이 계속 출판되기를 손꼽아 기다린다.

누구나 읽고 쓰며, 즐기는
명시단평

누구나 읽고 쓰며, 즐기는 명시단평

ⓒ김상천 2018 Printed in Seoul, Korea.

초판인쇄 2018년 1월 22일
초판발행 2018년 1월 31일

지은이 김상천
그린이 전만성
펴낸이 김상천

기획실장 이남원
인쇄한곳 한성문화
펴낸곳 **사실과가치**
출판등록 2017년 9월 13일 제2017-000058호

주소 서울특별시 양천구 목동중앙본로20길 61 301호
전자우편 criticks@hanmail.net
전화번호 010-5034-9132
팩스번호 070-8291-9998

ISBN 979-11-962546-0-5-03800

＊잘못 인쇄되거나 파손된 책은 교환해 드립니다